CH. RENOUVIER
Membre de l'Institut

MANUEL RÉPUBLICAIN
DE L'HOMME ET DU CITOYEN

NOUVELLE ÉDITION

publiée par

JULES THOMAS

Librairie Armand Colin

Paris, 5, rue de Mézières

MANUEL RÉPUBLICAIN

DE L'HOMME ET DU CITOYEN

La première édition de ce Manuel a paru en mars 1848, la deuxième en novembre 1848. La présente édition est la troisième.

OUVRAGES DE M. JULES THOMAS

Principes de philosophie morale, suivis d'éclaircissements et d'extraits de lectures. 1 vol. in-8°, 2° édition, 1899 (Félix Alcan).

Correspondance inédite de Lafayette, 1793-1801 (Lettres de prison ; lettres d'exil), précédée d'une étude psychologique. 1 vol. in-8°, 1903 (Delagrave).

CHARLES RENOUVIER

Membre de l'Institut

MANUEL RÉPUBLICAIN

DE L'HOMME ET DU CITOYEN

NOUVELLE ÉDITION

publiée avec une *Notice sur Charles Renouvier*
un *Commentaire*
et des *Extraits de ses œuvres*

PAR

JULES THOMAS

Ancien Élève de la Faculté des Lettres de Paris,
Agrégé de Philosophie,
Professeur au Lycée de Pau.

PARIS
LIBRAIRIE ARMAND COLIN
5, RUE DE MÉZIÈRES, 5

1904
Tous droits réservés.

NOTICE

SUR

CHARLES RENOUVIER ET LE MANUEL RÉPUBLICAIN

I

La vie de Charles Renouvier tient tout entière dans le développement d'une pensée philosophique extraordinairement haute, puissante et riche. Sa production intellectuelle, ininterrompue pendant soixante-cinq ans, a été non pas le progrès continu d'opinions d'abord embrassées et toujours accentuées par la suite, puisqu'elle eut des crises, des ruptures et des renouvellements, mais le plus magnifique effort de pensée que la France ait vu depuis Descartes. Pour trouver à l'œuvre de ce penseur qui fait tant d'honneur à son pays un digne terme de comparaison il faut en rapprocher celle de Kant, dont elle procède directement en la rectifiant et celle d'Aristote qu'en bien des points elle rappelle.

Cet hommage au maître qui, âgé de quatre-vingt-huit ans, s'est éteint à Prades en septembre 1903, ne semblera que justifié à ceux qui depuis trente ou quarante ans doivent aux livres de Charles Renouvier l'aliment intellectuel le plus solide ou l'excitant de leur méditation. Ils y ont trouvé des réponses fermes ou des vues suggestives sur tous les problèmes que la philosophie s'est jamais posés, aussi bien dans le domaine de la spéculation pure, quant à sa méthode et ses principes, que dans le domaine de la pratique morale, politique et économique.

Ce n'est pas seulement la plus haute pensée métaphysique qui, réduite aux exigences sévères de la critique, s'y trouve renouvelée, c'est encore la logique reprise dans son antique acception de théorie générale de la connaissance et tirant du plus cohérent système de catégories ses données rationnelles; la philosophie des sciences rétablie par la distinction du positif et du critique dans les méthodes; la psychologie relevée à la dignité de science, en face des pauvretés inconsistantes de l'éclectisme, des confusions stériles du matérialisme, du positivisme, de l'associationisme et de l'évolutionisme, par la vue nette d'une solidarité profonde entre les trois fonctions psychiques : vouloir, sentir, penser, et entre celles-ci et l'organisme, par une heureuse combinaison de Hume et de Kant dans l'interprétation de l'idéalisme, par la théorie du vertige mental et celle des conditions de la certitude; la liberté fondée comme croyance et acceptée dans toutes ses conséquences spéculatives comme moyen d'option entre le scepticisme et le dogmatisme, et dans toutes ses conséquences pratiques comme moyen d'éliminer l'erreur et de gager le progrès scientifique et moral, et même d'établir les plus fortes croyances touchant l'avenir de la personne et la destinée humaine; une théorie du droit dominant toute la vie morale et aboutissant à une doctrine républicaine rapportée à l'éminente dignité de la personne; une morale rationnelle dont les Stoïciens et Kant avaient été jusqu'alors les seuls représentants, mais posée au centre même de toute spéculation, non plus seulement indépendante de toute métaphysique et de toute religion, mais dominant tous les systèmes de croyances et rendue cohérente en toutes ses parties. Puis une philosophie de l'histoire où la fatalité du progrès n'est plus envisagée comme explication dernière, mais où la liberté humaine devient un facteur réel de l'histoire autant que la coutume et la force des choses; enfin, une solution du problème social de la propriété, fondée à la fois sur la liberté de l'individu et sur le devoir de la société, de façon à satisfaire la justice dans l'ordre économique sans admettre le collectivisme autoritaire. Telle est, très sommairement indiquée, la contribution de Renouvier à la philosophie contemporaine.

Les consciences sensibles au double mal de notre temps, à savoir, d'une part, la négation outrecuidante et prétendue scientifique, et d'autre part, l'affirmation excessive et prétendue philosophique, ont rencontré dans le « criticisme » de Renouvier une méthode pour savoir et une méthode pour croire, un instrument de critique d'une délicatesse et d'une pénétration incomparables, et une foi qui propose à la libre pensée sur les énigmes des choses humaines et divines autre chose que des négations.

Cependant une telle œuvre n'a pas encore obtenu sur nos contemporains toute l'influence qu'elle mérite. Sa notoriété et son influence n'ont pas dépassé le cercle encore restreint d'esprits venus à elle par la lecture isolée; le criticisme, dont le fondateur français n'occupa jamais une chaire officielle et n'eût même pas, comme à certains moments Comte et Jouffroy, un auditoire particulier, le criticisme, ne fût-ce que dans son enseignement démocratique, n'est point devenu populaire. Entre les penseurs renommés de la même époque, ne prenons que Comte, Taine, Renan. Malgré tout ce que leur influence eut de profond et de légitime, on trouverait dans leurs œuvres moins qu'en celles de Renouvier, les éléments d'une haute culture morale et intellectuelle. Le public cultivé leur a ménagé des succès éclatants en compensation de persécutions notoires, et cependant aucun d'eux n'était orienté vers les notions de droit et de rationalité qu'une démocratie soucieuse de son émancipation mentale et politique devrait exiger de ses grands instituteurs.

Comte ne fut jamais qu'un homme d'autorité. Ses principes et plans sociaux ne vont qu'à deux fins : d'une part la répudiation de toute doctrine libérale et de tout droit, et, d'autre part, une organisation sociale sous le despotisme orthodoxe d'un collège doctrinal qui n'eût institué que le cléricalisme de la science. Renan, qu'il est juste d'honorer comme adversaire et victime d'un cléricalisme d'un autre genre, ne saurait cependant être compté comme philosophe pour quelques idées plus que paradoxales proposées en guise de fantaisies, et il a renchéri sur les vues positivistes d'Auguste Comte touchant la société future, en supposant « que le pouvoir temporel direct serait peut-être un jour transféré à la science et que les savants, maîtres des forces de la nature, constitueraient alors une aristocratie capable de gouverner le monde par la terreur. » Taine, plus encore que Comte et Renan, a compté sur le progrès illimité des connaissances positives pour établir un gouvernement des esprits et de la société, restaurant en cela la plus ancienne utopie de Saint-Simon et manifestant une horreur passionnée pour tout ce qui, dépassant le fait empirique, comporte un appel à un principe de raison et une suprématie du droit.

Il y eut bien, nous le verrons tout à l'heure, dans la

carrière de Charles Renouvier, une première période dans laquelle, mêlé par ses origines et ses relations personnelles au mouvement politique, littéraire et scientifique de son temps, il pouvait, par la manifestation d'une forte personnalité, obtenir autant que d'autres penseurs une importante influence sur son milieu, comme écrivain, comme philosophe et comme démocrate. Ses preuves étaient faites de 1836 à 1848. Sa part, dans le grand mouvement d'idées qui aboutissait à l'élan héroïque du milieu du xix° siècle, était représentée par ses deux *Manuels* de *Philosophie moderne* (1842) et de *Philosophie ancienne* (1844), par sa collaboration à la propagande saint-simonienne indépendante avec Hippolyte Carnot, Jean Reynaud, Pierre Leroux, A. Transon, Lechevalier, et ses articles d'histoire scientifique et philosophique et de doctrine dans l'*Encyclopédie nouvelle* (1838-1844), son *Manuel du Républicain* (1848), ses fonctions de secrétaire de la haute commission des études constituée par le ministre de l'instruction publique au 24 février 1848, et enfin sa participation au *Projet d'organisation communale et centrale de la République* publié en 1851 par le concours des publicistes démocrates les plus en vue, qui lui confièrent l'exposition de leurs principes.

Cependant si on retrouve dans les œuvres de cette première période, comme nous le noterons en détail dans le *Manuel républicain*, des indications déjà très nettes de ce que sera le Renouvier de la seconde période s'étendant de 1854 à 1903, il faut reconnaître qu'à cette époque, et vers l'âge de trente-six ans, le grand penseur que nous admirons n'était pas encore entièrement luimême. Il n'avait pas fondé une philosophie, un système complet et cohérent de hautes pensées fournissant des réponses aux plus grands problèmes de l'esprit humain.

Plus tard, au contraire, lorsque son système fut élaboré, l'isolement volontaire de l'auteur dans la société du second empire, le manque d'une chaire publique où son enseignement pût se présenter librement, le silence imposé à toute pensée indépendante et la suppression, dans les écoles officielles, de l'histoire et de la philosophie « comme dangereuses pour la dynastie »; l'ignorance ou l'indifférence des recueils périodiques encore vivants à l'égard d'une personnalité marquée par le souvenir de ses attaches fouriéristes et républicaines de 1848, à l'exception de la *Revue philosophique et religieuse* de Ch. Lemonnier où il collabora dès le début (1er avril 1855) et aussi de la *Morale indépendante* (1865) où il fut un contradicteur, telles furent les causes qui empêchèrent l'attention publique de se porter sur les fortes œuvres parues de 1854 à 1864, ces quatre *Essais de critique générale* qui cependant interrompirent la prescription pour la philosophie française pendant cette longue crise d'affaissement.

La grande notoriété philosophique de Renouvier ne commença qu'en 1867. Dans une série de Rapports sur les progrès des Lettres et des Sciences en France, que le gouvernement avait fait rédiger pour l'Exposition universelle, Félix Ravaisson avait été chargé du Rapport sur la philosophie française du XIXe siècle. Dans son chapitre XIII, il signala les derniers travaux de Renouvier qui avait été son condisciple au collège Rollin en 1832 et était resté, comme lui, étranger à l'école éclectique, maîtresse de l'enseignement officiel. Depuis, Renouvier fut compté comme un des grands penseurs de notre temps. Dès ce moment et surtout après 1870, il allait devenir un chef d'école et, mûri depuis longtemps par la réflexion philosophique et l'expérience politique, mêler sa voix autorisée et ses efforts énergiques aux bonnes volontés qui entreprirent la réorganisation morale de la France.

Renouvier avait cinquante-six ans quand il fonda, en 1872, la *Critique philosophique*, avec la précieuse collaboration d'un esprit bien digne de s'identifier avec le sien, M. François Pillon, qui avait déjà, en 1867, commencé avec lui la publication de l'*Année philosophique*. Le criticisme, en cela, prenait la bonne méthode de se faire son propre vulgarisateur et les effets s'en firent sentir dans les livres et l'enseignement de jeunes maîtres de l'université. M. Liard publiait en 1874 sa thèse sur les *Définitions géométriques et les définitions empiriques*, et en 1879, son livre sur la *Science positive et la métaphysique*; M. Nolen publiait, en 1875, la *Critique de Kant et la Métaphysique de Leibnitz*, et, en 1876, prenait le nouveau criticisme pour sujet de son cours à la Faculté des Lettres de Montpellier; puis vinrent M. Dauriac avec la thèse sur *les Notions de matière et de force* (1878), M. Brochard avec la thèse sur l'*Erreur* (1879), Henri Marion avec la thèse sur la *Solidarité morale* (1880). L'élan était donné. Le dernier représentant de l'éclectisme, P. Janet, le reconnaissait dans un article du *Temps* en 1876.

En 1877, la *Revue philosophique* dirigée par M. Ribot publiait trois articles très substantiels de M. Beurier (avril, mai, juin) sur l'œuvre de Renouvier et particulièrement sur sa *Logique*, sa *Psychologie* et sa *Morale*. La philosophie criticiste, vers la même époque, passa l'Atlantique et en 1879, M. William James consacrait un cours de philosophie contemporaine, dans l'Université Harvard (Cambridge, E. U.) à la lecture des

Essais de Critique générale. Dans la revue anglaise *Mind* (janvier 1881), M. Shadworth H. Hodgson publiait une analyse et une critique pénétrante des mêmes ouvrages. (Cf. *Critique philosophique*, t. XIX, p. 161.) En même temps, en France, M. Alfred Fouillée consacrait à la morale criticiste tout le troisième livre de son ouvrage : *Critique des systèmes de morale contemporains*.

Ce mouvement a continué et depuis plusieurs années les œuvres de Renouvier ont été inscrites, au concours de l'agrégation de philosophie, à côté de celles des plus grands penseurs anciens et modernes. En 1902, l'Académie des Sciences morales et politiques élisait, d'un mouvement tout à fait spontané, Renouvier membre de l'Institut. L'année suivante, il mourait. Mais il laisse des héritiers de sa pensée qui la font fructifier. Elle se retrouve encore chez les collaborateurs de l'*Année philosophique* sous la direction de M. Pillon. L'un d'eux, M. O. Hamelin, professeur à l'Université de Bordeaux, vient d'être nommé maître de conférences à l'École Normale supérieure, et il y aura quelque compensation à la disparition du vieux maître dans l'enseignement d'un de ses plus solides disciples.

La juste réparation a donc commencé, dans l'enseignement, envers le philosophe longtemps méconnu. C'est maintenant à la démocratie de reconnaître en lui l'un des meilleurs parmi ceux qui l'ont servie et peuvent encore contribuer à son éducation. Il y eut bien quelque surprise chez les publicistes démocrates en apprenant par la thèse de M. Henri Michel sur l'*Idée de l'État* (1895) que cette idée avait rencontré sa parfaite expression juridique dans l'œuvre de Renouvier. Il en fut encore ainsi lorsque le même écrivain disait en 1901 dans la *Doctrine politique de la démocratie* : « *La science de la morale* de Renouvier est un des plus beaux livres de philosophie politique qui aient jamais été écrits. C'est celui où les solutions sont le plus élaborées... Il y a tout un catéchisme politique à l'usage des démocraties à extraire de la *Critique philosophique*, et je ne connais pas de document qui l'emporte en valeur sur celui-là, pour qui essaiera de faire un jour l'histoire des idées politiques et morales dans le dernier tiers du XIX° siècle. » En octobre 1902, au milieu de la lutte qui se poursuit encore entre l'esprit du passé et les légitimes exigences de la République, le journal l'*Aurore* publiait un article de Renouvier. Il s'y replaçait au rang qui fut le sien depuis 1848, parmi les combattants de la défense républicaine, en face de la contre-révolution groupée aujourd'hui, comme il y a un demi-siècle, derrière le cléricalisme. Le philosophe citoyen ne se contentait plus de la sévère argumentation de ses derniers livres, il revenait, à quatre-vingt-sept ans, dans la presse politique, à la ferme attitude qu'il avait à trente-trois ans. Son concours fut apprécié comme il convenait, et lorsque dans la *Frontière du Sud-Ouest*, le Dr Elie Pécaut publia, en mai 1903, une citation et un éloge de Renouvier, nous pûmes constater, par les explications qu'on voulut bien nous demander dans nos groupements d'universités populaires et des *Droits de l'homme*, le prix qui s'attachait aux déclarations d'un grand penseur qui n'était point aristocrate comme tant d'autres, mais ferme républicain et d'esprit pleinement laïque.

Enfin, en septembre 1903, après sa mort, on a rappelé de divers côtés qu'il manquait encore à l'éducation civique des adultes un manuel des devoirs et des droits composé avec l'autorité d'une pensée philosophique aussi solide que réellement émancipatrice. MM. Edouard

Petit, dans le *Radical*, H. Michel, dans le *Temps*, G. Téry dans la *Petite République*, regrettèrent que le *Manuel* de Renouvier fut devenu introuvable depuis longtemps, en raison des services qu'il peut rendre aujourd'hui.

II

C'est pour répondre à ce besoin que nous avons préparé une troisième édition de ce petit livre qui avait paru dans les premiers jours de mars 1848. Ce n'était alors qu'un cahier de trente-trois pages et d'un texte serré, sorte de *vade mecum* du citoyen au milieu de la tourmente. Il eut son heure de célébrité, le 5 juillet suivant, dans la séance de l'Assemblée constituante où le député de la Drôme, Bonjean, le dépeça au grand scandale de la majorité. Le ministre de l'Instruction publique, Hippolyte Carnot, qui en avait autorisé la publication sous ses auspices (après lecture et approbation du manuscrit par Béranger) et fait distribuer 20 000 exemplaires aux recteurs, fut mis, sous ce prétexte, en minorité de 1 voix et donna sa démission. L'auteur reprit alors le texte, le corrigea en précisant les formules qui avaient provoqué le scandale, le développa dans les parties où sa conception du socialisme portait sur les mesures d'application et se séparait des doctrines alors les plus répandues; il y ajouta, sous forme d'*avant-propos* et de *préface*, une justification du socialisme en général en face de l'égoïsme tant de fois manifesté par la classe économiquement et politiquement privilégiée depuis la Révolution, et fit suivre le *Manuel* d'une *Déclaration des droits et des devoirs de l'homme et du citoyen* qui lui sert de formulaire. Le livre avait alors près de deux cents pages. La seconde édition parut dans les premiers jours de décembre, avant l'élection de Louis Bonaparte à la présidence de la République.

En le publiant de nouveau, il nous a semblé qu'il devait être accompagné d'indications sur la vie de l'auteur et les origines intellectuelles de l'ouvrage, afin de replacer celui-ci à sa date, et, qu'en regard des formules saillantes de 1848, il convenait de mettre des extraits des œuvres postérieures, afin de montrer en quoi la pensée s'est modifiée, rectifiée ou accentuée.

L'auteur fut en effet toujours socialiste à sa manière, en un sens qu'il accordait avec le respect des droits de la personne et qui n'a varié que sur des détails. On verra ainsi la persistance de l'opinion fondamentale au cours de son élaboration, depuis les deux premières éditions du *Manuel*, jusqu'à la *Science de la morale* (1869), la *Critique philosophique* (1872-1889), le *Petit traité de morale* (1879), la *Philosophie analytique de l'Histoire* (1897), la *Nouvelle Monadologie* (1899) et le *Personnalisme* (1903).

L'auteur a conté lui-même son « évolution personnelle » en philosophie. Nous ne saurions trop profiter d'un tel témoignage, au moins en ce qui touche aux idées du *Manuel*, car il convient de reporter à un autre travail l'étude d'ensemble d'un système aussi large.

Charles Renouvier, né en 1815, à Montpellier, s'est développé dans un milieu favorable à l'éclosion d'une pensée démocratique. Son père, député de l'Hérault pendant le règne de Charles X, se distingua dans l'opposition jusqu'en 1830. Le fils aîné de celui-ci, Jules Renouvier (né en 1804, mort en 1860), fut aussi député de l'Hérault avant 1830, mais ne put être réélu pendant toute la durée du règne de Louis-Philippe. Un des premiers disciples de Saint-Simon, il abandonna la secte devenue une sorte de religion. Lors de la « campagne des banquets », il se trouvait avec d'autres anciens députés de l'Hérault et du Gard groupés autour de Garnier Pagès qui vint à Montpellier le 2 décembre 1847, quelques jours avant les élections, pour présider un banquet destiné à réveiller l'opinion publique. Nous retrouverons Jules Renouvier à la Constituante, ou il fut élu le 4 mai, et où il intervint, le 5 juillet, en faveur du *Manuel républicain* de son frère.

L'inspiration politique de la famille ne fut pas modifiée par l'enseignement que reçut Charles Renouvier au collège Rollin. Ce futur maître de la pensée contemporaine, brillant élève de rhétorique avec Rinn, ne fut qu'un médiocre écolier en philosophie. Son maître, en 1832, fut Charles Poret, qui enseignait à Rollin depuis 1829 et dont un autre élève, vétéran de la même classe, Félix Ravaisson, a rendu bon témoignage [1]. Renouvier confesse que Poret ne lui a rien appris. « Non pas qu'il y eût de sa faute, dit-il, ni même que je n'eusse aucun penchant à m'occuper des idées générales; loin de là, mais j'étais alors infecté par les prédications Saint-Simoniennes; je lisais le *Globe* pendant les classes [2]; on m'avait persuadé que les croyances humaines allaient être entièrement renouvelées, que le vieil arsenal des connaissances et les amas des bibliothèques avaient déjà perdu toute valeur, que surtout rien de ce qui s'était appelé philosophie ne renfermait des vérités *organiques*, et que la science et la société étaient appelées à se reconstruire *a priori*, dans le cours même de la génération à laquelle j'appartenais, conformément à un plan révélé,

1. *Essai sur la métaphysique d'Aristote*, 2º vol. Préface.
2. Cf. plus loin, p. 15, note 1.

auquel ne pouvaient manquer de se rallier tous les membres de l'humanité. Cette folie ne tint pas chez moi jusqu'à la vingtième année, mais elle me laissa en héritage un cruel désenchantement [1]. » En 1833, se préparant à l'École polytechnique, il fut vivement frappé par la partie mathématique du *Cours de philosophie positive* qu'Auguste Comte publiait depuis 1830. Malgré les fortes critiques dirigées plus tard par lui contre le positivisme, Renouvier a rendu cette justice à Comte qu'il a réussi le premier à formuler une vraie philosophie mathématique, au moins sur un point capital où celle des sciences est tout entière intéressée. L'élève de « mathématiques spéciales » de 1833 sentit ce mérite général d'une systématisation des connaissances algébriques et géométriques. « Vu de ce côté, le *Cours* n'est pas seulement « au courant », il est fortement en avance sinon sur les notions plus ou moins arrêtées des savants, du moins sur les routines de l'enseignement commun qui respire toujours l'ennui pour les élèves à cause du défaut d'étendue des concepts. Les étudiants qui ont été assez heureux pour trouver sous leur main ce premier volume de Comte, au moment où ils « faisaient leurs mathématiques spéciales » au lycée, lui doivent, ceux d'entre eux qui avaient du penchant à philosopher, d'avoir pris un sérieux intérêt à des études qui sans cela auraient pu les rebuter. Nous en savons quelque chose et nous ne pouvions nous dispenser de le dire [2]. »

En 1834, à l'École polytechnique, il eut Comte pour répétiteur d'analyse transcendante et de mécanique

1. *Crit. phil.*, XII, 275.
2. *Crit. phil.*, XI, 328.

rationnelle et put juger de plus près le système qu'il combattit ensuite en philosophe et en mathématicien [1]. En quittant l'école à vingt et un ans (1836) il renonça aux services publics et se consacra entièrement à l'étude. Sa culture mathématique devait être, comme elle le fut pour Descartes, l'origine et le support de son système de pensées, outre l'influence d'un ami de la même époque, Jules Lequier, initiateur de ses convictions sur la liberté et les conséquences morales qu'elle implique. « Ces communications mutuelles ont été, malgré les différences profondes qui nous séparent, écrit-il de son ami en 1844, favorisées par un accord frappant dans quelques-uns des principes de la haute logique. Accoutumé, comme il l'était lui-même, à donner une grande place à la croyance dans les fondements de la science, j'ai mis à profit des analyses sur la foi, sur la liberté, sur l'intervention de l'idée de la liberté dans celles du savoir et de la certitude qui sont, pour lui, le résultat de méditations suivies [2]. »

La lecture des *Principes* de Descartes faite par hasard et d'un trait en 1836, décida de sa vocation philosophique. L'impression faite sur lui par ce livre fut aussi forte que celle dont Malebranche se sentit saisi en lisant le *Traité de l'homme* du même auteur. « Ce fut, dit Renouvier, avec un véritable enchantement que je n'initiai, moi si novice, à cette méthode mathématique appliquée aux idées, à cette pensée si ferme, à cette langue si belle et si ample, à ce système fortement construit dont les lacunes ou les défauts échappent

---

1. *Essais de critique générale, Logique*, II, 425 ; *Crit. phil.*, XI, 291.

2. *Manuel de philosophie ancienne*, p. XII.

facilement à qui n'en a pas suivi avec l'attention voulue le développement historique jusqu'au moment de l'apparition de la *Critique de la raison pure*, qui, seule, a renversé définitivement les bases de la doctrine cartésienne. Je lus ensuite rapidement *l'Ethique* de Spinoza, les principaux traités métaphysiques de Leibnitz et de Malebranche, un très petit nombre d'autres ouvrages. » (*Crit. phil.* t. XII, p. 276.)

A ses méditations sur l'école cartésienne se joignit alors l'examen de la portée à accorder en philosophie à la notion de l'infini mathématique. Le concevoir comme une donnée réelle lui parut une contradiction dont le sens s'étendit à toutes les thèses métaphysiques touchant les problèmes d'origine, d'essence, de fin du monde; mais, apercevant dès lors les antinomies auxquelles aboutissent les thèses contradictoires de la raison raisonnante sur tous ces sujets, il n'en venait pas encore à cette énergique solution qui caractérise la seconde période de sa pensée, à savoir le choix entre les contradictoires, l'élimination de toutes les thèses qui posent l'infini comme actuel, et le maintien de celles qui, donnant le fini comme seul réel, rendent possible de cette façon la liberté et avec elle la morale.

C'est dans cette disposition d'esprit encore hégélienne, au moins quant à la conciliation possible des contradictoires, qu'il écrivit une série d'articles pour *l'Encyclopédie nouvelle* de Pierre Leroux[1] et Jean

1. Pierre Leroux, né à Bercy, 1797, mort à Paris en 1871, d'abord prote, puis gérant, puis co-directeur du journal *le Globe* fondé en 1824 par Dubois (de Nantes). Ce journal dont Jouffroy écrivit le programme philosophique et religieux dans deux articles célèbres : *la Sorbonne et les philosophes* (15 janvier 1825), *Comment les dogmes finissent* (24 mai 1825), fut

Reynaud[1]. Ce recueil dont la publication fut très mouvementée[2] s'appela d'abord, en 1834, *l'Encyclopédie*

l'organe de toutes les opinions libérales pendant les quatre premières années, puis particulièrement du parti Saint-Simonien qui fut seul représenté au *Globe* à partir de 1831. Pierre Leroux se sépara du groupe lorsque celui-ci passa sous la direction exclusive d'Enfantin. Il commença en 1836 la publication de l'*Encyclopédie à deux sous* qui devint l'*Encyclopédie nouvelle* en 1838 avec la collaboration de Jean Reynaud. Outre la publication des huit volumes de ce recueil (1843), Pierre Leroux avait commencé avec George Sand, en 1841, la *Revue indépendante* et écrit les ouvrages suivants : *De l'égalité*, 1838 ; *Réfutation de l'éclectisme*, 1839 ; *De l'humanité*, 1840 ; *De la mutilation d'un manuscrit posthume de Jouffroy*, 1843 ; *Le christianisme et ses origines démocratiques*, 1848 ; *La grève de Samarez*, 1864. Élu maire de Boussac (Creuse) où il avait fondé une imprimerie en 1846, il fut envoyé à la Constituante le 23 avril 1848 par le département de la Seine. Proscrit après le 2 décembre, il se réfugia à Londres, puis à Lausanne, et ne rentra en France qu'en 1869.

1. Jean Reynaud, né à Lyon en 1806, était le pupille du conventionnel Merlin de Thionville. Élève de l'École polytechnique en 1826, puis ingénieur des mines en Corse, il fit partie du groupe Saint-Simonien jusqu'au moment du schisme d'Enfantin. Il fut le collaborateur constant de Pierre Leroux et d'Hippolyte Carnot. Chargé d'un cours de minéralogie à l'École des mines en 1838 il donna sa démission pour se faire élire en 1848 député de la Moselle à l'Assemblée Constituante. Secrétaire général du ministère de l'Instruction publique avec Ed. Charton sous Hippolyte Carnot, il se retira en même temps que celui-ci. Il écrivit en 1854 le livre *Terre et Ciel* qui fut condamné par un concile d'évêques à Périgueux en 1857. Reynaud est mort en 1863,

2. Les tomes I, II, III, VIII, parurent d'abord régulièrement de 1836 à 1839 ; puis les tomes IV, V et VII, par fascicules intermittents jusqu'en 1844. Le dernier fascicule paru du VIIe tome, contient, à la *table des articles* imprimée à l'intérieur de la couverture, l'indication du dernier article :

pittoresque à deux sous. Nous relevons parmi les collaborateurs du début, les noms de Lacordaire, Fortoul, Hippolyte Carnot, Le Play, Pinel, Tissot. Le titre d'*Encyclopédie Nouvelle* parut en 1836, mais l'imprimeur et l'éditeur ont changé plusieurs fois jusqu'au dernier volume paru en 1844. Dans le tome V (1839). Renouvier fournit les articles *Euler, Expérience, Fatalisme, Fermat, Fichte, Ficin, Force ;* en 1840 l'article *Panthéisme.*

L'auteur de ces articles s'est jugé avec ses amis Pierre Leroux et Jean Reynaud dans les termes suivants : « Les directeurs de ce recueil, anciens saint-simoniens l'un et l'autre, et restés fidèles aux élucubrations de théologie panthéiste, n'étaient pas en possession d'une méthode qui pût les rendre sévères pour la mienne. Le premier, complètement dépourvu d'esprit critique, quoique puissant dans ses aspirations, se complaisait dans une espèce de syncrétisme où toutes les doctrines étaient confondues ; le second, génie plus universel, muni d'une forte éducation scientifique, et avec cela, grand par le cœur, mais le plus mystique et le plus infiniste des hommes, se laissait peu à peu dériver à la pensée d'une réédification de la doctrine des Pères et des Conciles, interprétée et agrandie dans le sens des rêveries d'Origène, étendue au cosmos infini, à la destinée éternelle des âmes, et mise de niveau avec les religions et les philosophies de l'Orient. Je n'étais, auprès de ces constructeurs

---

Philosophie, par Renouvier. Mais la fin de cet article manque. Nous n'avons pu trouver, à la Bibliothèque nationale, un exemplaire complet de l'*Encyclopédie nouvelle*. Nous serions reconnaissant aux personnes qui pourraient nous signaler un exemplaire du tome VII contenant cette fin d'article.

de vastes synthèses, qu'un modeste explorateur des nuées métaphysiques dont s'entourent les systèmes ; je pouvais en rendre compte assez pertinemment, les prenant dans l'histoire, c'est du moins le mérite que je m'attribue ; malheureusement ce n'était pas encore pour en sortir que je les explorais. » (*Crit. phil.* XII, p. 310.)

En 1842, Renouvier avait envoyé au concours de l'Académie des Sciences morales et politiques un mémoire sur le cartésianisme qu'il publia, la même année, sous le titre de *Manuel de philosophie moderne*. « L'estimable et consciencieux M. Damiron, dit-il, fut assurément bien indulgent quand il demanda dans son rapport sur ce concours une mention honorable pour un travail si imparfait et écrit si incorrectement qu'il le crut d'un étranger. Les mémoires qui obtinrent le prix étaient incomparablement supérieurs ; ils étaient même bons ; l'un était de Bordas-Demoulin, et l'autre de Francisque Bouillier. Si le mien avait quelque chose qui pût le recommander, c'était la naïveté, une manière d'attaque directe des textes sans aucun recours aux interprétations reçues, et le rôle prépondérant donné aux idées mathématiques et physiques de Descartes pour l'intelligence de l'ensemble de sa doctrine. » (*Id.* p. 276.)

Dans ce livre, comme dans les articles de l'*Encyclopédie nouvelle*, l'auteur rejetait les conclusions de l'empirisme dans la question de l'origine des idées et rectifiait, d'autre part, sur le même point, la doctrine de l'évidence cartésienne pour faire droit, d'un côté, à la critique de la raison pure, et, de l'autre, à l'intervention de la croyance personnelle dans toute position de doctrines. Rejetant la prétention de la métaphysique traditionnelle à saisir directement et par une connaissance intuitive les choses dans l'absolu de leur être, il posait déjà cette forte théorie idéaliste qui sera développée dans les deux *Essais* de *Logique* (II° partie, revue élémentaire des phénomènes) et de *Psychologie* (II° partie, l'être de la conscience ; l'être du monde), et d'après laquelle c'est la critique, fécondée par la croyance, qui supplante l'ontologie, « qui établit ce que la croyance exige et obtient constamment de l'homme. Nous obéissons tous à cette tendance ; tous nous effectuons ce passage de l'idéal au réel, ce qui ne veut pas dire que nous trouvions tous à l'autre bord la vérité même. » Cf. *Manuel de philosophie moderne*, livre VI, § 1. Dans le § 2 du même livre, nous voyons une revue des concepts rationnels qui, dégagée de la doctrine de conciliation, deviendra l'analyse des catégories dans la *Logique*. Le § 2 du livre VII est déjà comme le cadre de l'ouvrage qui, en 1898, portera le titre de *Nouvelle Monadologie*. A la fin de ce livre, dans un « aperçu de ce que pourrait être aujourd'hui une philosophie française », nous trouvons les principes généraux de morale et de politique fondée sur la solidarité humaine qui seront ceux du *Manuel républicain* de 1848.

Telles sont les principales raisons de l'intérêt qui s'attache encore à cet ouvrage de début de Renouvier. Mais en esquissant l'histoire de la pensée métaphysique qui se dégageait pour lui des travaux de l'école rationaliste depuis Descartes jusqu'à Kant et Hegel, il admettait encore la conciliation des contradictoires dans un éclectisme où la logique perdait ses droits.

« Ce mot « éclectisme », dit-il, était tout à fait de circonstance en 1842 quoique V. Cousin et son école ne fussent pas si métaphysiciens que cela et si mystiques, ni surtout si sincères et si jeunes. Mais enfin j'étais bien de mon temps et j'obéissais naïvement aux tendances qu'il avait mises en moi. » Dix ans plus tard, il en jugeait mieux. L'éclectisme, en effet, ne justifia son nom ni par le *choix* d'un critère rationnel, ni par l'assemblage cohérent et dûment motivé de ses doctrines. « On pouvait taxer cette école tantôt d'*idéalisme* parce qu'en dépit d'elle-même, elle ramenait la connaissance à la conscience individuelle ; tantôt de *mysticisme* quand on se plaçait au point de vue de la science et qu'on lui demandait un compte sévère des motifs qu'elle avait de croire ce qu'elle croyait ; tantôt de *scepticisme* si l'on considérait ses fréquentes hésitations et sa complaisance pour toutes les doctrines mises à leur place dans l'histoire, et en cela légitimes au moins relativement et jugées nécessaires. Il n'est pas jusqu'au *sensualisme*, son adversaire le plus apparent, qu'elle ne favorisât en quelque manière, faute d'accepter les principes criticistes qui seuls permettent de le réfuter radicalement. Ces quatre systèmes de sa propre et assez médiocre classification, elle avait sans doute l'intention de les concilier et de leur faire *leurs parts*, mais elle ne réussissait qu'à s'offrir à chacun d'eux comme une alliée infidèle, pendant qu'elle s'exposait à découvert aux attaques des autres. Puis, tandis que les libres penseurs lui reprochaient de capituler sur des points de foi inhérents à la religion, les évêques l'accusaient de panthéisme et d'incrédulité déguisée et perfide, avec des apparences de génuflexion, parce qu'elle ne semblait admettre le dogme qu'à titre de vérité symbolique. » (*Ann. phil.* 1867, p. 2.)

En 1844, la pensée de Renouvier avait embrassé toute la philosophie antique et le résultat de cette vaste enquête était exposé dans le *Manuel de philo-*

sophie ancienne, composé presque entièrement avec les textes mêmes des philosophes et qui, aujourd'hui encore, est peut être le meilleur livre publié en France sur ce sujet. De la comparaison de tant de doctrines entre elles et de chacune avec le scepticisme présenté sous un jour nouveau et plus impartial, l'auteur tirait cette conclusion que « l'histoire de la philosophie depuis les Ioniens jusqu'à Sextus, dit l'Empirique, place le penseur dans ce dilemme : ou de donner raison au sceptique contre tous les systèmes, ou d'avouer que la vérité est dans l'affirmation simultanée des propositions contradictoires. Je ne me trompais guère, en un sens, car il est bien certain que les méthodes philosophiques des anciens se sont effondrées dans le scepticisme, et, d'autre part, que la doctrine catholique avec tout ce qu'elle a recueilli de la théologie du platonisme et du stoïcisme n'est qu'un tissu de contradictions. Mais où était mon erreur très grave, c'est qu'il ne me plaisait pas en ce temps-là d'appliquer rigoureusement la logique à démêler la vérité et de pousser à bout les conséquences du principe de contradiction dans l'examen de ce qu'il est permis d'affirmer et de comprendre. » (*Crit. phil.*, XII, 310.)

La même année, il donnait à l'*Encyclopédie nouvelle* un dernier article, *Philosophie*, le plus développé de tous, et marquant, après les deux premiers *Manuels*, un progrès accentué vers les idées de la seconde période, sans cependant rompre pleinement avec celles de la première. Sans abandonner la méthode de « conciliation des contraires », il y tentait de soustraire les notions morales à cette absorption. S'il admettait encore que la liberté morale et le déterminisme peuvent s'accorder, au moins reconnaissait-il que le devoir, le mérite et le démérite sont incompatibles avec un enchaînement sans fin des causes, et que d'autre part le libre arbitre conçu dans une volonté pure et abstraite, séparée des motifs, est sans valeur morale. Il repoussait ce qu'on appelle la liberté d'indifférence, et maintenait le déterminisme. Il ne voyait pas encore que l'une des conditions de la moralité est la liberté, c'est-à-dire l'indétermination réelle des futurs dans l'acte. Il ne consentait pas encore à prendre parti pour l'un des deux termes antinomiques : liberté, nécessité, ni à reconnaître dans l'obligation un élément spécifique de la morale, ainsi que le posait Kant; mais au moins reconnaissait-il, comme le philosophe allemand, que les fondements de la morale sont indépendants de toute métaphysique et de toute théologie.

C'est par une reprise et une réforme de toute la pensée kantienne que se caractérise la seconde phase de son évolution personnelle, aboutissant à substituer à toute métaphysique dogmatique un système d'affirmations auxquelles la raison pratique sert de contrôle et de régulateur, aussi bien dans l'ordre spéculatif que dans l'ordre éthique. Il n'entre pas dans notre plan actuel de poursuivre le criticisme, cette pensée si forte et si large, dans la série des grands ouvrages qui la développent, de 1852 à 1903. Nous les noterons seulement à leur date : les extraits que nous avons faits, en regard de chaque page du *Manuel républicain*, suffiront à indiquer comment ils se rattachent aux formules exprimées dans ce petit livre.

1851. *Gouvernement direct et organisation communale et centrale de la République*. Projet présenté d'abord à l'Assemblée législative en 1850 par les deux députés, Charrassin et Benoît (du Rhône), en vue d'organiser la commune, l'enseignement, la force publique, la justice, l'État ; il fut le thème de nombreuses conférences faites par des républicains et repris dans un livre publié à Paris, à la Librairie républicaine de la liberté de pensée, 1851. Charles Renouvier en écrivit la préface et les principaux chapitres, en collaboration avec Ch. Fauvety. (Cf. *Crit. phil.*, IX, 247.)

1854. *Essais de Critique générale. Premier essai, Traité de logique générale et de logique formelle*, 2 vol. in-8°, Ladrange.

1855. Collaboration à la *Revue philosophique et religieuse* de Fauvety et Lemonnier. Quatre articles ; avril : *La Renaissance*, à propos du livre de Michelet ; août : *Question de la langue universelle au* xix° *siècle;* octobre : *La liberté humaine* ; novembre : *La raison humaine*.

1856. Dans la même *Revue*, deux articles ; janvier : *De la détermination des actes libres;* septembre : *De la trinité au point de vue philosophique*.

1857. Dans la même *Revue*, qui cessa de paraître en décembre de cette année, un article : *Objurgations criticistes*.

1859. *Deuxième essai, Traité de psychologie rationnelle*, d'après les principes du criticisme. 2 vol. in-8°, Ladrange.

1864. *Troisième essai, Les principes de la nature*, 1 vol. in-8°, Ladrange. Ce volume contient, en appendice, un formulaire ou résumé du deuxième essai et une table des matières des trois premiers essais.

Quatrième essai, Introduction à la philosophie analytique de l'histoire, 1 vol. in-8°, Ladrange. 1re partie : Critique des origines morales et du développement moral de l'humanité ; 2° partie : Critique des religions et de la morale aux époques primaires ; 3° partie :

Le monde aryen ; 4ᵉ partie : Le monde sémitique ; 5ᵉ partie : Récapitulation et conclusion.

1865. Collaboration à la *Morale Indépendante*, 6 et 13 août ; *Morale et Religion* ; 8 octobre : *Lettre à Massol* ; 28 juillet et 4 août 1867 : *Correspondance* ; 15 mars 1868 : *Introduction à l'Année philosophique* par M. Pillon ; de janvier à mars 1869, six articles sur *le moyen âge quant au progrès* ; 18 avril : *La vendetta et le duel* ; 9 mai et 18 juillet : *Bulletin*.

1867. *L'Année philosophique*, études critiques sur le mouvement des idées générales dans les divers ordres de connaissances, par M. F. Pillon, avec une introduction de Ch. Renouvier (sur la philosophie au XIXᵉ siècle), 1 vol, in-12, Germer Baillière.

1868. *L'Année philosophique* (seconde année), article de tête par Ch. Renouvier sur l'Infini, la Substance, la Liberté, 1 vol. in-12, Germer Baillière.

1869. *Science de la morale*, 2 vol. in-8°, Ladrange. Liv. I : Morale rationnelle pure ; liv. II : Restitution des éléments écartés de la loi morale ; liv. III : Le droit ou transformation de la morale dans l'histoire ; liv. IV : Le droit sous le contrat social.

1872. *La Critique philosophique*, politique, scientifique, littéraire, publiée sous la direction de Ch. Renouvier, première série, paraissant chaque semaine ; treize années, vingt-six volumes in-8°, au bureau de la *Critique philosophique*.

1875. 2ᵉ édition du *Traité de logique générale et de logique formelle*, revue et considérablement augmentée, 3 vol. in-12, Sandoz et Fischbacher.

— 2ᵉ édition du *Traité de psychologie rationnelle*, revue et considérablement augmentée, 3 vol. in-12, Sandoz et Fischbacher.

1876. *Uchronie* (l'utopie dans l'histoire), esquisse historique du développement de la civilisation européenne, tel qu'il n'a pas été, tel qu'il aurait pu être, 1 vol. in-8°, 1876, au bureau de la *Critique Philosophique*, 54, rue de Seine ; une seconde édition a été donnée en 1902 par la librairie Alcan. Cf. *Revue philosophique*, II, 294.

1878. *Traité de la nature humaine*, de Hume, (livre premier ou de l'Entendement), traduit en français pour la première fois par Renouvier et Pillon et *Essais philosophiques sur l'Entendement*, traduction Merian corrigée, avec une introduction par F. Pillon, 1 vol. in-12.

— *Critique religieuse*, supplément trimestriel de la *Critique philosophique*, sept années, 7 vol. in-8°.

1879. *Petit traité de morale pour les écoles laïques*, 1 vol. in-12.

1880. *Revue philosophique*, juin, t. II, 665, article en réponse à Lotze : *L'infini actuel est-il contradictoire?*

1882. *Esquisse d'une classification systématique des systèmes philosophiques*, publié d'abord en supplément de la *Critique religieuse,* puis publié séparément en 2 vol. in-8°, en 1886 (Sandoz et Fischbacher), avec une addition sur l'évolution personnelle de l'auteur et un index alphabétique.

1885. *Critique philosophique*, seconde série, paraissant mensuellement, cinq années, 10 vol. in-8°.

1886. *Esquisse*, cf. l'année 1882.

1891. *L'Année philosophique* publiée sous la direction de M. F. Pillon. 1 vol. in-8°, par an, Félix Alcan.

(*La critique philosophique* ayant cessé de paraître en 1890, M. Pillon reprit la publication de l'*Année philosophique* de 1867-1868, et pendant huit ans Ch. Renouvier fournit en tête de chaque volume une étude philosophique. M. Pillon fit la bibliographie de l'année philosophique qui occupe une bonne partie de chaque volume. La publication continue.)

1892. 2ᵉ édition du *Troisième essai. Les principes de la nature*, 2 vol. in-12, Félix Alcan. Les observations et développements ajoutés par l'auteur à la première édition (cf. l'année 1864) en font un ouvrage nouveau, double du premier (cf. l'*Année philosophique*, 2ᵉ année, 1891, p. 274.)

1893. *V. Hugo, le poète*, 1 vol. in-12, Armand Colin. Plusieurs parties de l'ouvrage ont paru antérieurement en articles dans la *Critique philosophique*.

1896. 2ᵉ édition de l'*Introduction à la philosophie analytique de l'histoire*, 1 vol. gr. in-8°, Ernest Leroux. (Cf. l'année 1864). Huit chapitres nouveaux.

— *Cinquième essai. Philosophie analytique de l'histoire ; Les idées, les religions, les systèmes* ; t. I et II, gr. in-8°, Ernest Leroux.

1897. *Cinquième essai. Philosophie analytique de l'histoire*, t. III et IV, gr. in-8°, Ernest Leroux.

1898. *La nouvelle Monadologie*, par Ch. Renouvier et L. Prat, 1 vol. in-8°, Armand Colin.

1900. *Victor Hugo, le philosophe*, 1 vol. in-12, Armand Colin.

1901. *Les dilemmes de la Métaphysique pure*, 1 vol. in-8°, Félix Alcan.

— *Histoire et solution des problèmes métaphysiques*, 1 vol. in-8°, Félix Alcan.

1903. *Le personnalisme ; suivi d'une étude sur la perception externe et sur la force*, 1 vol. in-8°, F. Alcan.

Cette série d'œuvres constitue un apport considérable à la philosophie du xixᵉ siècle et justifie l'espoir exprimé par l'auteur, en 1859, dans la préface du second *Essai* : « Je veux être étudié ! Sans doute la prétention est grande, aujourd'hui que le temps est précieux, les livres nombreux et à peine lus, les auteurs occupés d'eux-mêmes, les lecteurs et jusqu'à ceux qui se disent philosophes, peu habitués à surmonter les difficultés d'un sujet, moins disposés encore à se laisser enseigner, les savants enfin, plongés et trop justement, dans leurs spécialités. » Si l'on veut résumer le contingent de pensées apporté par Renouvier à la philosophie de notre temps, il suffit d'emprunter les termes où il établit lui-même en quelque sorte le bilan du néocriticisme :

« Le phénoménisme de Hume et le criticisme kantien conciliés par la restitution des lois de la raison dans la première de ces philosophies, et par le renoncement aux substances indéterminées, au noumène inconnaissable de la seconde ;

« La réfutation apodictique de la possibilité d'un infini actuel dans l'ordre de la quantité, la conséquence tirée de la réfutation des doctrines de l'infini, pour établir la nécessité d'un premier commencement des phénomènes et, par suite, celle de la création, quoique nulle idée de l'essence divine avant la création ne puisse appartenir à la connaissance humaine ;

« La méthode idéaliste confirmée par de nouvelles analyses des notions d'étendue, de matière et de mouvement au point de vue de la divisibilité de leurs objets à l'infini ;

« La théorie empirique de Hume et la théorie apriorique de Kant sur la causalité, toutes deux corrigées : l'une par la reconnaissance de ce concept comme loi de l'esprit et du monde, ayant son fondement et son type dans l'action volontaire qui meut, retient et détermine les idées ; l'autre par la reconnaissance d'un indéterminisme phénoménal que réclame la liberté morale ;

« La causation, rejetée de l'ordre des lois naturelles, où l'on s'en sert à tort pour désigner les liaisons nécessaires entre des phénomènes préordonnés comme fonctions les uns des autres; son idée légitime restreinte à l'action automotrice des phénomènes internes des animaux ;

« L'abandon de la partie de la doctrine de Kant qui revendiquait encore une faculté de formuler, en métaphysique et en morale, des données de *raison pure a priori*, irrécusables absolument; et enfin la croyance replacée dans l'intégrité de son droit, par la théorie de l'intervention de la passion dans tous les actes conscients, par celle du vertige mental, et par une reprise criticiste de l'ancien argument sceptique tiré des divisions incurables des philosophes. La doctrine de la croyance ne serait pas entière, pour qui n'admettrait pas la stricte possibilité de nier sincèrement les vérités communément réputées les plus inébranlables. Mais cette possibilité est constatée par l'histoire de la philosophie et par celle des sciences en ce qui concerne les principes. Elle a été en tout temps confirmée par les faits. » (*Phil. an. de l'Hist.* IV, 659).

III

Nous avons vu quelles étaient, à la date de 1844, les dispositions d'esprit de Renouvier en matière de philosophie pure. Mais il n'était pas resté étranger au développement des idées politiques et économiques qui aboutirent au grand mouvement de 1848. Son enthousiasme saint-simonien « ne tint pas, a-t-il dit, jusqu'à sa vingtième année ». Cependant il en conserva deux éléments, dont le premier paraît plusieurs fois dans le

Manuel Républicain : l'idée d'un christianisme accommodé à l'organisation économique rêvée par Saint-Simon qui, en le vidant de tout le contenu purement religieux, n'en retenait que le précepte de charité pour en réclamer l'application sociale. Cette confusion, encore si fréquente de nos jours, du christianisme avec une doctrine politique, fit place, chez notre auteur, à une plus juste appréciation du rôle réel joué dans l'histoire par la religion qui s'est substituée aux primitifs sentiments chrétiens. Le second élément saint-simonien qui subsista toujours dans la pensée de Renouvier est le résidu même de la doctrine du *fondateur* et l'essence du socialisme; Saint-Simon l'a formulé en ces termes dans le *Nouveau christianisme* (1825) : « Toute la société doit travailler à l'amélioration de l'existence morale et physique de la classe la plus pauvre; la société doit s'organiser de la manière la plus convenable pour atteindre ce but. » (Edit. Ol. Rodrigues, p. 167.)

Un autre socialiste, Fourier, laissa sur son esprit une empreinte qui ne s'est jamais effacée entièrement, que nous retrouvons, dans le *Manuel républicain*, réduite à ce qu'il en devait assimiler, et qui, dans les dernières années, se manifeste encore comme la forme propre de ses convictions socialistes, où le droit de la personne ne se sépare pas du devoir social. Fourier (1772-1837) fut le plus hardi et le plus merveilleux des utopistes, en ses conceptions d'harmonies cosmiques et passionnelles, où il semblerait avoir été comme Leibnitz en sa *Théodicée*, le confident du Démiurge avant la création ; il n'en fut pas moins, dans la solution du problème de la propriété par le phalanstère, « le plus modéré, le plus juste et le plus pratique des socialistes ». (Cf. *Phil. anal. de l'Histoire*, t. IV, p. 173.) Nul n'a mieux vu les avantages de l'association volontaire, noté les déperditions forcées du *régime morcelé* et flétri les vices qui règnent dans les relations industrielles et commerciales ; nul ne l'a surpassé dans l'invention d'une organisation du travail dont les membres, se plaçant librement sous le commun régime du devoir, de l'intérêt et des règlements, exploiteraient, à la fois comme travailleurs et comme capitalistes et actionnaires, un fonds indivis entre eux, industriel ou agricole, en partageant le revenu entre le capital, le travail et le talent. L'essentiel de ces idées se diffuse en toutes les pages de notre *Manuel*, mais se concilie avec d'autres éléments dont l'origine se rapporte à deux autres socialistes, Proudhon et Louis Blanc. (Cf. p. 299, n. 1.)

Avec eux, le socialisme devient une partie de la politique et même va de plus en plus la dominer, au lieu de rester une simple doctrine économique, comme il l'était dans Saint-Simon et dans Fourier, assez indifférents l'un et l'autre aux formes politiques, et disposés à s'accommoder de tout régime qui, pour le premier, prît en mains la réalisation de son utopie, et, pour le second, concédât seulement la liberté. Au contraire, Proudhon et Louis Blanc posèrent dès 1840, en des brochures retentissantes, le principe de l'intervention exigible de l'Etat pour résoudre la question sociale. La République, qu'ils appelaient alors sans la sentir prochaine, était pour eux un moyen d'amener le socialisme et ils devaient l'un et l'autre la transformer dès sa naissance en épouvantail, par le ton et les formes qu'ils donnèrent à leurs revendications, si justes et libérales qu'elles fussent dans leur fond. Renouvier, dans le *Manuel*, emprunta à Louis Blanc le principe et la formule même du droit au travail, en le rattachant aussi à un devoir de fraternité vaguement défini. A l'idée de l'association libre, comme la concevait Fourier, il joignit l'organisation du travail par le concours financier, le contrôle et la protection de l'Etat ; il préconisa comme Louis Blanc, l'atelier social, si différent des *ateliers nationaux* de 1848, fondés surtout pour discréditer les idées de la commission du Luxembourg, ainsi que l'avoue à plusieurs reprises Marie, collègue et adversaire de Louis Blanc dans le gouvernement provisoire. Quant aux idées de Proudhon touchant l'organisation du crédit social et la banque d'échange, la critique du régime économique actuel et en particulier les vices du commerce, elles se retrouvent dans le *Manuel*, mais élucidées et réduites à la conception personnelle de Renouvier, qui sut toujours être socialiste sans abandonner la liberté de l'individu et qui subordonna toujours à la morale la politique et l'économie. (Cf. p. 198, n. 1.)

Ce serait en effet mal connaître ce penseur, que de voir en lui simplement un disciple, même comme socialiste. Voudrait-on voir en Aristote un simple adepte d'Hippodamus de Milet ou de Phaléas de Chalcédoine ou même de Platon, parce qu'on trouvera la trace de ses prédécesseurs dans la *Politique*, ce livre qui domine par sa puissante synthèse toute l'histoire sociale grecque, et le seul peut-être de l'antiquité où l'on ne puisse trouver aujourd'hui un chapitre suranné? Il en serait de même pour Renouvier. Malgré des emprunts ou suggestions qui marquent la date d'éclosion de sa pensée, celle-ci, dans l'ordre économique comme dans tous les autres, a son originalité. Comme conception propre à l'auteur, elle repose sur une philosophie générale, œuvre de réflexion personnelle, ce qu'on ne pourrait dire d'aucun autre socialiste, sauf de Platon, et elle se développe d'après un point de vue générateur dont le *Manuel républicain* n'est qu'une esquisse ou même un essai.

La philosophie critique, en effet, a son centre dans la morale, et, dans la morale, son centre dans la liberté. « Tout ce qui touche aux intérêts transcendants de l'humanité, ce qu'elle en peut déterminer par la raison théorique, c'est de la raison pratique qu'elle en emprunte les éléments. Sa solution du problème de la certitude et sa théorie de la marche de l'humanité, son explication du mal et ses analyses des religions et des métaphysiques, sa psychologie, sa physique générale aussi bien que sa morale, et jusqu'à sa logique en un sens, elle ramène et subordonne tout à la reconnaissance de la liberté humaine. Cette reconnaissance est elle-même un acte libre, et cet acte, la philosophie critique demande à chacun de nous de le faire, ensuite, d'en poursuivre les résultats dans tous les ordres de l'intelligence et de la vie. » (*Année philosophique* 1867, p. 107).

Le criticisme est donc, en vertu de son principe, avant tout une doctrine morale. « Après avoir fait dépendre la philosophie tout entière de l'étude méthodique de l'esprit comme instrument de la connaissance, il fait dépendre les affirmations ou croyances philosophiques, dans l'esprit lui-même, de celles qui portent un caractère moral. Il n'est pas étonnant qu'une telle doctrine prétende n'être assujettie à aucun dogme, mais au contraire, les régenter tous, et qu'elle s'offre comme la régulatrice des idées et des actes, des législations et des théories, non moins que des applications et de la pratique. » *Crit. phil.*, II, p. 9.

Comme cette pratique a pour base l'égale dignité des

personnes et le devoir de respect réciproque ou justice, c'est aussi une doctrine républicaine. En dehors du criticisme, presque toute philosophie a été aristocratique ou monarchique jusqu'à ce jour, comme elle a été déterministe et panthéiste. Presque toute politique théorique a cherché la justice et la vertu dans l'organisation de l'État, au lieu de l'établir dans le citoyen d'abord, sans la moralité de qui les meilleures institutions seraient forcées de se corrompre. « A vrai dire, on semble s'être avisé de tout, excepté de formuler rigoureusement le devoir comme l'exact équivalent du droit, et d'en répandre la connaissance parmi les hommes, afin de pouvoir en introduire la pratique dans leurs relations aussi bien publiques que privées, et la stipulation, dès lors efficace, dans leurs lois. Ce grand nom du Devoir, grand et cependant usé pour ainsi dire, sonne comme une nouveauté. Interprété comme il l'est dans le criticisme, et lié avec une doctrine générale, il caractérise la philosophie de l'idée républicaine. » (*Crit. phil.*, t. II, p. 16).

Enfin comme la république ne saurait être que la justice appliquée aux rapports sociaux, le criticisme est une doctrine de socialisme. Tout socialisme est une tentative pour résoudre l'antinomie de la propriété accordée aux uns, refusée aux autres. Le criticisme n'invoque, pour résoudre la difficulté, que la justice dans les relations des personnes; mais il distingue d'une part la justice telle que l'établiraient entre elles des personnes supposées parfaitement bonnes et vivant en un *état de paix*, et, d'autre part, la justice à réaliser dans l'état de fait, qui est un *état de guerre*, où les personnes ont à invoquer les unes contre les autres le droit de la défense. De là, pour les individus sans propriété, le devoir de se grouper en libres associations de travail, et, pour la société, le devoir de prélever sur les ressources sociales le moyen d'aider ces associations à naître et à vivre. Cette conception, fondée sur une stricte obligation de conscience, est la seule qui ne se heurte pas d'avance aux légitimes protestations des libertés violentées et ne se condamne pas à un échec absolument inévitable. « On a défini de bien des manières la justice sociale, depuis Platon jusqu'à Louis Blanc, comme quelque chose de tout externe, à chercher dans le matériel d'un règlement d'atelier ou d'État et dans les préceptes de théorie mis aux mains des éducateurs de la jeunesse. Tous ces règlements et tous ces préceptes invariablement sont fondés sur la subordination de l'individu au tout, sur l'esprit de dévouement qu'on suppose à l'individu, ou qu'on se propose de lui communiquer. On n'a pas songé à fonder la spéculation politique sur la vraie nature rationnelle de l'homme, à prendre un point de départ dans la conscience sociale comme elle est, dans la notion accessible à tous et chez tous spontanée de droits et de devoirs égaux et balancés, à supposer donnés les éléments de la loi morale, qui n'a rien de commun avec la loi du sacrifice, et à la fortifier dans les cœurs par l'enseignement, en même temps que la politique active la traduirait dans les faits par les institutions. » (*Crit. phil.*, t. II, p. 16.)

Le criticisme est donc la philosophie de la liberté, en prenant ce terme aussi bien dans son sens politique et économique que dans son sens moral. Il attend le progrès humain surtout des libres initiatives, ressort incomparable qu'il se refuse à supprimer dans la marche de l'humanité que tant de penseurs assimilent à celle d'une machine, aussi bien dans l'interprétation du passé que dans l'attente de l'avenir. Aussi il est en conflit permanent et irréductible avec le fatalisme et l'optimisme historique tout autant qu'avec le fatalisme et l'optimisme économique. C'est pourquoi, considérant la question sociale comme un objet d'expérience sociologique et de science morale, il en repousse toute solution qui serait exclusivement demandée soit à la force aveugle d'une prétendue évolution économique, ainsi que la conçut Karl Marx, par une maladroite interprétation de la pensée hégélienne, soit à la force organisée d'une autorité politique, comme l'entendirent Saint-Simon, Enfantin, Louis Blanc et beaucoup de nos contemporains.

En rejetant le socialisme purement autoritaire et en faisant appel à la liberté et aux mœurs pour réparer les mauvais effets de la coutume et de la liberté, le criticisme n'en reste pas cependant au pur point de vue fouriériste qui comptait seulement sur la tolérance de l'État, lui demandant uniquement de souffrir les sociétés particulières économiques et de leur accorder toute la liberté nécessaire à leur existence en tant que compatible avec la science. (Cf. p. 298, n. 1.)

Le *Manuel* de 1848 exigeait déjà plus que cette simple concession de l'autorité publique. Il attribuait à celle-ci l'obligation d'intervenir au nom de la fraternité pour organiser les associations de production et de consommation. La *Science de la morale*, en 1869, nous montre la doctrine sociale du maître entièrement attachée à une philosophie morale en possession de son plein développement; mais l'intervention de l'État semble alors à l'auteur plus dangereuse que souhaitable. Il était encore, à ce moment, sous l'impression du lamentable échec de 1848; néanmoins sa confiance dans les œuvres de la liberté était assez forte, en ces dernières années du second empire, pour attendre exclusivement du groupement des initiatives personnelles l'émancipation politique et sociale. Ce beau livre était d'ailleurs capable de contribuer à un tel progrès : son importance a été reconnue par toutes les têtes pensantes en Europe et en Amérique et vingt ans après son apparition, voici comment le jugeait Shadworth H. Hodgson dans la revue *Mind* : « Entre les ouvrages de M. Renouvier il en est un, la *Science de la morale*, qui est leur couronnement et comme un sommet élevé duquel on peut jeter sur l'avenir attendu pour l'humanité des regards qui ne sont point mal assurés. Ce livre renferme la promesse d'un avenir meilleur, non seulement parce qu'on y voit établis et analysés les principes qui doivent guider les efforts humains, mais encore parce que ces principes y sont présentés dans une forme sous laquelle ils s'imposent à l'attention de l'homme politique pratique. Je me contente de saluer en passant la *Science de la morale*, comme un ouvrage qui mérite, je ne dirai pas par simple comparaison avec les autres, mais même en un sens plus absolu et positif, le titre distinctif, imaginé quelque part par Coleridge, de *Manuel de l'homme politique*. » (*Crit. phil.*, t. XIX, p. 163.)

Mais la pensée socialiste de Renouvier devait s'accentuer encore dans les productions de plus en plus étendues de la fin de sa vie.

En 1897, dans le quatrième volume de la *Philosophie analytique de l'histoire*, il place en regard de toutes les doctrines qui ont occupé le XIXe siècle, celle du criticisme et ramène celui-ci, quant à ses thèses sociales, au principe essentiel du *Manuel* de 1848, c'est-à-dire le devoir, pour un état juridiquement constitué, de provoquer par son initiative et d'aider de son crédit les sociétés de production qui se montreront capables de s'aider elles-mêmes. La confiance lui est revenue dans l'autorité d'un état démocratique, gouverné par une majorité de socialistes parlementaires et il signale lui-même ce progrès de sa pensée en comparant ainsi la *Science de la morale* avec les formules socialistes de la *Philosophie analytique*. « Les différences légères que l'on pourrait trouver entre tels passages du premier ouvrage et mes conclusions actuelles tiennent à ce que je suis frappé plus que je ne l'étais en l'écrivant (1869) du danger que fait courir à la civilisation la trop faible volonté des classes dirigeantes d'entrer dans la voie des réformes économiques sérieuses », p. 625. Les mêmes conclusions se retrouvent en 1903 dans le *Personnalisme* dont nos extraits marqueront l'accord avec le *Manuel républicain*.

L'originalité du criticisme en tant que doctrine socialiste est donc de ne procéder que de lui-même, et, semblable en cela au seul platonisme, de n'emprunter sa philosophie générale à aucune source étrangère, tandis que le sort commun des socialistes est d'appuyer tant bien que mal leurs conceptions particulières des rapports économiques sur les divers dogmatismes métaphysiques, depuis le matérialisme, l'hégélianisme, jusqu'au positivisme à l'évolutionnisme. De plus, dans son écart accentué à l'égard des systèmes socialistes, autoritaires ou utopistes, le critisme a un principe très simple et de portée considérable. Les questions de morale appliquée à l'ordre économique y sont ramenées à la distinction fondamentale entre l'état de paix, ordre idéal, et l'état de guerre, état de fait des relations sociales. De là, pour l'éthique et la politique, les principes d'une casuistique nouvelle. De là aussi, pour le socialisme, une théorie capable d'éviter la dette contractée envers l'optimisme par tant de socialistes qui se sont obligés à considérer comme absolument bonnes, en leur fond, la nature humaine et la société. De là, enfin, une distinction essentielle entre la loi d'amour et la loi de justice, attribuées chacune à son domaine propre et permettant de noter, en tout système d'économie, l'abus qui lui fait perdre tout caractère pratique ou la vertu résolutoire qui en fait un exemple et un instrument de progrès.

Si quelques-uns, en effet, ont trop présumé de la bonté naturelle de l'homme, comme Fourier, Proudhon, Louis Blanc, Owen, les saint-simoniens; si d'autres ont escompté seulement une évolution matérielle en supprimant la moralité et la justice par l'admission de la nécessité dans la force des choses, comme Auguste Comte et Herbert Spencer, il en est aussi, depuis Babeuf jusqu'à Marx, qui ont désespéré des voies pacifiques et de la raison persuasive. Mais il en est beaucoup, d'autre part, qui ont su montrer par l'expérience ce que peut obtenir la libre association et ce qu'on pourrait en attendre si l'État prenait au sérieux son devoir d'aider ceux qui savent s'aider eux-mêmes. Si quelques types de phalanstère ont échoué, d'autres ont réussi, comme le familistère de Guise; des associations de production ou de consommation ont mérité et obtenu le succès, comme les tailleurs de Clichy, en 1848, et sous nos yeux, la verrerie d'Albi, le Vooruit de Gand, la Maison du peuple de Bruxelles, l'Association coopérative de la rue Christine, à Paris. Le plus grand progrès, en effet, qui se soit accompli dans l'histoire du parti socialiste comme dans celle du parti républicain a été, sous l'inspiration de bons conseillers tels que Gambetta et Jaurès, de renoncer à l'antique méthode d'insurrection violente pour adopter celle de l'action parlementaire persévérante. C'est aux instigateurs de ce changement qu'est allée depuis longtemps l'adhésion de Charles Renouvier et c'est avec eux que se maintient l'accord du criticisme qui se donne pour une doctrine capable, entre toutes, de produire une révolution dans les esprits et dans les cœurs. Est-ce une raison pour qu'il réussisse? Peut-être. Non pas parce que l'esprit humain, comme le disait amèrement Luther, est semblable à un ivrogne à cheval, qui tombe d'un côté quand on le relève de l'autre, mais parce que le mouvement du triomphe de la vérité peut venir après l'épuisement de toutes les formes de l'erreur.

IV

Il nous reste à raconter l'incident politique de 1848 dans lequel le *Manuel républicain* fut le prétexte choisi par la majorité anti-républicaine de la Constituante pour mettre en échec le ministre de l'Instruction publique, Hippolyte Carnot[1].

---

1. Lazare-Hippolyte Carnot, (né à Saint-Omer, en 1801 ; mort à Paris le 16 mai 1888) avait, en 1815, suivi en exil son père qui mourut à Magdebourg, en 1823. Il revint alors se fixer en France. Refusant de prêter à la royauté le serment de fidélité, il s'était tenu à l'écart des fonctions publiques, mais écrivait dans les journaux et revues de l'opinion libérale et saint-simoniennes : le *Producteur*, le *Globe*, l'*Organisateur*, la *Revue encyclopédique* et l'*Encyclopédie Nouvelle* de Pierre Leroux et Jean Reynaud. Dans ce dernier recueil, l'article *Esclavage* est de lui. En 1839 il fut élu député de Paris et l'était encore en 1848 ; lorsque la crise éclata, il fut un des premiers à

Une de ses premières mesures avait été de constituer auprès de lui une commission des études scientifiques et littéraires chargée d'examiner les questions nouvelles que soulevait dans l'instruction publique l'ordre républicain. Il plaça à la présidence de cette commission son ami Jean Reynaud, et Charles Renouvier en fut le secrétaire (29 février 1848). Les dix-sept membres étaient Burnouf, Bravais, Cournot, Duhamel, Dutrey, Elie de Beaumont, Geoffroy-Saint-Hilaire, Henri Martin, Poncelet, Victor Leclerc, Liouville, Le Play, Michelet, Quinet, Serres, Transon, et souvent avec eux vint siéger Béranger.

Renouvier et Reynaud prirent une part active à toutes les mesures destinées à créer un enseignement digne de la République. Pendant qu'un des deux secrétaires généraux du ministère, Edouard Charton, s'occupait des affaires politiques, l'autre secrétaire, Jean Reynaud, qui n'avait accepté ces fonctions qu'à condition de rester étranger à l'administration proprement dite,

réclamer la proclamation de la République. Le gouvernement provisoire le nomma, le 24 février, ministre de l'Instruction publique. Après la séance du 5 juillet 1848, il donna sa démission de représentant du peuple et fut remplacé au ministère par Vaulabelle jusqu'au 13 octobre, par Frelon jusqu'au 20 décembre, et enfin par de Falloux, du 20 décembre 1848 au 14 septembre 1849. Carnot ne rentra à l'Assemblée que par une élection partielle le 10 mai 1850. Il ne fut pas proscrit en 1852. Quoique élu au Corps législatif en 1857, il ne put siéger, ayant refusé le serment à l'empire. Il y entra cependant en 1864 et fut l'un des trente-cinq opposants. En 1869, son siège de député de Paris lui fut enlevé d'abord par Gambetta et ensuite par Rochefort après l'option de Gambetta pour Marseille. Carnot fut envoyé à l'Assemblée nationale de 1871, le 8 février, par le département de Seine-et-Oise; il fut nommé sénateur inamovible en 1875.

s'adonnait avec Renouvier, à l'œuvre morale et éducatrice. Ainsi se fit la réunion des cultes et de l'instruction publique ; puis la création d'une école d'administration annexée au collège de France ; puis celle de chaires nouvelles qui ne furent pas d'ailleurs occupées, confiant à Jean Reynaud le *Droit politique français*, à Armand Marrast le *Droit privé* ; à Ledru-Rollin, l'*Histoire des institutions* ; à Garnier Pagès l'*Économie générale* et à Lamartine le *Droit national et l'histoire des traités* (décret du 8 avril).

Le 26 février, le ministre envoyait aux recteurs une circulaire « destinée à jeter dans le domaine de l'instruction publique les premiers fondements de l'enseignement régulier de la politique ». Il souhaitait que le peuple tout entier fût initié par les instituteurs primaires à la connaissance de ses droits, et invitait les recteurs à faire rédiger des manuels élémentaires de droit politique destinés aux écoles des campagnes (*Moniteur*, séance du 6 mai). Cet appel fut entendu par la plupart des recteurs. Quelques hommes politiques se mirent aussi à l'œuvre, entre autres Ducoux, qui depuis fut préfet de police, en 1849. Un israëlite, Ben-Baruch, s'adressant à ses coréligionnaires, tira son manuel des textes de l'ancien testament.

Dans une brochure écrite par Carnot après sa sortie du ministère [1], il apprécie de la manière suivante le manuel composé à cette occasion, et sous ses auspices, par Charles Renouvier. « A Paris, deux écrivains distingués par leurs travaux historiques et philosophiques, MM. Henri Martin et Charles Renouvier, réussirent

---

1. *Le ministère de l'Instruction publique du 24 février au 5 juillet* 1848, par H. Carnot, in-18, Paris, Pagnerre.

dans cette œuvre modeste et difficile. Le petit livre de Henri Martin, pratique dans sa forme, marchant droit à l'application, n'a obtenu que des éloges. Celui de Renouvier, au contraire, est devenu le prétexte des attaques qui ont déterminé ma retraite du ministère. Comme on le pense bien, au milieu de tant de graves préoccupations, je n'avais guère le temps de censurer des manuscrits, et celui-ci se recommandait assez par le nom de son auteur pour en permettre la publication. Au point de vue de la morale publique et privée il est irréprochable ; quant au principe de la famille et de la propriété, il les consacre de la manière la plus formelle. Mais il contient des expressions que je n'approuve pas et que l'auteur devrait modifier; des assertions que je contesterais; mais il est savant dans le fond et la forme, comme son auteur. Ne perdons pas de vue d'ailleurs qu'il n'a jamais été destiné, quoiqu'on en ait dit, à la lecture des enfants. »

Carnot était ministre de l'instruction publique depuis le 24 février; il était le seul des membres du gouvernement provisoire qu'eût conservé Cavaignac dans le cabinet formé après l'insurrection de juin. Il se préparait à demander des crédits pour l'organisation de l'instruction primaire dans le budget de juillet 1848. Il avait déposé depuis le 30 juin un projet où il indiquait ses principes : 1° développement de l'instruction primaire au delà de ce qu'elle comportait alors, de façon à fournir à la culture de l'homme et du citoyen ses moyens convenables; 2° introduction de l'éducation morale et civique ; 3° gratuité et obligation de l'enseignement donné par l'État ; 4° liberté de l'enseignement privé sous la seule réserve des garanties de capacité ; 5° nomination des instituteurs publics par le ministre sur la présentation de trois candidats par le conseil municipal de chaque commune ; 6° traitement assuré par l'État aux instituteurs comme aux autres fonctionnaires publics. Comme première application de ce projet, le ministre demandait, dans la séance du 5 juillet, l'ouverture de crédit d'un million pour parfaire, pendant le second semestre de 1848, le traitement annuel des instituteurs resté au dessous de 600 francs.

C'est sur l'article premier que le représentant Bonjean[1] demanda la parole. « Puisque, dit-il, le ministre demande des fonds, il faut savoir si la direction qu'il imprime à l'instruction publique est conforme à l'intérêt du pays. Or, on a distribué à tous les instituteurs primaires, au nom et peut-être par les ordres du ministre, des écrits tellement dangereux et tellement détestables qu'avant d'accorder les crédits il faut savoir s'il est vrai que ces écrits ont été publiés sous les auspices du ministère. »

« Beaucoup de ces écrits ne portent aucune attache officielle : il n'en est pas de même du *Manuel républicain de l'homme et du citoyen, publié sous les auspices du ministre provisoire de l'Instruction publi-*

---

1. Louis-Bernard Bonjean, né à Valence (Drôme) en 1804, était en 1838 avocat à la Cour de cassation. Député de la Drôme en avril 1848, comme républicain, il passa dès le début, à la réaction, et fut l'un des membres actifs du comité de la rue de Poitiers. Il ne put se faire réélire en 1849 ni en mars 1850. Il se rapprocha alors de l'Élysée et devint ministre de l'Agriculture du 9 au 24 janvier 1851 ; sénateur en 1855, président de la Cour de Riom en 1863; président de la chambre des requêtes à la Cour de cassation en 1865. Après le 4 septembre 1870, il resta à Paris. Le 10 avril 1871, arrêté sur l'ordre de la Commune, il fut fusillé avec les autres otages à la Roquette.

que. Il se vend à Paris chez Pagnerre, éditeur [1]. (*Rires.*)
Une voix. L'auteur ?

Le citoyen Bonjean. L'auteur est M. Charles Renouvier, ancien élève de l'École polytechnique. Or, s'il était vrai que ce livre a été adressé à tous les instituteurs pour en faire en quelque sorte le texte de leur enseignement aux enfants de nos écoles, je serais très disposé à refuser toute espèce de concours à M. le ministre de l'Instruction publique. Voici des passages sur la propriété ; l'élève s'adresse au maître et lui dit :

« Existe-t-il au moins des moyens d'empêcher les riches d'être oisifs et les pauvres d'être *mangés* par les riches ? » (*Exclamations*).

Un membre. C'est incroyable !

Le citoyen Bonjean. Et l'instituteur entre dans l'esprit de l'élève ; il répond : « Oui, il en existe et d'excellents. Les directeurs de la République trouveront ces moyens aussitôt qu'ils voudront sérieusement pratiquer la fraternité !... Sans détruire le droit d'héritage, on

---

1. L'éditeur Pagnerre, alors représentant du peuple et présent dans la salle, avait été secrétaire du gouvernement provisoire le 24 février. Dans la séance suivante, le 7 juillet, il monta à la tribune pour désavouer le livre : « Je ne l'ai lu, dit-il, ni avant ni après la publication ; il a été publié au commencement de mars et à cette époque j'étais à l'Hôtel de Ville. Vous savez s'il nous était possible alors de négliger les affaires du pays pour nous occuper de nos affaires particulières. L'impression de ce livre a été confiée exclusivement à mes commis auxquels, pendant quatre mois, j'ai dû abandonner les travaux de ma maison. Je n'ai donc pas à repousser la solidarité des doctrines qui ont été énoncées à cette tribune sur la propriété, sur la famille, sur le communisme. Mes opinions sont bien connues, Dieu merci ! Je n'ai pas attendu qu'elles aient triomphé de l'anarchie pour les proclamer hautement. » (*Vive approbation.*)

peut le limiter pour l'intérêt public; sans supprimer l'intérêt du capital, on peut prendre beaucoup de mesures pour le rendre aussi faible qu'on voudra. Alors l'oisiveté sera difficile au riche, et le pauvre trouvera facilement crédit pour s'enrichir. » (*Rumeurs diverses*).

Vous voyez que, dans cette réponse, l'instituteur dit que l'oisiveté sera difficile au riche; et la raison en est simple, il l'explique dans ce qui suit : c'est que bientôt il n'y aura plus de riches [1].

Je continue :

« *L'Instituteur.* La loi peut imposer toutes sortes de conditions à ceux qui ont la terre; et même les exproprier moyennant indemnité s'ils en font un mauvais usage. *Quant à ces grands propriétaires que vous avez raison de craindre,* sachez que s'ils payaient à la République un impôt convenable et de bonnes journées à leurs travailleurs, ils se verraient bientôt *obligés pour la plupart à vendre leurs terres* à des citoyens qui en tireraient un meilleur parti qu'eux. On fera des lois pour cela quand on voudra [2]. » (*Mouvement.*)

Voilà la morale qu'on enseigne aux enfants de nos écoles ! Dans le chapitre VIII, on traite, pour les écoles primaires, de la fameuse question de l'organisation du travail, (*Oh! Oh!*) et voici ce qu'on en dit :

---

1. Ces citations sont faites d'après la première édition, et se retrouvent dans le chapitre VII de la seconde. L'auteur a tenu compte, dans celle-ci, du grief allégué, en précisant les moyens de favoriser au pauvre l'accession au capital. Cf. p. 169.

2. L'auteur a également fait droit au grief sur ce second point. Les modifications qu'il a apportées au texte dans la seconde édition ressortent de la différence avec la citation de Bonjean. (Les italiques sont du *Moniteur*).

« *L'Élève*. La liberté de l'industrie a donc causé de grands maux ?

L'Instituteur. La liberté de l'industrie a amené la concurrence illimitée à sa suite ; or la concurrence illimitée a produit la guerre acharnée des travailleurs, l'abaissement des salaires, la fraude dans le commerce, si bien qu'au moment où le peuple de Paris a chassé son dernier roi, la liberté de l'industrie n'était plus qu'un mot et le monopole triomphant donnait à la France une aristocratie nouvelle plus dangereuse que la première. » (*Nouveau mouvement*).

Plusieurs membres. C'est vrai !

Le citoyen Bonjean. La question n'est pas de savoir si certains membres de cette assemblée trouvent ces doctrines vraies ; il est évident qu'ils les approuvent puisqu'ils les ont prêchées. La question, pour moi, est de savoir si ces doctrines sont adoptées par M. le ministre de l'Instruction publique. (*Approbation sur plusieurs bancs*.)

Je poursuis :

« *L'Élève*. La République a donc le droit d'intervenir dans les conditions du travail et dans le règlement des prix et des salaires ?

L'Instituteur. Sans doute elle a ce droit : elle l'exerce au nom du peuple. Que serait un industriel ou un négociant sans la protection de la République ? En assurant au commerce et à l'industrie leur liberté, elle acquiert le droit de soumettre cette liberté à toutes sortes de conditions tirées de l'intérêt commun. C'est ce qu'on appelle l'organisation du travail. » (*Exclamations et rires*.)

Et puis enfin, et vraiment j'ai quelque pudeur à le dire, dans un des chapitres suivants, savez-vous de quoi l'on parle, savez-vous quelles sont les autres questions sur lesquelles on disserte à l'usage des enfants des écoles primaires? Ce sont les questions de la condition de la femme, du mariage et du divorce [1]. (*On rit.*)

« Pour ce qui est des lois sur les mariages et les testaments, certes l'Assemblée n'y touchera jamais sans beaucoup de réserve et de très légitimes scrupules; mais elle pourrait chercher si le régime républicain de l'égalité et de la liberté ne doit pas ajouter quelque chose aux droits de la femme dans la famille, si dans l'intérêt du mariage lui-même, il n'est pas bon que le divorce soit rétabli comme au temps de l'Empereur, enfin si l'impôt qui frappe la transmission des biens ne pourrait pas se régler plus équitablement dans l'intérêt commun de la République et des familles [2]. »

Le citoyen Bonjean conclut, après ces citations, qu'avant de voter le million demandé par le ministre pour encourager un pareil enseignement, il le prie de dire nettement, catégoriquement, par un *oui* ou par un *non* s'il accepte ou s'il repousse de pareilles doctrines.

Au lieu de répondre par oui ou non, ce qui eût facilité singulièrement la tâche de l'opposition, le Ministre s'efforce de replacer la question sur le terrain

---

[1]. Si le lecteur veut se reporter, dans le *Journal officiel*, à la séance du 20 novembre 1890, il verra un autre débat du même genre, où les plus graves questions de la morale appliquée sont travesties en bouffonneries devant des députés mal informés par des citations détachées de leur contexte. Dans cet autre cas, il s'agissait d'un professeur puni pour avoir fait un livre de morale laïque et l'interpellateur reprochait au ministre l'insuffisance de la punition.

[2]. Sur ce troisième point, l'auteur a fait aussi des modifications au texte primitif. Cf. l'appendice du chapitre IX et la fin du chapitre XII.

des principes généraux qui ont inspiré son administration depuis le 25 février. Il rappelle ses premières fondations, ses mesures en faveur des instituteurs, son souci d'organiser l'enseignement civique de la République, de favoriser par la culture l'accès des hautes situations de l'État aux citoyens des campagnes. Puis il en vient à la façon dont les *Manuels* ont été composés et adressés avec son autorisation. Il cite à son tour quelques passages de Renouvier pour en faire ressortir la morale irréprochable et il ajoute :

« On peut dans ces livres contester certains principes ; j'en discuterais moi-même plusieurs avec les auteurs ; mais cela est du domaine de la libre discussion. (*Murmures.*) Et surtout ne perdez pas de vue que ce ne sont pas des manuels destinés aux enfants, mais des manuels destinés aux électeurs. » (*Murmures.*)

Le citoyen Jules Renouvier monte à la tribune pour défendre le livre de son frère : « Il est facile d'attaquer un livre, une doctrine quelconque avec des phrases tronquées. Je prie donc les membres de cette assemblée de lire en entier ce petit livre et de déclarer si au point de vue philosophique, au point de vue des vérités sociales qui nous importent à tous, il présente rien de réellement reprochable. L'auteur est un homme sérieux, occupé toute sa vie d'études de cabinet, par conséquent les idées qu'il émet veulent être examinées avec la même attention qu'il apporte lui-même à les exposer. Ce n'est pas un pamphlet ; quoique ce soit un manuel, un livre destiné à courir dans les campagnes, et qui a été écrit au milieu de la rapidité des événements de février, il est écrit d'une manière très logique et aucune phrase ne peut être séparée de celles qui la précèdent. Dans le chapitre sur la **propriété**, la phrase incriminée sur les pauvres mangés par les riches est dans la bouche de l'élève qui parle le langage du peuple, mais elle n'est pas dans la bouche de l'instituteur qui la relève immédiatement. Vous devez comprendre que l'élève peut émettre quelques expressions vives... (*Interruptions et murmures.*) Je vous prie, citoyens, encore une fois, de lire le livre qu'on a traduit à votre barre. J'en appelle au livre tout entier contre les conclusions qu'on a voulu tirer de quelques passages. » (*Bruit. Aux voix!*)

Le citoyen Francisque Bonnet essaie alors de ramener la discussion sur son terrain primitif, qui était la question du sort des instituteurs et du crédit demandé par le ministre en leur faveur.

Le citoyen Boulay (*de la Meurthe*) insiste sur la nécessité de secourir la misère des instituteurs.

L'assemblée semble alors se ressaisir et comprendre qu'il est question de renverser le ministre. Les citoyens Bonjean et Baze déposent un amendement tendant à réduire le crédit de 5 000 francs et Bonjean reprend la parole pour expliquer que l'amendement ne vise pas les instituteurs, mais implique défiance à l'égard du ministre. La minorité républicaine s'efforce de parer au danger en multipliant les interruptions au nouveau discours de Bonjean. Mais Carnot, lassé et dégoûté du pouvoir, accepte le débat et pose lui-même la question de confiance. On vote sur l'amendement Bonjean. Sur 617 votants il est adopté par 314 voix contre 303.

Le soir même, Carnot donnait sa démission. Le lendemain, Jean Reynaud et Charles Renouvier quittaient leurs fonctions de président et de secrétaire de la Commission des études.

I

AVANT-PROPOS DE L'AUTEUR

POUR LA SECONDE ÉDITION

La première édition de ce petit livre a paru sous les auspices du ministre de l'Instruction publique qui était alors M. Carnot.

Comme l'auteur n'était pas seul responsable de son ouvrage, aussi n'en était-il pas pour ainsi dire le seul auteur. Le ministre ne pouvait sans doute exercer sur l'émission de cette pensée quasi-officielle toute la surveillance exacte et minutieuse que le sujet comportait. Mais il avait désiré qu'une personne en laquelle il devait se confier absolument eût connaissance du travail, et au besoin, prît la peine de le reviser, soit pour l'honorer publiquement de son suffrage, soit pour l'appuyer de son approbation auprès de celui qui en assumerait la responsabilité.

Cette personne dont la situation est unique, dont l'autorité et la prudence égalent le génie littéraire, au jugement de tous, et qui d'ailleurs, faisait partie de la Commission générale des études récemment nommée [1], accédant aux vœux du ministre, entendit la lecture de l'ouvrage et l'approuva ; enfin le *Manuel* ne fut autorisé

---

1. Il s'agit de Béranger. Cf. p. 39.

qu'après qu'il eut paru avéré que les doctrines qu'on y professait pouvaient être avouées par le gouvernement provisoire et n'avaient rien dans la forme qui les rendît dangereuses.

L'auteur a dû à ces communications d'un si grand prix pour lui, outre quelques traits que le lecteur a certainement goûtés, un encouragement à faire passer dans l'ordre de son exposition ce qui déjà était dans l'ordre de sa pensée et que suivant lui la vraie philosophie exige, je veux dire à déduire [1] les droits naturels ou sociaux de l'homme des devoirs correspondants que l'homme ou la société ont envers lui.

L'auteur avait aussi conféré, sur l'expression de certaines de ses pensées, avec un historien justement estimé [2] qui, lui-même, à cette époque, a publié un *Manuel de l'instituteur pour les élections* dont on n'a point songé à incriminer l'esprit.

Si malgré tous les bons avis qu'il recevait avec empressement et reconnaissance, parce qu'il s'agissait moins pour lui d'une profession de foi personnelle que d'une œuvre de propagande appropriée à ce que le temps et les hommes pouvaient porter, ou plutôt à ce

---

1. L'auteur a depuis abandonné cette *déduction* comme erronée. On ne peut pas plus, en effet, déduire le devoir du droit que le droit du devoir. Ce sont là deux notions corrélatives et qui dépendent l'une et l'autre de la dignité de la personne. Si la personne est conçue comme isolée, son devoir individuel est fondé sur sa dignité ; si les personnes sont associées, la dignité de chacune transforme son devoir en *débit* pour l'une et en *crédit* pour l'autre. Cf. *Science de la morale*, 1869, t. I, p. 78-80 et *Critique philosophique*, t. II, p. 10 et 16.

2. Henri Martin. Cf. plus haut p. 41.

degré de vérité que le gouvernement consentait à admettre, si, nonobstant tous les soins qu'il a pris de se borner, l'auteur n'a point évité des *assertions* que M. Carnot conteste, ou des *expressions* qu'il *désapprouve*[1], c'est, il faut bien l'avouer, que ces sortes de compositions sont fort délicates et qu'il n'est pas facile à un ministre de trouver un écrivain dont la pensée, lorsqu'elle a quelque valeur, soit exactement adéquate à la sienne.

Quoi qu'il en soit, l'auteur ne fait pas difficulté de reconnaître, dans les expressions ou assertions que la susceptibilité très éveillée des adversaires de M. Carnot et de la révolution leur a fait découvrir, les véritables symptômes d'un état d'esprit qui était dès lors le sien et qui n'a fait depuis, il le sent bien, que se marquer davantage[2]. Sans doute, il a regret de s'avancer plus en cela qu'un homme aussi honorable, un aussi bon citoyen que M. Carnot et un ancien ministre qu'il a si malheureusement mis en butte à d'injustes attaques. Mais enfin cet état d'esprit, il ne saurait, en conscience, ne pas

---

1. Cf. *Le ministère de l'Instruction publique depuis le 24 février jusqu'au 5 juillet*, par M. Carnot, représentant du peuple (Note de l'auteur.) Cf. plus haut p. 40.

2. L'auteur a raconté son *évolution personnelle* dans trois articles de la *Critique philosophique*, t. XII, p. 273, 305, 377, reproduits ensuite dans la conclusion de son *Esquisse d'une classification des systèmes philosophiques*. Imbu des idées saint-simoniennes dès 1832 et ensuite des idées de Fourier, il réagit plus tard contre ces dispositions, en ce qu'elles avaient d'incompatible, par leur optimisme et leur déterminisme, avec la thèse de la liberté individuelle dont il faisait, dès 1852, l'une des bases de sa philosophie propre. Mais il conserva jusque dans ses dernières œuvres, comme nous le verrons, une grande sympathie pour Fourier à qui il rendit souvent hommage.

l'avouer hautement, aujourd'hui que la propriété exclusive de son ouvrage lui est rendue [1].

On imagine bien que, forcé d'admettre en collaboration de sa pensée la pensée présumée du gouvernement et retenu par la crainte de dépasser celle du ministre [2], l'auteur n'a rien dit cependant qu'il n'ait cru bon ; mais il n'a pas dit tout ce qu'il eût voulu dire. D'autre part ses idées se sont étendues et fortifiées depuis cette époque. Il se félicite donc de ce que toute sa liberté lui est revenue grâce à la majorité de six voix, par laquelle il s'est vu implicitement condamner au tribunal de ces juges souverains dont les arrêts ne sont point précédés d'enquête. Aussi bien faut-il aujourd'hui savoir se passer de l'approbation des *républicains sages, honnêtes et modérés,* ainsi que des auspices des ministres.

Le *Manuel républicain de l'homme et du citoyen* se présente donc au public avec tous ses développements, tant ceux qui avaient pu échapper à l'auteur dans l'admirable tourmente du mois de mars dernier [3], que ceux que la crainte de la censure ministérielle l'avait forcé d'élaguer, ou enfin que de nouvelles réflexions lui ont

---

1. La première édition du *Manuel*, éditée pendant les premiers jours de mars 1848, chez Pagnerre, étant épuisée, et cet éditeur ayant décliné à la tribune la responsabilité du livre dont ses occupations politiques l'avaient forcé de laisser la publication à ses commis, l'auteur reprit, après la séance du 5 juillet 1848, la propriété de son manuscrit et prépara, de nouveaux développements pour la seconde édition, parue dans les premiers jours de décembre 1848, au Comptoir des Imprimeurs réunis. Cf. p. 10.

2. L'auteur avait, depuis le 25 février 1848, une situation officielle auprès du ministre, comme secrétaire de la haute commission des études.

3. Ceci indique la date de la 1re édition. Cf. plus haut, n. 1.

suggérés. Aucune expression d'ailleurs n'y est affaiblie et rien de significatif n'en a été retranché que ce qui était de circonstance et demeure aujourd'hui sans application et sans valeur[1]. Le peuple pour qui le *Manuel* a été fait jugera, s'il daigne le lire ou le relire, que le scandale produit à cette occasion n'est point de ceux dont l'Évangile a dit : *malheur à celui par qui le scandale arrive*[2]. Il reconnaîtra que tout égalitaires que sont les doctrines de l'instituteur qui porte la parole dans ce livre, elles respectent cependant le principe de la propriété personnelle et de l'hérédité, pour n'attaquer que la rente et l'usure et le régime du salaire[3]. Enfin il voudra bien épargner à l'auteur toute réponse aux injures de certains journaux ainsi qu'à leurs arguments entachés d'ignorance ou de mauvaise foi. L'oubli les recouvre depuis longtemps[4].

Deux choses cependant ne sauraient être passées sous silence :

1. Il s'agit des passages qui, dans la première édition, étaient relatifs aux élections pour l'Assemblée nationale annoncées pour le mois d'avril 1848. Ces passages, à la fin des chapitres xi et xii, ont été conservés dans les notes et en appendices.

2. Matthieu, XVIII, 7.

3. La pensée ultérieure de l'auteur se maintiendra sur le principe de la propriété personnelle. Cf. *Science de la Morale*, ch. LXXXI; il fera des réserves sur l'héritage des collatéraux, *id.* t. II, p. 77; sur la rente, l'usure et le régime des salaires, il continuera à accepter les réserves du *Manuel*, mais en subordonnant ses critiques à la considération de la distinction entre l'*état de paix* et l'*état de guerre*. Nos citations de ses œuvres préciseront l'état de sa pensée sur ces points.

4. Nous irions contre les intentions de l'auteur en relevant les articles des journaux de juillet 1848 où le *Manuel* fut, en effet, attaqué sans plus de bonne foi que de compétence.

1° Une calomnie : l'auteur déclare n'avoir perçu ni don ni bénéfice quelconque et sous quelque forme que ce puisse être en rémunération de son travail ; il l'a livré gratuitement à l'éditeur aussi bien qu'au ministre.

2° La grande accusation intentée contre lui sur ce qu'il a traité les riches d'anthropophages [1] et prédit que bientôt leur espèce se perdrait.

Ce dernier point est le sujet de la préface.

II

PRÉFACE DE L'AUTEUR

> Nonne cognoscent omnes qui operantur iniquitatem, qui devorant plebem meam sicut escam panis ? [2]
>
> Psalm., 13.

Le Socialisme qui couvre dès aujourd'hui la France et demain couvrira l'Europe [3], le Socialisme dont l'esprit

---

1. Le mot « anthropophage » n'était pas dans le texte du passage lu à la tribune par le représentant du peuple Bonjean. Cf. ch. VII, p. 169. L'élève demandait à l'instituteur : « Existe-t-il au moins des moyens d'empêcher les riches d'être oisifs et les pauvres d'être mangés par les riches ? » L'auteur consacrera une grande partie de la *Préface*, mise en tête de la 2ᵉ édition, à développer, comme point de fait, l'idée indiquée dans la métaphore populaire de l'élève.

2. « Ne retrouveront-ils pas le sens, tous ces ouvriers d'iniquité, ceux qui dévorent mon peuple, et s'en nourrissent comme du pain ? »

3. La constatation de l'auteur était vraie en 1848 pour la France. Pendant les quarante dernières années du XVIIIᵉ siècle, c'étaient des penseurs français qui avaient, par leurs critiques, fait surgir l'idée socialiste. Babeuf tenta le premier de la réaliser par la force. Dans la première moitié du

de routine s'effraye, mais en qui les cœurs résolus mettent leurs espérances, est une doctrine ou plutôt un ensemble de doctrines dont l'esprit commun consiste à reconnaître à la personne de l'État [1] des devoirs et des droits plus étendus que par le passé, et à resserrer les liens de solidarité qui unissent tous les citoyens, tous les membres de la République.

Je fais abstraction des écoles qui, cédant plus que de raison au premier entraînement de cette foi nouvelle, sacrifient la liberté des personnes à l'unité de l'État qu'elles veulent absolue [2], et je dis : le Socialisme triom-

---

XIX° siècle c'est encore la pensée française qui fournit le principal aliment du socialisme. L'Angleterre n'a, dans cette période, que Godwin (1756-1839) et Owen (1771-1858). L'Allemagne n'a, avant 1848, que l'écrit de Rodbertus : *Les revendications des classes laborieuses* (1837) ; et c'est en 1847 que Marx et Engels rédigent le *Manifeste du parti communiste*. La prédiction sur l'avenir socialiste de l'Europe s'est aussi réalisée, mais après une interruption de quinze ans, de 1848 à 1863, pendant laquelle le socialisme sembla mort sous les effets d'une réaction violente dans toute l'Europe. Il ne se ranima qu'à la voix de Lassalle qui agita profondément l'Allemagne, d'avril 1862 à avril 1865.

1. L'auteur abandonnera cette idée de l'État considéré comme une personne ayant des devoirs et des droits ; mais il maintiendra que les personnes associées dans l'État ont des devoirs sociaux et des droits correspondants. Cf. *Science de la Morale*, t. II, p. 20.

2. Ce désaveu du socialisme autoritaire se retrouvera dans les œuvres ultérieures en même temps que l'affirmation de la légitimité du socialisme libertaire. Cf. *Philosophie analytique de l'histoire*, t. IV, p. 224 (1897), après une citation de Proudhon ne reconnaissant d'autres restrictions à la libre activité humaine que celles qui résulteraient naturellement et nécessairement de l'universalisation du principe de réciprocité : « Il faut bien accorder, quelque sensible qu'on

phera. Il triomphera, parce qu'il possède un Principe ; il a une Volonté, un Amour. Hors du Socialisme, je ne vois que des principes affaiblis représentés par des hommes repus ou caducs. Ce sont là des ombres de principes. Mais l'Égoïsme s'est serré, concentré derrière ces ombres ; il leur prête sa force. Et plus il se fait de ténèbres autour des pensées d'autrefois, plus le cœur répugne à ce qu'il a souffert dans les siècles passés, plus aussi l'aveugle Moi de l'homme satisfait s'exalte dans sa résistance, disant : rien ne doit changer, parce que je suis bien.

Toutefois, la lutte ainsi engagée ne serait pas de longue durée. Les passions, les pensées mauvaises qui s'avouent, sont facilement vaincues. Et il est visible que nous sommes venus à ce point de l'histoire où toute conscience réclame, en secret du moins, l'application sociale de la doctrine du Christ[1]. Mais l'esprit d'égoïsme

puisse être à la menace que la perspective de ces conséquences naturelles et nécessaires fait peser sur l'ordre actuel, que le penseur socialiste est dans son droit lorsque, les annonçant, il s'engage à ne les demander qu'à l'exercice légitime des libertés reconnues aux individus sous ce régime dont il prévoit la fin. On peut dire que le critère de légitimité des transformations sociales est là. » Sur la question du socialisme, tout le travail de la pensée de Ch. Renouvier aboutira à « la distinction du socialisme optimiste et utopique dont les tentatives d'application sont d'avance invalidées par les conditions psychologiques, morales et matérielles de l'homme, et le socialisme garantiste ou de justice qui serait de nature à s'introduire par des lois dans les relations économiques, sans supposer rien de contraire aux données de l'expérience. » *Ibid.*, p. 625.

1. Il y eut, dans les quinze dernières années du règne de Louis-Philippe, un retour favorable au christianisme dans une grande partie de la nation. L'Église avait d'abord souf-

revêt une dernière forme pour subsister encore, et, s'il

fert de sa solidarité avec le régime vaincu en 1830. Après 1834 (condamnation de Lamennais), elle reprit l'attitude d'opposition contre le gouvernement qui l'eut pour ennemie aussi réelle, quoique moins active, que les républicains et les socialistes. Alors on vit « l'adhésion publique aux croyances catholiques d'hommes distingués qui avaient appartenu aux sectes saint-simonienne ou phalanstérienne, et qui ne trouvaient, à la fin, que dans la vieille religion l'entière satisfaction de la passion de croire à quelque chose de révélé, unique objet qu'ils eussent poursuivi, au fond, dans ces nouveautés... Quant au peuple, il allait tirer les curés de leurs sacristies pour les mener bénir les arbres de la liberté. » (*Philosophie analytique de l'histoire*, t. IV, p. 126). Renouvier, qui, nous le verrons souvent dans le *Manuel*, partagea cette illusion générale, l'envisagea ensuite « d'un libre regard intellectuel. » (*Critique philosophique*, IX, 218. Cf. le *Personnalisme*, p. 180-186) : « Jamais, certainement, l'histoire n'a pu présenter dans tout son cours une révolution des principes sociaux aussi radicale que l'aurait été une conversion *réelle* du monde romain au christianisme... Mais quoiqu'il en soit des concessions et des pactisations auxquelles la nouvelle religion fut obligée pendant plus de trois siècles qu'elle mit à s'imposer officiellement, et quelques influences qu'elle-même ait naturellement subies, il est manifeste qu'elle porte tous les caractères d'une réaction et non d'un progrès... C'avait été une très heureuse révolution pour le monde occidental que celle qui lui apporta d'une part le pur monothéisme personnaliste, héritage de la tradition prophétique d'Israël... et, de l'autre, la morale toute de bonté et de dévouement de Jésus, avec la foi en un monde de paix et de bonheur. Mais, dès le second siècle, les levains de corruption étaient à l'œuvre dans le sein du christianisme. Le premier de ces levains est l'irrationalité dans la doctrine, le second est l'usurpation d'autorité spirituelle, — et temporelle autant qu'il se peut — sous prétexte de ministère religieux. Le troisième est la haine des dissidents. Le christianisme a introduit dans les sentiments humains un idéal de bonté et de charité, dont, à peu d'exceptions près qu'on peut citer, chez des poètes

se peut, pour dominer : cette forme est l'hypocrisie. L'hypocrisie est certainement le plus grand vice de notre époque [1].

Je regarde autour de moi, et je ne vois partout que fornicateurs se portant défenseurs de la Famille : la Famille serait perdue sans le peuple, à qui il suffit de la garder et qui n'a point à la défendre. Je regarde encore, et j'aperçois des spéculateurs, des voleurs dans les limites de la loi, commandant des compagnies

et des philosophes, la dure antiquité était fort éloignée... mais l'influence des sentiments chrétiens sur la société et sur la vie, d'une manière générale, ne s'est exercée que dans un domaine idéal, parce que la charité sans la justice n'entre pas facilement dans les institutions, et que la loi évangélique de la bonté pour le prochain, n'a pas plus signifié dans le monde chrétien que dans le monde bouddhique l'entreprise de corriger l'injustice de la coutume et des lois... Le christianisme a, beaucoup plus qu'il n'était nécessaire, regardé la souffrance comme le lot naturel des humains en ce bas monde, et les prêtres voyaient moins d'intérêt à relever la condition des pauvres qu'à leur prêcher la résignation. » Cf. pp. 81, 173, 236.

1. Deux causes, entre autres, de l'hypocrisie régnante à cette époque : En face des réclamations et dénonciations des évêques, le gouvernement de Louis-Philippe « se trouva misérablement suspendu entre la crainte de s'aliéner l'opinion publique en sa partie la plus active, et celle de mécontenter le pouvoir ecclésiastique qu'il aurait bien voulu avoir pour allié. L'éclectisme et Cousin, son chef, maître de l'enseignement philosophique, eurent à souffrir, dans l'opinion, de la même fausse position, harcelés qu'ils étaient par le clergé, comme *panthéistes*, et en butte aux adversaires du clergé, comme hypocrites. Ils laissaient assez entendre que les dogmes avaient tout au plus à leurs yeux une valeur de symboles; mais leur attitude officielle impliquait quelque chose de plus et, par conséquent, un mensonge. » *Phil. an. Hist.*, IV, 126.

d'élite pour le maintien du droit sacré de Propriété : où serait donc la Propriété, si d'autres mains faites au travail ne savaient la fonder et la conserver dans sa légitimité native? Quant à la Religion, les hommes officiels qui la commettent à la garde de leurs privilèges, la méprisent à ce point de nos jours, qu'ils daignent à peine en rire ou en médire dans le particulier. La Religion n'est pour eux qu'une apparence, un symbole de sainteté qui sert à couvrir et à protéger ce saint positif qui est leur saint des saints.

Autrefois les dominateurs de la terre mettaient ouvertement tout en œuvre pour l'accroissement de leur puissance et de leurs richesses. Il en est de même encore maintenant. Mais alors l'Égoïsme s'avouait. On disait plus qu'aujourd'hui : *moi, ma chose, mon droit.* Du devoir on n'était comptable qu'envers Dieu. Et ainsi le Moi s'imposait au monde où il se faisait des esclaves, des serfs, des sujets, des tributaires. Les peuples obéissaient à des hommes et formaient une sorte de matière humaine, intellectuelle et morale, pour les âmes de ces hommes. De nos jours il semble que cela soit changé : les rois ne règnent pas pour eux, disent-ils, mais pour nous. Peu s'en faut qu'ils ne se laissent contraindre à se nommer nos serviteurs; mais ces serviteurs-là sont de telle qualité, qu'ils s'imposent à leurs maîtres et les battent quand ils sont les plus forts. Quoi qu'il en soit, on ne saurait contester que le dogme de la souveraineté du Peuple n'ait fait des progrès immenses et décisifs[1].

---

1. L'auteur n'admettra plus, dans la suite, que la souveraineté, même chez le peuple, soit un dogme. Cf. à ce sujet, *Science de la Morale*, chap. LXXXVIII et LXXXIX; *Critique philosophique*, I, 225, II, 193, et les références indiquées au mot *Souveraineté* dans l'*Index de la Critique philosophique*, 1885.

Chacun qui gouverne a la prétention de gouverner pour le Peuple[1] ; à quoi plusieurs ajoutent *par* le Peuple et en son nom. Le dernier pas de la marche suivie par ceux-ci est la proclamation de la République ; mais ce pas n'est que le premier pour les autres ; et il faudra les forcer d'avancer, car ceux-là sont précisément les hypocrites, en qui l'hypocrisie invétérée est une seconde nature.

Les hommes du *pays légal*[2] se considéraient en France, il y a un an, comme les délégués naturels, les tuteurs du peuple français presque tout entier mineur ; ils affirmaient n'avoir en vue que l'intérêt de tous, et ils mentaient par nature : je veux dire qu'au fond de leur âme, en de certains moments, ils pouvaient bien sentir qu'il n'en était rien, mais qu'en même temps ils s'efforçaient à l'envi d'obscurcir leur conscience et de ne point penser ce qu'ils pensaient. Aussi leurs actes étaient-ils les mêmes que s'ils eussent hautement avoué un sys-

---

1. Aux attaques dont son ministère était l'objet, Guizot répondait, en 1847, qu'il lui suffisait « de bien faire les affaires du peuple » ; qu'il travaillait à satisfaire « la grande société saine et tranquille », plutôt que « la petite société maladive atteinte d'un prurit d'innovation ».

2. Sous Louis-Philippe, la France se partageait en deux : d'un côté, le roi, les ministres, les députés, les électeurs, qui gouvernaient sans contrôle et se refusaient à toute réforme, composaient le *pays légal* ; de l'autre côté, le reste de la nation. La Charte revisée en 1830 avait abaissé de 40 à 30 ans l'âge exigé pour être éligible. La loi du 22 février 1831 avait réduit le cens électoral de 300 francs d'impôt à 200. Mais il n'y avait que deux cent mille électeurs et les députés, sans indemnité parlementaire, étaient à la disposition du gouvernement qui leur donnait des places et des intérêts dans les travaux publics ; 200 d'entre eux, près de la moitié de la Chambre, étaient fonctionnaires.

tème qu'ils cherchaient à se dissimuler. Il est clair que je ne parle pas de ces roués ni de ces poètes sombres et misanthropes qui prennent la sainte Humanité pour le piédestal brut de quelques individualités puissantes dressées par l'intelligence et le hasard ; je parle des hommes d'État, et des meilleurs : ils exploitaient l'*Homme* pour eux, leurs amis et leur caste, par habitude et par instinct.

La République est venue, le suffrage universel a joué, et des hommes de même sorte nous gouvernent encore. Certes, ce grand mot, la *Chose de tous*, a été un trait de lumière. Comment la *Chose de tous* ne serait-elle pas la *Chose par tous* et la *Chose pour tous* ? Qui n'a pensé d'abord que l'intérêt général allait prévaloir ? Il n'en a rien été. Sous le coup de la nécessité, les politiques ont reconnu la *Chose de tous*. Quoique le mot fût trop parlant pour ne pas les gêner un peu, l'Hypocrisie que j'ai signalée leur faisait une loi de l'avouer : on ne vit donc partout que républicains. Alors les amis de la vraie République furent obligés de lui donner des noms distinctifs ; la *Chose par tous* s'appela République démocratique, et la *Chose pour tous* République sociale. Mais ils ne parvinrent pas dans le temps très court, avec les faibles moyens dont ils pouvaient disposer, à informer le peuple du véritable état de la question.[1] Celui-ci n'a donc pu, presque partout, que

---

1. Le gouvernement provisoire, après le 24 février 1848, hésita sur la date pour laquelle il devait convoquer les électeurs de l'Assemblée nationale. « Il aurait fallu, dit L. Blanc, (*Histoire de la Révolution* de 1848, t. I, p. 306), ou procéder aux élections sans retard, de manière à profiter de l'élan révolutionnaire de février, ou les renvoyer à une époque assez éloignée pour que le gouvernement provisoire accoutumât

suivre ses guides ordinaires, c'est-à-dire les hommes de l'intérêt privilégié, ceux qui le surpassent en savoir-vivre, en savoir-faire, et le dominent par l'esprit, la terre, la place ou l'argent [1]. Ainsi l'enquête sur le privilège a été confiée au Privilège, et la Routine a reçu mission de frayer des voies nouvelles. La question du salaire a été soumise à des entrepreneurs, la question de l'usure à des capitalistes, et la justice a eu des avocats pour juges [2].

Il est clair que je n'attaque point le suffrage universel ; mais aussi n'y vois-je point une panacée dont la seule application suffise. Le suffrage universel est un

---

l'opinion à mieux connaître le régime républicain, à en éprouver la solidarité, à en apprécier les bienfaits. » Les élections fixées d'abord au 9 avril furent reportées au 23 avril à la suite de la manifestation populaire du 17 mars, et l'Assemblée se réunit le 4 mai. Elle comptait 900 membres, dont 150 légitimistes et 300 orléanistes. Parmi les républicains, l'opinion la plus modérée était en forte majorité.

1. Le suffrage au scrutin de liste est une sorte de suffrage à deux degrés ; seulement le double vote s'y trouve renversé, dans ce sens que les électeurs du second degré soumettent des candidats aux électeurs du premier. Or dans tout canton où la vie politique a peu d'intensité, ces électeurs du second degré se recrutent naturellement parmi les notabilités qui toutes sont intéressées au privilège en quelque point. (Note de l'auteur.) Cf. *Science de la Morale*, II, 232-238, l'examen des systèmes électoraux et particulièrement du scrutin de liste.

2. L'Assemblée constituante (4 mai 1848-27 mai 1849) se montra dès les premiers jours et de plus en plus défiante et hostile aux réformes sociales. La Législative qui lui succéda (28 mai 1849-2 décembre 1851) fut, en grande majorité, hostile à l'opinion républicaine qui n'y avait plus que 200 représentants sur 750 membres.

admirable moyen de combattre, sans verser le sang[1]. Supposez le peuple unanime, et vous aurez le vrai suffrage universel, positif, organique, lors même qu'un seul électeur voterait dans toute la France[2]. Supposez le peuple divisé, le suffrage universel vous traduira l'anarchie : ce qui est un grand bien, parce que le fond des âmes doit apparaître à la surface de la société, parce que la liberté vaut mieux que la paix, parce que l'ordre sortira du chaos. C'est un ordre mensonger, misérable et toujours prêt à se dissoudre, que celui qu'un pouvoir de fait impose extérieurement à des hommes. Ainsi, soyons libres, luttons, car la paix naîtra de la guerre ; et, pour passer plus vite du suffrage universel apparent que donne aujourd'hui le Peuple ignorant et

1. Cette heureuse formule a été développée dans la *Science de la Morale*, II, 242. « La loi des majorités est une sorte de convention de guerre qui a pour objet : 1° de borner la lutte au domaine de l'intelligence et des passions en excluant toutes voies de fait ; 2° d'obtenir la soumission volontaire des vaincus du scrutin... Elle établit donc une manière de *droit des gens* à l'intérieur, qui substitue à la force le nombre pour trancher les difficultés et détermine les voies et moyens de cette autre espèce de combat. Issu de l'impossibilité pratique de la paix complète et de la société pure, ce droit est une convention qui fonde la paix possible et la société possible, vise à les affermir et même à les étendre, en se prêtant à la manifestation de l'unanimité dans la mesure où elle tend à se produire. »

2. Si le Peuple était unanime, il réaliserait la société idéale, l'*état de paix*, et peu importerait le petit nombre des votants, n'y en eût-il qu'un, puisque par hypothèse il n'y aurait pas de volontés opposantes. En réalité, le Peuple est divisé et ignorant et il y a hypocrisie à se retrancher derrière ses votes faussés par l'ignorance et les préjugés, pour refuser les réformes. D'où le devoir de l'éclairer par la propagande.

divisé, au suffrage universel réel que donnera le Peuple dans l'unité de son intelligence et de son cœur, sachons laisser pleine licence à la propagande, c'est-à-dire à l'association et à la presse.

En expliquant comment le sens de la République a été faussé, comment le suffrage universel s'est trouvé, dans le fait, partiel et particulier, j'ai dévoilé la cause nouvelle de ce règne de l'hypocrisie sous lequel, plus que jamais, nous voilà courbés. On n'en est plus seulement à se faire illusion sur l'état de sa concience et sur la portée de ses actes; on se dissimule même des faits : la vérité scandalise. Les représentants du peuple apprennent-ils de la voix du peuple que le peuple souffre, ils ordonnent une enquête sur la condition du peuple. Hypocrites, vous doutez si ce mal existe, et le remède est déjà dans votre main si vous avez du cœur! Mais non ; donnez-nous seulement la Justice, et nous attendrons l'Amour de vos successeurs. Est-ce donc que la Justice coûterait encore trop à la caste dont vous êtes? Il le semblait le jour où, forcés de vous reconnaître un devoir dont l'accomplissement vous était dur, vous l'avez déclaré illusoire en même temps que vous le proclamiez. Vous avez voulu nous persuader que votre devoir ne constituait pas un devoir pour nous[1].

Une de ces scènes de haute comédie parlementaire, où le sort d'un portefeuille est en jeu, a fait ressortir la faculté de se scandaliser que possède si éminemment l'Assemblée nationale en ce temps de foi si sûre et de

---

1. Votes de l'assemblée nationale, les 14 et 15 septembre : par le premier, le *droit au travail* est repoussé ; par le second, le *devoir de la société dans les limites de ses ressources* est reconnu. (Note de l'auteur.) Cf. p. 208, n. 1.

dogmes si arrêtés. Les membres délégués du Souverain ont condamné un livre qu'ils n'avaient point lu, et rejeté loin d'eux un ministre coupable d'approbation envers des doctrines qu'ils ne connaissaient que tronquées. A la vérité, l'instituteur qui porte la parole dans ce livre s'y laisse demander par son élève (on doit apparemment le supposer adulte) s'il n'existerait pas quelque moyen d'*empêcher les riches d'être oisifs et les pauvres d'être mangés par les riches*[1]. Cette proposition qu'un membre a jugée *incroyable*, a soulevé les *exclamations des représentants du peuple;* puis un *mouvement* s'est produit sur tous les bancs quand la preuve a été acquise que l'instituteur attaquait la grande propriété, affirmant qu'il dépendait du législateur d'en amener la division rapide; un autre *mouvement* à propos de cette assertion que la concurrence illimitée du commerce et de l'industrie, cause universelle de ruine, de fraude et de chômage, aboutit finalement à la constitution d'une aristocratie d'argent. L'orateur, qui dénonçait à l'Assemblée tant d'hérésies contre ce dogme qu'un représentant de Paris a si bien nommé la *Propriété-Caste*, a voulu mettre le comble à l'émotion de ses collègues: il leur a peint sa *pudeur* alarmée sur ce qu'il devait leur dire, que l'instituteur officiel n'avait point craint de se demander devant son élève s'il ne serait pas bon que la République rétablît la loi impériale du divorce et même étendît quelque peu les droits de la femme dans la famille. Mais, pour être impartial, il faut relater qu'ici les citoyens représentants ont ri. Si ces hauts magistrats avaient tenu à savoir quelles idées au juste ils condamnaient dans le livre accusé, auquel cas,

1. Ch. VII, p. 169.

sans doute, ils se le seraient fait lire tout entier, ils auraient trouvé leur collègue moins véridique que pudique; car, comment l'honorable avocat n'a-t-il pas senti sa conscience se révolter en assurant que le nœud de la doctrine en question était l'abolition de la propriété par succession[1].

Ce mot fatal qui blesse des oreilles trop délicates, et pour cause, ce mot *les riches mangent les pauvres*, l'auteur ne l'a point fait énoncer à son instituteur comme une vérité qui pût arrêter l'attention un seul instant. Il n'a voulu que prêter à l'élève, en passant, la simple expression d'un fait bien connu, à ce qu'il lui semblait, expression renouvelée des Grecs et de nos classiques français, sans parler des auteurs sacrés desquels une telle inconvenance ne surprendra pas les amis des riches. Homère ne nomme-t-il pas quelque part un roi *mange-peuple*[2] et Fénelon, ici plus coloriste qu'Homère, ne nous parle-t-il pas d'un tyran légitime qui ne *songeait qu'à sucer le sang des malheureux*[3]. Or, cette nourriture n'est pas seulement un mets de roi; La Fontaine disait : *Tous les mangeurs de gens ne sont*

---

1. *Moniteur officiel* du 6 juillet 1848. (Note de l'auteur.)

2. Δημοϐόρος βασιλεὺς. *Iliade*, I, vers 231.

3. Cf. *Télémaque*, livre II, vers la fin. Bocchoris est dit « tyran légitime » de l'Egypte parce qu'il est successeur de son père Sésostris. « Il comptait pour rien les hommes, croyant qu'ils n'étaient faits que pour lui et qu'il était d'une autre nature qu'eux; il ne songeait qu'à contenter ses passions, qu'à... tourmenter les peuples et qu'à sucer le sang des malheureux ». Fléchier a dit aussi : « S'engraisser du travail et de la substance des pauvres. » Et Voltaire : « Est-ce à un citoyen à s'engraisser des restes du sang d'un autre citoyen ? »

pas grands seigneurs[1]. Qui donc étaient, à ses yeux, ces mangeurs de gens, petits seigneurs alors, depuis devenus grands, qui, si ce n'est des financiers, des traitants, des banquiers, des usuriers, des riches ? Et pourquoi faut-il que sous la République démocratique on se scandalise de ce que le siècle du *grand roi* pouvait porter ? Est-ce que saint Paul ne serait plus admis à dire au peuple d'aujourd'hui ce qu'il disait aux chrétiens de son temps : *Vous souffrez qu'on vous asservisse et qu'on vous mange*[2] *!* Et son conseil ne serait-il plus de saison : *Aimez-vous les uns les autres ; craignez, si vous vous mordez, si vous vous dévorez mutuellement, que vous ne soyez tous consumés à la fin*[3]*, je vous le dis donc, conduisez-vous selon l'esprit.*

L'auteur se fût gardé d'émettre une proposition directe telle que celle-ci : *les riches mangent les pauvres.* Pourquoi ? Parce qu'il aurait cru formuler ainsi ce que les Anglais nomment un *truisme,* une vérité si grosse, si sensible, qu'on ne peut s'empêcher de rire ou de rougir lorsqu'il la faut montrer du doigt à quelqu'un. Quoi

---

1. La Fontaine, Fables, IIe livre, *Le Corbeau voulant imiter l'Aigle :*

   Mal prend aux volereaux de faire les voleurs.....
   Tous les mangeurs de gens ne sont pas grands seigneurs.

Dans la deuxième lettre de Gui Patin, on lit : « Les partisans, — financiers — et autres mangeurs de peuple. »

2. L'apôtre s'adresse aux Corinthiens, et leur demande de supporter son enseignement puisqu'aussi bien ils supportent ceux qui les oppriment : « Sustinetis enim si quis vos in servitutem redigit, si quis devorat. » II *Corinth.* xi 20.

3. *Galates,* ch. v, 14, 15, 16. « Omnis enim lex in uno sermone impletur : Diliges proximum tuum sicut te ipsum. Quod si invicem mordetis et comeditis, videte ne ab invicem consumamini. Dico autem : Spiritu ambulate.

donc? ce n'est pas manger le pauvre que vivre du travail d'autrui sans travailler soi-même ? Ce n'est pas manger le pauvre que lui faire un crédit dont l'usure surpasse ordinairement le revenu qu'il en peut tirer ? Ce n'est pas manger le pauvre que lui donner à bail le champ, l'instrument, dont on se réserve tout le revenu net[1] ? Ce n'est pas manger le pauvre que s'attribuer tout le bénéfice du travail pour lequel on le salarie, tandis que le salaire n'est souvent rien de plus que la vie de chaque jour, la vie de la bête de somme, et moins que cela, la *moindre subsistance*, un moyen pour le travailleur de souffrir, sans mourir, le froid, la faim, de souffrir soi-même, et dans sa femme, ses enfants, son vieux père, quand il n'y a pas de chômage ? Si le chômage vient, il faut mendier ou mourir[2].

Le peuple, l'Angleterre sait cela, et la France aussi ne le sait que trop, le peuple est pour les possesseurs du capital une matière première, et à la fois un instru-

---

1. L'auteur reprendra ces questions dans la *Science de la Morale*, t. II chap. LXXXI et LXXXII et distinguera les droits conséculifs à la propriété, leur légitimité intrinsèque et aussi leur condition générale de moralité qui consiste à faire aux contrats une réserve telle que, dans la répartition des produits du travail, une part suffisante soit laissée au travailleur pour lui permettre de constituer une propriété.

2. Nous retrouverons plus loin la discussion de la loi des salaires. La formule de la *moindre subsistance* est l'expression exacte de ce que Lassalle appellera en 1865 la *loi d'airain*. La première expression de ce rapport économique remonte cependant à Turgot qui dit : « En tout genre de travail il doit arriver et il arrive que le salaire de l'ouvrier se borne à ce qui est nécessaire pour lui procurer sa subsistance. » *Réflexions sur la formation et la distribution des richesses*, 1766, § 6. Cf. Renouvier, *Philosophie analytique de l'histoire*, t. III, p. 619, et t. IV, p. 561.

ment[1], celui de tous dont l'entretien est le plus négligé, parce qu'il ne saurait manquer jamais, tant les rangs des hommes sont *pressés* dans la vie comme pour la mort[2]! Cet instrument vivant est tourné contre soi-même par la fatale habileté de quelques ordonnateurs, ou plutôt par l'effet d'un ordre impie produit de l'ancien esprit de meurtre et de conquête : il crée toute vie et n'obtient pour soi que la garantie d'une mort lente. Cette matière est la substance sacrée dont se forment les grands sentiments, les pensées créatrices, le génie des sciences et des arts, car tout déploiement de l'esprit ou du cœur suppose un loisir de l'homme, et le loisir suppose le travail incessant et nécessaire des masses humaines. Mais cette matière est aussi la sacrilège nourriture des tyrans, des oppresseurs de haut et de bas parage, des oisifs, des hommes dont tout le travail est d'exploiter leurs frères.

Il faut avouer que l'anthropophagie a été plutôt transformée qu'abolie parmi l'espèce humaine. L'homme déchu, dépravé, mange d'abord la chair sanglante de l'homme, et le meurtre est la loi des nations ; ensuite le vainqueur ravit la terre, ou l'or, ou les troupeaux, et s'approprie la vie et tout l'être du vaincu, qu'il garde,

1. C'est la théorie professée par l'un des plus autorisés parmi les économistes, l'anglais David Ricardo qui, dans son livre des *Principes de l'Économie politique et de l'impôt* (1817, ch. IV) assimile la classe ouvrière à un instrument qui coûte ses frais d'entretien et de réparation comme tout autre instrument.

2. C'est déjà l'observation que reprendra plus tard Karl Marx, en signalant la « formation d'une armée industrielle de réserve » faisant concurrence à l'armée active du travail, et prête à accepter les plus bas salaires. *Le Capital*, VIIe section, chap. XXV, § 3 ; dans le *Résumé* de G. Deville, p. 287.

qu'il *réserve*, pour en user, en jouir et l'appliquer à son gré : c'est l'esclavage. Plus tard, l'esclave devient libre de sa personne et demeure propriété d'autrui quant à son travail; il est appendice d'un domaine : c'est le servage. Enfin, le serf s'affranchit, puis commence à s'élever par une appropriation personnelle de la terre et par la liberté de l'industrie; mais il reste, pour la plupart, salarié, journalier, prolétaire, c'est-à-dire que n'ayant ni capital, ni instrument, ni champ qui lui appartienne en quantité suffisante, il est obligé de subir les conditions du crédit ou du travail qui lui sont offertes, quelles qu'elles soient, et sans même que la subsistance lui soit garantie par les détenteurs actuels de tous les moyens de vivre en société. C'est là que nous en sommes, et je dis que toutes ces transformations du droit du plus fort ne sont que des états successifs de l'anthropophagie; car n'est-ce pas vivre de l'homme que vivre de ce qui est toute sa vie, de ce sans quoi il manque de substance, n'engendre plus, s'étiole et meurt avec sa race [1] ?

L'anthropophagie est un grand crime ou plutôt l'essence même de tous les crimes qui se commettent dans l'Humanité; mais il est de vérité constante en morale que la responsabilité du coupable ne commence et ne s'étend que là et au degré où il a conscience de ses actes comme criminels. Or la marche de l'Humanité corrompue dans les voies de sa rédemption, sa lente

---

1. Ces vues rapides sur « l'exploitation de l'homme par l'homme » sont comme les formules sommaires que développera K. Marx dans la dernière partie du *Capital*, VIII° section, chapitres 26 à 29. Sur la succession de l'esclavage, du servage et du salariat. Cf. *Nouvelle Monadologie* par Renouvier et Prat, p. 385.

ascension vers le bien, sont telles, qu'elle n'acquiert que successivement la notion de ses méfaits envers elle-même[1]. Quelques âmes élues voudraient s'éloigner de bonne heure de ce festin impie, dont la chair du pauvre est l'unique mets sous tant de formes. Mais celui qui s'éloigne seul, en un pareil cas, se sacrifie dans toute la rigueur du mot, se suicide, se *dévoue* : il meurt ou devient à son tour esclave, serf, prolétaire, compagnon de misère de ceux qu'il a voulu sauver. Je reconnais là l'effort d'une charité sublime, plutôt que l'accomplissement d'un devoir rigoureux. C'est Sainteté, ce n'est point Justice, et voilà comment il se fait que l'exploitation de l'homme par l'homme subsiste dans la société, sans que tous les membres du corps exploitant soient des criminels. Plusieurs profitent du meurtre et du vol sans être pour cela des voleurs et des meurtriers : ce qui ne veut pas dire pourtant que je dégage de tout devoir envers leurs victimes tous ces assassins involontaires. Mais la justice exigible réside essentiellement ailleurs qu'en eux ; le vrai recours des malheureux n'est pas auprès de chacun de nous, mais auprès de tous[2].

Lorsque la conscience d'un mal habituel et que le

---

[1]. « Le crime est un mal solidarisé par la coutume, le consentement général implicite, la masse des contrats particuliers ; on ne pourrait y remédier que par un autre consentement et des mesures universelles. Mais la société n'a pas la vertu et n'a pas même la force de régler à nouveau les relations fondamentales de ses membres. » *Science de la Morale*, II, 19. Cf. sur l'origine du mal social et sa prolongation par solidarité, *Nouvelle Monadologie*, § CII.

[2]. « Le devoir collectif ne peut pas, avec justice, incomber solidairement à la personne individuelle. » *Science de la Morale*, II, 26. Le devoir d'assistance et le devoir de réforme sociale ne peuvent être revendiqués que sur des personnes

temps est venu guérir s'est enfin soulevée dans les âmes, un devoir nouveau se fait connaître ; un droit nouveau s'ensuit. Mais le devoir de l'homme considéré en lui-même le cède infiniment au devoir de la Société. L'homme, en sa personne, n'est point cause du mal social ; il n'est pas l'auteur de la deshérence d'une partie de l'espèce humaine, de l'exploitation que l'autre partie fait peser sur elle. Au contraire l'Humanité en est la cause et l'auteur, prise en sa masse et en son ensemble. Si donc l'Humanité est représentée quelque part, il lui appartient de réparer le mal qu'elle a fait. Or, l'Humanité est véritablement représentée dans toute Société qui a conscience d'elle-même [1], et plus particulièrement dans une République, laquelle n'est autre chose que l'Humanité même arrivée à se posséder et à se conduire. Ainsi la Société, consciente de son devoir, doit modifier sa loi ; l'Assemblée du Peuple doit formuler un nouveau pacte social et m'imposer à moi, qui suis l'un de ses membres, l'obligation positive d'en exécuter toutes les clauses en ce qui me concerne [2]. Jusque-là mon devoir propre, si je suis de la classe privilégiée, si la chair du pauvre a souillé mes lèvres, si j'ai ce malheur et aussi ce bonheur d'être un enfant de la

associées ; c'est ce que démontrent les chapitres XXIII, LXXVIII, LXXIX, LXXX de la *Science de la Morale*. La pensée de l'auteur s'est maintenue, sur ces points, identique, depuis le *Manuel* jusqu'aux dernières œuvres.

1. C'est le titre d'associé qui justifie la revendication des non possédants auprès des représentants de la Société dans une nation donnée. *Science de la Morale*, II, xx.

2. La distinction entre l'état de paix et l'état de guerre et l'application des principes des réformes, sous le régime de la défense, viendront modifier, ce que ce raisonnement laisse subsister de confusion.

Propriété, de devoir au capital ma vie, au travail du peuple ces loisirs qui m'ont permis de sonder la pensée humaine dans les siècles passés et de m'élever au sentiment de l'avenir, mon amour, ma volonté seront de travailler à l'abolition définitive des castes, de demander incessamment comme homme, comme citoyen, la fin de l'abominable régime, et de provoquer autant qu'il est en moi cette lumière nouvelle de l'Humanité dans la France, cette explosion du cœur qui ouvrira l'ère de la fraternité. Ainsi je paierai ma dette au Peuple, ainsi je reconnaîtrai la solidarité qui du devoir rigoureux de tous les hommes unis me fait un but, un idéal dans ma solitude; et je serai tout ce que je dois être si je prends pour règle de mes rapports avec mes frères, non cette justice, que la République seule a le pouvoir et la stricte obligation d'exercer, mais du moins un amour par lequel je produirai les mêmes effets dans la sphère de mon action et autant que je le pourrai sans succomber[1].

En un mot, ce qui est Charité venant de la personne d'un seul est Justice venant de l'État, personne de tous; et voilà la vraie morale, voilà le vrai christianisme, le christianisme social qui doit achever la réhabilitation de l'homme en substituant la grâce nécessaire de Dieu représenté par le Peuple à la grâce arbitraire des riches et des rois[2].

---

1. Les formules exactes de corrélation entre le droit naturel ou rationnel et le droit positif, entre le devoir individuel et le devoir social, entre la justice et la charité, résulteront des analyses de la *Science de la Morale*. Nous y renverrons à propos des passages correspondants du *Manuel*.

2. Le déterminisme impliqué dans ces formules sera abandonné. Cf. p. 58, n. 1.

Entre la Justice d'une part, et la Bonté, la Charité, disons plutôt la Fraternité de l'autre, il n'y a pas une différence, un abîme[1], ainsi que voudraient bien nous le persuader des hommes habiles à concilier l'égoïsme avec le devoir, et le caprice avec la loi du cœur. Sans doute, et je l'ai dit, la Fraternité se distingue en nous de la Justice, et le devoir de fraternité ne saurait m'obliger personnellement comme le devoir de justice m'oblige[2]. Mais la mission de l'État, pour qui les citoyens sont solidaires, est de transformer en chacun d'eux, par l'effet de la constitution et des lois, suivant une équitable mesure, le premier devoir dans le second[3]. Le contrat social de l'Humanité varie; l'ordre de ses modifications est le Progrès même[4]. Jusqu'ici le contrat ne fut que latent, instinctif, implicite, habituel plutôt que raisonné. La République est le contrat visible, avoué, déclaré dans l'Assemblée du Peuple. Or le but de la République est de faire de la fraternité, justice[5]. Ainsi, ce qui est fraternel selon la conscience, deviendra juste, selon les lois, au degré précis où le Peuple le pro-

1. Sur le devoir de bonté dans la sphère de la justice, Cf. *Science de la Morale*, I, 129.

2. Un devoir qui n'oblige pas n'est pas un devoir. La justice, bien entendue, épuise tout le contenu de la bonté. Cf. *Science de la Morale*, I, 164.

3. La réforme des mœurs doit précéder celle des constitutions et des lois; elle en est la condition indispensable. L'auteur condamnera souvent le sophisme exprimé ici.

4. Les chapitres XVII et XVIII du *Personnalisme* (1903) résument la pensée fréquemment exprimée par l'auteur dans le sens contraire à ces formules.

5. Cela ne serait vrai que dans l'état de paix.

clamera obligatoire[1]. Mais reconnaître des devoirs à la République et soutenir que ces devoirs ne l'obligent point, assembler ainsi dans une personne sociale, dont la puissance n'a point les bornes qu'a la mienne, et dont la charité n'est jamais un sacrifice, mais une vertu qui profite à tous ses membres, assembler, dis-je, des devoirs anciennement reconnus et rigoureux avec des devoirs nouveaux marqués de caprice et entachés d'arbitraire, voilà une doctrine qui ne se comprendrait point, si l'on ne savait qu'elle émane d'un homme à qui l'ordre véritable et originel des lois sociales est profondément inconnu[2].

C'est cependant à cet homme et à ceux qui pensent comme lui que le chef suprême du pouvoir exécutif, je veux dire de la force armée, a commandé la production de l'Idée propre à consolider son triomphe[3]. L'Ordre régnait, l'ordre matériel, c'est aujourd'hui le sens qu'il

---

1. Ce n'est pas le peuple, mais la raison pratique en chacun qui détermine l'obligation.

2. *Justice et charité*, opuscule de M. V. Cousin publié au nom de l'Académie des Sciences morales et politiques. (Note de l'auteur.)

3. Le général Cavaignac avait été nommé gouverneur de l'Algérie par le gouvernement provisoire le 24 février 1848. Élu député du Lot, le 23 avril, il arriva à Paris deux jours après la manifestation du 15 mai. La commission exécutive lui confia le ministère de la Guerre. Dans la nuit du 23 au 24 juin, la Commission exécutive lui confia la dictature et, après son triomphe sur l'insurrection républicaine, l'Assemblée constituante lui confia la présidence du pouvoir exécutif (28 juin) et il constitua un ministère. La constitution votée le 12 novembre donnant la nomination du Président de la République au suffrage universel, le général Cavaignac fut candidat. Louis Bonaparte fut élu le 10 décembre 1848.

faut donner[1] à ce grand mot, mais on regrettait encore un ordre moral. L'Académie a été chargée de le créer[2]. On a demandé les moyens d'entraîner la Société à ceux qui lui résistent ou qui la nient, d'illuminer nos âmes à ceux qui ont aveuglé les leurs. Alors, qu'avons-nous vu ? Un historien, dont la vie s'est passée à narrer des faits qu'il justifie toujours, quels qu'ils soient, et qu'il adore, s'est écrié : Moi aussi j'ai une doctrine ! Et il s'est mis à nous illustrer de la clarté de son style tout ce qui jamais a pu circuler de banalités dans ce monde sur les questions de propriété et de communauté. Ce philosophe improvisé sait si peu ce que c'est qu'un Principe, qu'au début de son livre, il nous déclare sérieusement que le malheur des temps l'oblige à *démontrer* ce qui est *indémontrable*, et que dès lors il le *démontrera*. Il appuie cette prétention sur des exemples tirés de la géométrie, qu'on voit bien qu'il ignore, et ainsi le dernier prestige qu'il avait à nos yeux lui échappe : celui de ne parler que des choses qu'il a étudiées[3].

1. Une situation politique, des préoccupations et des formules analogues se sont retrouvées en France, vingt-cinq ans plus tard dans le gouvernement issu du coup d'Etat du 24 mai 1873, avec la même prétention d'instituer un ordre moral par voie de contrainte.

2. Séance extraordinaire du 17 juillet 1848, dans laquelle le citoyen Charles Dupin, président, a fait savoir à l'Académie que le chef du pouvoir exécutif l'appelait tout entière à la défense des principes sociaux, au rétablissement de l'ordre moral et à la pacification des esprits, parce que la force ne suffisait point. — Au lieu de *principes sociaux*, je crois qu'il faut lire *principes individualistes*. (Note de l'auteur.)

3. *De la propriété*, par le citoyen Thiers, ouvrage paru dans le *Constitutionnel*. (Note de l'auteur.)

A côté de l'historien marchent les économistes. Mais le premier d'entre eux ne prendra la parole que demain ; aujourd'hui il voyage pour explorer la misère aux frais de la République[1]. En attendant le retour de ce collègue, un autre nous apprend que les hommes sont inégaux, que l'inégalité n'a pas été sans avantage pour l'espèce humaine, et que l'accumulation des capitaux a produit les sciences et les arts ; mais il néglige d'établir que tous ces biens acquis sont inconciliables avec l'égalité républicaine et avec des lois que la fraternité inspire[2]. Un légiste aussi profère son oracle : celui-ci, dominé par un esprit de vertige dont les savants ne sont pas toujours exempts, se rend infidèle à ce point aux principes élémentaires de la jurisprudence, à ceux qui depuis les Romains régissent l'ordre de la famille et doivent demeurer présents à la pensée de tout législateur digne de ce nom, qu'il sacrifie les droits éternels de l'Humanité aux prétentions de quelques individus qui vivent maintenant, et il s'oublie jusqu'à demander : « Depuis quand y a-t-il des droits en ce monde pour ceux qui sont encore dans le néant ?[3] » Puis il exclut de la loi la bien-

1. Frédéric Le Play fit pendant vingt-quatre ans, de 1829 à 1853, un voyage de six mois chaque année en Europe pour étudier la condition des ouvriers. Il revenait l'hiver à Paris pour faire ses cours à l'Ecole des Mines dont il était sous-directeur. Il a publié, à partir de 1853, quatre-vingt monographies sur les *ouvriers européens* et les *ouvriers des deux mondes*.

2. *Des causes de l'inégalité des richesses*, par le citoyen H. Passy. (Note de l'auteur.)

3. *De la propriété d'après le code civil*, par le citoyen Troplong. (Note de l'auteur.) Né à Saint-Gaudens en 1795, mort en 1869, Troplong entra à la Cour de cassation en 1835, et fut pair de France en 1846. En décembre 1848, Louis Bona-

faisance et la fraternité qu'il relègue dans le domaine de l'*administration*, et, non moins aveugle pour les faits que pour les droits, il peuple la France de vingt millions de propriétaires, comme si la dette hypothécaire et l'extrême division d'une partie du sol ne rendaient pas la propriété dérisoire entre les mains de ces travailleurs qui vivent presque tous de salaire plus que de revenu !

Mais le grand maître en fait de théories justificatives de la misère, le plus zélé promoteur de l'Idée qui doit soutenir la force publique insuffisante, reconquérir la morale perdue et réinfuser la sagesse au corps social, c'est le professeur de philosophie, je ne dis pas philosophe, le fondateur d'une école sans doctrine, le rhéteur, l'artiste en discours et en abstractions pompeuses, celui qui depuis vingt ans [1] enseigne l'indifférence, réduit Dieu, l'âme, la religion, la liberté, la foi, la raison et maintenant la justice et la charité à des mots, à des termes aussi creux que sonores. Et certes ce régent général des écoles qui infectait la jeunesse de scepticisme pendant que son roi, notre dernier roi, propageait la

parte le fit premier président de la Cour d'appel de Paris ; sénateur en 1852 et président du Sénat en 1854. En 1840, il avait succédé à Daunou à l'Académie des Sciences morales et politiques.

1. Cousin, né en 1792, mort en 1867, suppléa Royer-Collard à la Sorbonne en 1815. Son cours fut suspendu en 1820. Il lui restait l'Ecole normale, où il professa jusqu'à sa suppression en 1822. Le ministère Martignac lui rendit sa chaire à la Sorbonne en 1828. Depuis 1830, comme membre du conseil royal de l'Instruction publique, directeur de l'École normale, ministre, pair de France, membre de l'Académie française et de l'Académie des sciences morales et politiques, il fut le despote de l'enseignement philosophique en France.

religion de l'or, était bien le plus convenable défenseur qu'on pût trouver du droit de la République à laisser mourir de faim les citoyens.

Ce qui surtout provoque le dégoût, c'est la profession de foi chrétienne que s'imposent aujourd'hui tous ces païens éhontés. On les voit chercher un nouveau baptême dans les eaux de la propriété menacée et supplier la croyance à l'enfer de protéger leurs privilèges contre la faim. Vainement les Pères de l'Église, les docteurs, les conciles ont fulminé l'anathème contre les riches, traité l'usure de vol et les rentiers de spoliateurs et d'homicides[1]. Tout cela ne les arrête point lorsque des Phari-

---

[1]. V. les passages réunis, par M. V. Meunier dans la *Démocratie pacifique* du 28 août 1848. (Note de l'auteur.)

Renouvier a jugé plus exactement ce soi-disant *socialisme catholique* dans la *Philosophie analytique de l'histoire*, t. III, pp. 41 et 577, et t. IV, p. 616 : « La doctrine de l'Église ne reconnaît pas telle chose que le *droit* dans le monde, et il y a une différence vraiment fondamentale entre l'esprit catholique et le socialisme. On connaît les ardentes invectives des Pères de l'Eglise, depuis les plus illustres du iv° siècle jusqu'à cet ardent conservateur que fut Bossuet, contre les riches, contre l'usage égoïste, individualiste des richesses. On n'ignore pas le principe qu'ils ont tous admis touchant la terre, ce bien commun que Dieu a donné aux hommes et que ses détenteurs ne possèdent qu'à titre d'usufruit, mais on oublie que ce sont là des déclarations de justice divine, lesquelles ne sauraient donner lieu à des revendications de droit humain. C'est la charité qui est prescrite au riche, sans qu'il y ait aucune sanction terrestre de son obligation; et la charité l'est encore au pauvre, dans le commandement divin de se soumettre à sa condition. Il y a donc entre la religion et le droit, soit économique soit politique, une différence de méthode d'ailleurs très heureuse et très nécessaire qui s'oppose à ce qu'il puisse exister une doctrine nommée proprement *socialisme catholique*, dans l'acception moderne, qui

siens leur disent : « Nous avons changé tout cela. » Cependant, les prescriptions de la véritable Église sont plus sévères encore que celles de la vraie République. La République qui se ferait une loi de la fraternité ne rendrait pas les citoyens responsables de la vie les uns des autres. Mais si bien fait l'Église. Écoutons Bossuet nous parler de *cette dureté qui fait des voleurs sans dérober et des meurtriers sans verser le sang* : « Tous les saints Pères, ajoute-t-il, disent d'un commun accord que ce riche inhumain de notre Évangile a dépouillé le pauvre Lazare, parce qu'il ne l'a point revêtu, qu'il l'a égorgé cruellement parce qu'il ne l'a pas nourri : *Quia non pavisti, occidisti* »; et plus loin : « Qu'on ne demande plus jusqu'où va l'obligation d'assister les pauvres : la faim a tranché le doute; le désespoir a terminé la question, et nous sommes réduits à ces cas extrêmes où tous les Pères et tous les théologiens nous enseignent d'un commun accord que si l'on n'aide le prochain selon son pouvoir, on est coupable de sa mort, on rendra compte à Dieu de son sang, de son âme, de tous les excès où la fureur de la faim et du désespoir le précipite[1]. » Il faudrait donc que nos nouveaux chrétiens consentissent à choisir entre le devoir sérieux, obligatoire de la République sociale, de la République chrétienne[2] et cet autre devoir qui incombe aux citoyens à

---

comprend une idée de revendication contre le monopole de la propriété, et, en général, la négation des privilèges. »

1. *Sermon sur l'impénitence finale* prêché devant le roi Louis XIV. (Note de l'auteur.)

2. L'auteur partageait alors l'illusion qu'il a reprochée plus tard à L. Blanc sur l'identité du socialisme et du christianisme. « Faute d'une philosophie politique, L. Blanc s'adressait au peuple au nom du principe de la morale chrétienne.

défaut de l'État, c'est-à-dire aux rentiers, de renoncer à l'usure, et à tous les riches de servir leurs revenus aux pauvres, s'ils ne veulent en être appelés les assassins.

Le principe élémentaire du nouveau pacte social réclamé par le peuple français s'exprime en deux formules désormais impérissables : *Droit au travail, Droit à l'assistance*. Ces deux droits seront inévitablement reconnus dans une République juste dont tous les membres solidaires s'imposeront le devoir réel d'assurer le travail qui fait vivre à ceux d'entre les citoyens qui n'ont ni l'instrument, ni la matière de ce travail, ni les moyens présents de se les procurer, et d'assurer la subsistance à ceux qui sont hors d'état de travailler [1].

Appliquant cet *idéal* religieux à la société civile, il visait à l'organisation d'un état politique où les travaux seraient distribués selon les facultés et les fruits répartis selon les besoins. Il tombait dans le cercle vicieux de charger l'Etat, c'est-à-dire, en somme, le monde comme il est, de créer des institutions contraires à l'esprit et aux idées qui y règnent, vraies ou fausses qu'elles soient en elles-mêmes. On est étonné, plus qu'on ne le devrait peut-être, de trouver le principe théocratique invoqué par L. Blanc. Il l'est formellement dans un petit écrit populaire qui est certainement le plus précis et le plus réellement éloquent de ses ouvrages de propagande socialiste (*Le catéchisme des socialistes*, 1848) : « Qu'est-ce que le socialisme ? — C'est l'Évangile en action... Cette société qui se prétend chrétienne n'est donc pas constituée conformément à la doctrine du Christ ?... Est-il vrai que les socialistes son sans religion ? — Eux ? Mais leur religion, c'est l'Évangile. » Cf. *Philosophie analytique de l'histoire*, t. IV, p. 204.

1. La discussion du droit au travail et à l'assistance est faite au chapitre IX. Nous y reportons les extraits de l'œuvre ultérieure qui précisent la pensée de l'auteur.

La question a dû se poser inévitablement dans ces termes au sein d'une société tellement constituée, ou plutôt tellement dissoute et pulvérulente, que chacun des hommes que la naissance y jette est à la fois sans garantie de la part de ses semblables, qui néanmoins se disent ses frères, et dépossédé par le fait de tous les moyens naturels que la terre libre offrait aux sauvages, nos ancêtres[1]. Hommes d'État, qui vous efforcez de nous gouverner, si vous croyez en l'aveugle fatalité, si la force est votre Dieu, le hasard votre loi, si l'homme vous semble fait pour suivre la morale de la baleine et du lion, l'état de la société doit vous sembler légitime autant que naturel. Mais alors cessez de nous vanter votre civilisation : ce n'est qu'un habit pailleté qui recouvre la pourriture. Cachez-nous bien aussi ce grand nom de *République* puisque tout ici bas sera toujours pour quelques-uns !

Et que peut-être, grand Dieu! le bonheur de ces familles privilégiées, dont la table est toujours mise, et que l'orchestre appelle au bal? La misère assiège leurs portes et l'ennui ronge le cœur de leurs enfants. Pour moi, le spectacle du monde me navre. Ne me parlez plus de fraternité, de charité; je vous répondrais : Mensonge, Hypocrisie! Ne me dites pas non plus que la liberté est bonne et qu'elle veut ces choses. Oui, la

---

1. A cette opposition entre l'état primitif supposé et l'état actuel de la société, l'auteur substituera l'opposition entre l'état de paix et l'état de guerre avec le principe de la modification des devoirs par le droit de défense. Il contestera d'ailleurs que le sauvage puisse être considéré comme représentant l'homme primitif, mais plutôt l'homme dégénéré. Cf. *Critique philosophique*, VI, 273, 278. *Personnalisme*, p. 138-143.

liberté est divine, mais non point la liberté seule, sans le cœur, sans la raison, sans l'ordre [1]. Votre liberté pure est une idole que je nomme anarchie, et cette idole se nourrit de sang humain. Ne savez-vous donc pas combien d'innocentes créatures elle dévore annuellement dans vos villes et dans vos campagnes en vertu de la loi de Malthus [2], confirmée par décrets nouveaux de votre académie !

Une chose me console : c'est le néant moral des ennemis du Peuple ; il n'a d'égal que leur aveuglement. Or, la lumière brille dans les ténèbres, et la vie s'engendre dans la mort. Ainsi le veut la nature. Les uns disent : Le droit au travail existe, mais *est-il possible ?* Avant de le reconnaître, il faut s'en assurer. *Un droit possible ?* Où

---

1. Cf. *Science de la Morale*, II, 105. Après avoir montré que le régime de l'autorité en économie est toujours moins efficace que le régime de la liberté, qui, si elle a de mauvais effets de solidarité, peut en avoir aussi de bons si elle le veut, et résoudre progressivement le mal économique, l'auteur ajoute : « Il ne s'ensuit point de là que le régime de la liberté renferme par lui-même toute la vérité de l'ordre économique ; pas plus que la liberté en général ne renferme la morale, qui est la droite manière d'en user. » Les économistes ont pris les données et hypothèses de la guerre pour prémisses : j'entends la lutte des intérêts, abstraction faite du devoir. Ne leur contestons pas ce droit scientifique, mais attendons-les à la fin, obligeons-les à tenir compte de la justice ; il faudra qu'ils avouent l'opposition des préceptes de la raison pratique et des aphorismes de l'expérience. »

2. Malthus, économiste anglais, né en 1766, mort en 1834, publia en 1803 un *Essai sur le principe de la population* dans lequel (Liv. I, ch. I), il montre que les classes pauvres se multipliant plus que ne le comportent les moyens de subsistance, les secours de l'État ne peuvent soulager d'une manière efficace les maux que produit la pauvreté. (Cf. p. 213, n. 1.)

sommes-nous, et que devient la France? Quoi! de telles choses s'énoncent à la tribune nationale? Il y a des cœurs qui ne passent point pour bas et que ne révolte pas cette boueuse logique : le droit sera si le droit peut s'exercer. Ainsi le droit dépend du fait et le principe de la conséquence! Nouvelle morale, en vérité, et qu'on dirait faite pour des voleurs! Je pourrai donc à l'avenir nier la dette que je ne puis payer, au lieu de dire comme autrefois : je vous dois, je vous paierai, mais ayez patience et croyez en moi. Ou je vous rembourserai jusqu'au dernier denier, ou, travaillant, je périrai à la tâche. Qui parle ainsi paie et ne meurt point : il y a une Providence.

D'autres assurent que le droit au travail ne se conçoit point, mais que l'humanité est satisfaite si l'État reconnaît seulement le droit de l'assistance. Comment ceux-ci ne voient-ils pas que ce dernier droit engage la République aux mêmes sacrifices que le premier, et cela sans dédommagement et sans fruit aucun? Que s'ils le voient, pourquoi ne préfèrent-ils pas le droit au travail, corrélatif du devoir de travailler, puisant là sa raison d'être dans une constitution, un droit dont l'exercice défrayerait tous les travaux d'utilité publique si l'enseignement professionnel était organisé, à cette assistance, humiliation des hommes valides, encouragement national de la paresse? Les législateurs dont je parle voient et savent tout cela, trop bien peut-être; mais il leur faut le droit à l'assistance, afin que ce droit, reconnu par eux, n'ait rien plus de commun avec un droit que le devoir de faire l'aumône n'en a avec un devoir. Autrefois, le saint nom de Charité signifiait Amour; maintenant, et depuis longtemps déjà, il n'exprime plus rien que caprice d'un côté, sujétion de l'autre.

Or voilà la charité que l'on consent à étendre des particuliers à l'Etat, comme si la République était fondée de pouvoirs d'une partie des citoyens et pouvait donner à l'autre autre chose que ce qui est à eux. La question n'est pas là[1]. Le travail est la vie ; pour travailler il faut un instrument ; cet instrument, les travailleurs ne l'ont point, et on ne le leur prête pas toujours, ni à des conditions tolérables. Les travailleurs demandent donc justice à leurs frères qui ont tout pris, et ce n'est pas le droit de tendre la main qu'ils réclament, mais le droit de participer aux avantages d'une société dont ils ont toutes les charges. Le droit qu'il leur faut est un droit politique dont la justice indissolublement unie à l'amour soit le principe, et l'insurrection la sanction[2].

1. La fin de cet alinéa pose la question du droit au travail avec la ferme netteté qui se retrouvera dans la *Science de la morale*, II, 55. L'organisation du droit au travail y est examinée comme solution possible à deux antinomies : 1° entre le droit naturel de propriété et la répartition de fait ; 2° entre la justice et les faits dans le régime des loyers et des salaires. La conclusion est que le droit au travail ne fournit qu'un palliatif dans le premier cas et qu'il ne résout pas pratiquement l'antinomie dans le second cas. Cf. *id*. p. 111. Mais dans les ouvrages ultérieurs, la *Nouvelle Monadologie*, la *Philosophie analytique de l'histoire* et le *Personnalisme*, l'auteur revient à une conclusion plus rapprochée du *Manuel* et réclamant l'intervention de l'Etat en faveur de l'association de travail librement créée. Nous trouverons à leur place les passages correspondants.

2. La *Science de la morale*, II, ch. xcv consacre le droit d'insurrection comme la forme extrême du principe de la défense dans le cas de conflit entre la société et l'individu ou entre parties de la société. « Les préceptes moraux de l'état de guerre nous obligent de supposer pour excuse (de l'insurrection) ce qui n'est pas commun dans les faits, non seulement le bien fondé du droit, mais la clarté des situations où

Mais on dit : le droit au travail c'est l'esclavage. Le travailleur pourrait répondre[1] : donnez toujours ; esclave,

il s'invoque, la justice de la cause et de ses moyens à tous autres égards, l'utilité, l'efficacité réelle attendue de la force pour la fin qu'on se propose, la conscience pure, éclairée et attentive de l'agent. » p. 407. Ces conditions se sont trouvées réunies dans trois insurrections dont est sorti tout ce qu'il y a de meilleur dans la civilisation contemporaine, la Réforme au XVI° siècle, les Révolutions d'Angleterre au XVII° et la Révolution française au XVIII°. « Il peut arriver que les plus élémentaires des droits violés de longue date, une injustice passée en coutume soient l'objet essentiel de la protestation, et qu'enfin l'individu se sente véritablement dans le cas de ne plus se reconnaître aucune solidarité (sinon de fait) avec la société à laquelle il appartient. » p. 386. « Si tout acte de résistance active est déclaré sans droit dans la cité, quelque apparente et criante que soit la situation défensive des personnes, où trouvera-t-on le droit d'une guerre extérieure du caractère le plus urgent et le plus défensif aussi ? Il faut toujours remonter au principe de la conservation et de la défense de la personne ; nul fait de guerre excusable ne s'excuse autrement, et les sociétés, les États ne sauraient agir moralement sur d'autres principes que ceux qui se réduisent aux droits et devoirs des personnes. » p. 404. « Or comment ce qui est si juste deviendrait-il injuste par le fait que le véritable agresseur, au lieu d'être un étranger sans liens antérieurs intimes avec l'assailli, est le concitoyen, qui doit plus que tout autre reconnaître les droits de son concitoyen, et qui avait peut-être mission expresse de les représenter et de les défendre ? » p. 406.

1. L'argument est celui-ci : « Il n'y a pas de milieu entre : 1° le travail libre et ses conséquences, y compris la richesse pour les uns et la misère pour les autres ; 2° le travail reconnu comme un droit pour tous et sa conséquence, l'organisation collective par voie d'autorité, entraînant l'esclavage de tous. » La réponse est : « Quand même le dilemme serait bien posé — et il ne l'est pas —, le travailleur peut objecter : « j'accepterais la chaîne, pourvu que j'aie le pain garanti par mon

je le suis ; faites du moins que j'aie le pain avec la chaîne ; ou si votre société est ma mort, daignez m'épargner la preuve que je meurs pour mon bien. Cessez de m'halluciner avec le fantôme d'une liberté dont je n'ai pas l'usage et d'une propriété que je ne saurais jamais acquérir sans exploiter mes frères[1]. Vous me conseillez l'épargne ; mais l'épargne pour moi, si je n'ai ni famille ni amis, si je suis égoïste et robuste, avare, impitoyable, et

travail. » La réponse serait aussi mauvaise que l'argument, puisqu'il n'est nullement nécessaire que la reconnaissance du droit au travail entraîne la perte de la liberté. L'aide de l'Etat aux sociétés librement formées pour un travail collectif peut en effet laisser subsister le travail libre non collectif, retourner contre ce dernier les effets de la concurrence, l'amener à prendre de lui-même la forme collective et résoudre ainsi la difficulté sans recours à la contrainte légale. Une faute de certains socialistes contemporains est de se laisser imposer par l'Économie orthodoxe le dilemme indiqué plus haut. « Il est malheureusement certain que les libres associations, les œuvres corporatives d'initiative privée sont mal vues aujourd'hui du parti collectiviste dont elles contrarient les vues absolutistes et utopiques. Il est plus que douteux que l'Etat fût agréable à ce parti s'il favorisait et créditait la fondation de sociétés de production, comme le demandaient en 1848 les socialistes de toutes les opinions. Maintenant, on exige de lui *qu'il prenne tout* et non pas seulement qu'il vienne en aide à la liberté de ceux qui apprendraient à se passer de lui. » *Philosophie analytique de l'histoire*, t. IV, p. 596.

1. Ce travailleur, aussi bien que le théoricien, admet à tort le même dilemme des économistes : « La liberté, il la possède ; il ne l'a même que trop, à l'entendre ; car il se plaît souvent à dire que la liberté est une pure fiction pour l'indigent ; et, au fait, la plupart des projets d'organisation dont il accueille favorablement la perspective tendent à la diminuer, quand ce n'est pas à la détruire totalement ; et ce qu'il demande, c'est ce dont les serfs n'ont pas manqué. » *Philosophie analytique de l'histoire*, id., p. 622.

qu'aucun accident ne m'atteigne ; l'épargne, ce pécule de l'esclave, est à peine une garantie contre vos hospices, une chance de mourir sans vous avoir rien dû[1]. Ainsi l'argument tomberait, quoique juste ; mais il n'est pas juste. D'abord, on s'exagère la puissance des lois[2]. Les sentiments et les habitudes des esclaves ou des serfs ne sont ni ne seront jamais les nôtres, bien que la condition matérielle des travailleurs soit ou puisse devenir à certains égards assimilable à ce qu'elle fut dans le passé. Certes, si le droit s'étend, le devoir aussi doit s'étendre. Mais depuis quand le devoir reconnu et rempli passe-t-il pour n'engendrer que des tyrans et des victimes? Il ne suffit pas que la République puisse

1. « Sous le nouveau régime, (après l'abolition des corporations) l'ouvrier trouve sa liberté, mais il perd la garantie de vivre en travaillant ;... il n'est ni certain de trouver salaire contre travail dans toutes les circonstances, ni de faire face sans des risques et des maux cruels aux accidents les plus ordinaires, de traverser les temps de chômage ou de maladie, ni capable enfin, sauf exceptions rares, d'amasser un petit capital en élevant une famille. » *Id.* p. 598. Cf. l'enquête intéressante et très bien conduite par M. L. Comte dans le journal l'*Emancipation* de Nimes, novembre 1894 et les mois suivants, sur cette question : *L'ouvrier peut-il économiser ?*

2. La loi n'aurait pas de nos jours le pouvoir de reconstituer, par l'organisation du travail, l'esclavage ou le servage. L'esclave ni le serf n'avaient aucun moyen d'intervenir pour modifier la société antique, ni sentiments en commun, ni moyen de s'élever aux idées générales dont pouvait sortir une révolte menaçante pour l'ordre établi. Au contraire, le « quatrième état » est partie intégrante de la société moderne. Il n'en sortira plus, s'il devait en sortir, qu'avec tout le reste des citoyens, dans la perte commune des libertés, et l'assimilation du prolétariat moderne à l'esclavage et au servage est mal fondée, quant aux sentiments, aux idées, aux droits conquis. Cf. *Philosophie analytique de l'histoire*, p. 622.

dire aux citoyens : « Tu travailleras » pour que des mœurs chrétiennes se changent en mœurs païennes, et que la France se traite elle-même en pays conquis[1]. Ensuite, qui donc a dit aux arbitres de nos destinées, arbitres d'un jour par la grâce du Peuple, qui leur a dit que le droit au travail renversait la liberté du travail? Ont-ils cherché dans leur conscience à régler l'exercice de ce droit qu'il ne leur plaisait pas d'avouer? Se sont-ils assurés que ce droit serait incompatible avec toute industrie libre, et aurait pour effet de concentrer la production aux mains de la République[2]? Ah! s'ils l'ont cru, sachant bien, — et comment ne l'auraient-ils pas su — que le travailleur ne leur demandait point la garantie du travail qui enrichit, mais seulement celle du travail qui fait strictement vivre, ils ont donc reconnu par là que les patrons actuels de cette industrie prétendue libre n'assuraient à leurs salariés que la vie précaire et insuffisante! Et ils ont feint d'oublier que, quelque fût la misérable condition des ouvriers dans la galère du libre

1. De ce que l'État aurait garanti le droit au travail, cela n'entraînerait point, comme compensation, le retour à l'esclavage païen.

2. « Dans la mesure et sous les conditions où de libres sociétés coopératives sont possibles, au sein d'une société plus vaste où règnent la concurrence et les monopoles capitalistes, avec des coutumes commerciales anarchiques et frauduleuses, s'il arrivait qu'il s'en organisât un assez grand nombre avec des statuts pareils ou à peu près pareils, et qu'elles réussissent, on peut concevoir que de proche en proche, par voie d'imitation et au moyen de fédérations, la grande société se transformât. On passerait alors spontanément, sur ce point essentiel des intérêts économiques, de la *Société de guerre* à la *Société de paix*. » *Nouvelle Monadologie*, p. 391. Cf. *Science de la Morale*, II, 192.

travail, encore pouvait-on ne leur accorder le recours à la République qu'alors que la place manquait dans cette galère.

On dit encore : le droit au travail est la fin de la propriété ; et on s'épouvante. Il est vrai que la propriété frappée de restriction par ce droit n'est plus le principe inconditionnel, absolu, le tabernacle sacré, le Tabou des prêtres de Nouka-Hiva, au moyen duquel certains citoyens veulent s'isoler dans la République, enfermés et fortifiés comme autant de rois d'îles inhospitalières. Mais la propriété, de même que tous les droits et toutes les libertés, doit avoir des bornes dans une *société*[1]. Il faut pour méconnaître ceci ou une ignorance étrange ou une insigne mauvaise foi. On le méconnaît cependant. Si l'impôt n'existait point, si la transmission des biens n'était point taxée, si l'expropriation pour cause d'utilité publique était encore à découvrir, le hardi citoyen qui proposerait de limiter à ce point le droit de posséder scandaliserait les Docteurs de la loi, et, convaincu d'attaque au principe de la famille, et de la propriété, l'Hypocrisie officielle des Pharisiens appellerait ses honnêtes gens pour le lapider. Heureusement le christianisme et les Romains ont jugé bon de restreindre la puissance paternelle et conjugale et le droit de tester. Mais l'Assemblée nationale, sous la protection de quelque état de siège[2], ne serait-elle point tentée de

1. Ces restrictions au principe de la propriété individuelle, qui dérivent des devoirs sociaux à revendiquer sur elle ne sont pas des nouveautés réclamées par le socialisme ; elles ont existé de tout temps sous forme d'impôt, de droit successoral, de droit d'expropriation, etc. Cf. Jean Jaurès, *Etudes socialistes*, p. 151-257; publié par les *Cahiers de la quinzaine*, 8, rue de la Sorbonne, Paris.

2. L'état de siège proclamé pendant la nuit du vendredi 23

reprendre cette ancienne conquête du communisme?

On n'infirme pas un principe par cela qu'on le joint à un autre principe, qui est propre à en modifier l'application. De ce que la propriété personnelle ne serait reconnue que sous toute réserve des droits de l'Humanité, elle n'en existerait pas moins, mais elle en serait plus sainte et plus inébranlable. Ainsi, le droit au travail confirme le droit de propriété[1]. Il y a plus. Le droit au travail ne doit pas entrer seul dans la loi. La République sociale ne voudra point que les travailleurs continuent à subir, hors de ses ateliers, la double pression des salaires qui baissent et de l'usure qui s'élève, en raison de la concurrence ou de la coalition des entrepreneurs et des banquiers. Donc, elle devra, d'une part, favoriser les associations ouvrières, de l'autre, instituer le crédit gratuit, si l'initiative du peuple ne suffit pas pour cette réforme[2]. De là s'ensuivra nécessairement

au samedi 24 juin 1848, par l'Assemblée constituante pour la répression de l'insurrection et faciliter l'exercice de la dictature du général Cavaignac, dura plus de quatre mois et ne fut levé que le 29 octobre.

1. C'est-à-dire qu'il apporte une solution à l'antinomie de la propriété comme garantie de vie, d'indépendance et de dignité, accordée aux uns et refusée aux autres. « Le droit de défense, réalisé en faveur des propriétaires, a pour contrepartie la négation de la propriété aux autres, par l'effet seul du développement de l'institution. De là naît pour les non-propriétaires un droit aussi, un droit que l'on peut appeler également de défense, si ce n'est d'agression, et nous revenons toujours à signaler dans l'économie de la propriété une contradiction fatale. » *Science de la Morale*, II, 27.

2. « L'exercice du droit au travail, supposé reconnu et garanti, ne *donnerait* pas l'instrument, mais le *prêterait*, et encore qu'il ne fît que le prêter, fournirait une propriété

un immense progrès et de l'esprit et du droit de propriété dans le peuple. Je sais que par l'effet de ce progrès, la Rente sera profondément atteinte, et à la fin devra disparaître, la Rente, confondue par ses amis et quelquefois par ses ennemis avec la propriété même; mais je sais aussi que là où l'hérédité demeure, là où le fruit du travail est à la libre disposition des producteurs, là est la vraie propriété dont la Rente n'est qu'un certain usage, un abus, une forme impie[1]. Le grand esprit qui a juré de détruire la propriété, nous a depuis expliqué son serment; ce qu'il nommait alors propriété, n'est point la juste possession, mais le privilège, le monopole, le droit exclusif de quelques-uns sur la production et la circulation de toutes les valeurs. Que le crédit gratuit renverse les barrières des seigneurs, et la propriété sera vraiment un droit de l'Homme parce que tout homme en aura[2].

véritable et l'équivalent moral de l'appropriation rigoureuse. » *Science de la Morale*, II, 55.

1. La rente ou loyer et le salaire, sont pour l'auteur et resteront des formes économiques injustes et réformables. Mais, dans le *Manuel*, il ne proscrit pas absolument l'intérêt du prêt (ch. VII); il reconnaîtra plus tard que la gratuité du prêt ne serait pleinement exigible que dans l'état de paix et c'est sur ce point qu'il fera plus tard à Proudhon une objection de principe.

2. Proudhon (1809-1865) avait fait ce serment contre la propriété dans son fameux mémoire de 1840. Ch. Renouvier admet ici le principe proudhonien du crédit gratuit. Il y fera ultérieurement cette réserve qu'il n'est admissible qu'en une société idéale. (Cf. les extraits cités au chapitre VII.) L'auteur a toujours hautement apprécié le talent et le génie de Proudhon. Dans le *Personnalisme*, p. 162, il le range parmi les grands génies spéculatifs qui ont réagi contre le mal social : « Ce que nous voyons, c'est la spéculation d'un petit

Ce beau jour de la fraternité ne luira point pour nous le lendemain de quelque nuit du 4 Août. Les temps en sont passés. Les représentants du peuple ont manqué de cœur. La misère était là; mais que leur importait? Ils ne la sentaient point. Une promesse avait été faite, et le peuple attendait. Mais qui les forçait de la ratifier? Rien, moins que rien : la vie des citoyens et

nombre de génies, les Saint-Simon, les Owen, les Proudhon, les Tolstoï, voués à la recherche des lois d'une société *a priori* ainsi que l'étaient, à l'époque la plus libre et la plus inventive du génie grec, les Platon et les Zénon, disciples de Socrate, premier initiateur de la recherche de l'ordre social parfait fondé sur la psychologie. » Cf. *Essai de psychologie rationnelle*, 2ᵉ éd. 2ᵉ vol., p. 119-128. L'objection que Proudhon fait à la propriété consiste en ce qu'elle est la réduction du non-propriétaire à la famine, à la mort, par la privation d'un droit. Mais ce droit dont le prolétaire est privé c'est évidemment la propriété même, en sorte que l'accusation n'atteint pas la propriété mais seulement la *propriété-monopole*. Même avec la plus inégale répartition de la propriété, si la vie et l'instrument de travail étaient garantis à tous par les institutions sociales, l'accusation d'injustice contre la propriété manquerait de base; on ne verrait plus en elle qu'une juste et nécessaire défense de la liberté individuelle contre la communauté. Ainsi Proudhon ne fut jamais que *garantiste*, comme le disait un de ses adversaires, le phalanstérien Victor Considérant, et s'il avait voulu préciser en ce sens son attitude, il aurait rendu service à la république et au socialisme au lieu de devenir, dans sa personne et dans ses idées, un épouvantail pour les conservateurs dès 1848, comme cela eut lieu en vertu de son serment inséré dans une lettre publique à Blanqui (1841) : « J'ai juré, non sur le poignard et la tête de mort, dans l'horreur d'une catacombe, en présence d'hommes barbouillés de sang ; mais j'ai juré dans ma conscience de poursuivre la propriété, de ne lui laisser ni paix ni trêve jusqu'à ce que je la voie partout exécrée. »

l'honneur de la République. Maintenant la France est triste ; la honte, la rage et la peur se partagent les âmes de ceux qui ont vaincu leurs frères ; la foi console les autres. Mais ceux qui souffrent, hélas! et ceux qui ont trop souffert, plaise à Dieu que leurs cris, que leurs larmes ne nous aient pas rendu l'expiation trop difficile ! Puisse la poussière qu'ils ont lancée vers le ciel, produire des héros de paix et de pardon, non d'extermination et de vengeance !

Si le cœur avait battu dans vos poitrines, ô mes mandataires, le jour où vous vîtes se presser autour de vous, au Champ de Mars, tout ce peuple désarmé, et se mouvoir du matin jusqu'au soir cette forêt de baïonnettes ; si vous vous étiez dit : Nous sauverons ces hommes, nous nourrirons cette multitude avec le pain de la fraternité et nous ne lui reprocherons jamais nos bienfaits ; si alors vous aviez su parler au peuple, lui communiquer votre âme en vous animant de la sienne ; si vous ne l'aviez pas glacé de votre silence ; si vous n'aviez pas suspendu sur sa tête la menace de la faim et d'un isolement dont il ne pouvait plus supporter la pensée, il aurait cru en vous, il vous aurait bénis, et vous auriez trouvé la foule obéissante aux lieux, aux rangs, aux travaux que vous lui auriez assignés. Que dis-je ? Vous auriez fait vivre tous ceux qui sont morts en leur donnant seulement l'espérance avec la faim [1].

---

[1]. Les ateliers dits « nationaux » du Champ de Mars ne furent pas tant une mesure d'assistance publique, encore que si nécessaire à ce moment, qu'une manœuvre pour détourner les travailleurs de l'esprit socialiste et opposer leur masse aveugle à l'élite de ceux qui visaient à l'organisation du travail. La majorité du gouvernement provisoire les institua avec l'intention de briser les efforts de la commission du

Mais vous avez détourné vos yeux ; ou pour ne pas guérir un mal dont les remèdes étaient trop héroïques pour vous, vous avez ordonné qu'on en réprimât les symptômes. Des délits se commettaient dans les clubs et des délits dans les attroupements ; au lieu de rendre les auteurs de ces délits responsables devant vos lois, vous avez interdit les attroupements et fait fermer les clubs. S'il arrivait à des citoyens d'abuser de la liberté, vos ministres avertissaient le Peuple de prendre garde de *compromettre son droit*[1], comme si jamais le droit du Peuple se compromettait ! Le jour même de l'insurrection, quelqu'un proclamait en votre nom : *le pain*

Luxembourg dirigée par L. Blanc et Albert. (Cf. L. Blanc, *Histoire de la Révolution de Février*, t. I, ch. VIII-XI). « C'est à dessein qu'ils furent employés à des travaux improductifs et même dérisoires pour éviter de donner l'exemple et d'établir le précédent des grandes tâches accomplies par des *armées* industrielles ; et leur dissolution, méditée et décidée par un sombre complot gouvernemental, avec l'obscure complicité de la majorité de l'Assemblée constituante fut motivée par l'espérance plus que par la crainte. On prenait pour prétexte l'expérience manquée (qu'on n'eût point voulu réussir) et le scandale de la dilapidation de la fortune publique ; mais la pensée secrète était qu'il *fallait en finir*, et qu'on ne serait maître de la situation qu'après une révolte *provoquée* et noyée dans le sang. » *Philosophie analytique de l'histoire*, t. IV, p. 606. Le 21 juin, un décret sommait tous les ouvriers de dix-huit à vingt-cinq ans de s'enrôler ou de se tenir prêts à partir le lendemain pour des destinations qu'on ne leur indiquait pas, en province, et sans stipuler ni la nature ni les conditions du travail vaguement annoncé. Le ministre Marie ajoutait : « Ceux qui ne voudront pas se soumettre au décret seront renvoyés de Paris *par la force.* » L'insurrection cherchée éclatait le 22 juin.

1. Passage textuel d'une proclamation du citoyen Trélat, ministre des Travaux publics. (Note de l'auteur.)

est suffisant pour tous, il est assuré pour tous, et la constitution garantira à jamais l'existence à tous[1]. Comment vous aurait-on crus ? Votre attitude disait assez ce que la suite a prouvé, que cela n'était point vrai [2].

Et vous n'avez, enfin, regardé le peuple en face que pour le combattre, aveugles d'ailleurs dans votre résistance comme il était aveugle dans son attaque. Après tant de fautes accumulées, les ténèbres s'étendaient sur tous les esprits. Ceci seulement a éclaté comme la sombre lueur de cette situation que, pour avoir repoussé la fraternité, vous avez été forcés de donner et de recevoir la mort.

Et maintenant la force règne, exercée contre le Souverain par ses mandataires : car là est bien le Souverain indivisible où le peuple de France se rassemble de toutes ses provinces, se résume, se concentre, prend possession de lui-même, atteint l'unité de son esprit. Ce que veut le peuple de Paris, ce qu'il sent, ce qu'il pense, le Peuple en sa totalité le voudra demain quand le soleil de la République se sera levé sur les campagnes. Le Peuple n'est jamais divisé contre lui-même[3]

1. Proclamation du citoyen Senard, président de l'Assemblée nationale (Note de l'auteur.)
2. L'article 13 du projet de constitution ne donne pas la garantie de l'existence, mais renferme seulement la reconnaissance du devoir social, du *devoir mou*, pourrait-on dire, par opposition au *devoir strict*, du devoir dans les limites qu'il plaira aux mandataires du Peuple de tracer. (Note de l'auteur.) La constitution ne fut votée que le 12 novembre 1848.
3. Lorsque dans sa *Politique* (liv. VIII, chap. I, § 9) Aristote exprime cette idée, il ne lui donne pas cette forme absolue. Comparant le régime oligarchique au régime démocratique, il dit que le premier, outre les troubles que peut provoquer le peuple, a encore à craindre les dissensions

ainsi que le sont les castes et les classes, ces véritables maisons de Satan. Comme il n'a qu'un intérêt, qui est celui de tous, il n'a aussi qu'une vue et qu'une marche aussitôt que le moment est venu de se les révéler. Et ce moment approche [1] : en vain les Girondins, s'estimant

entre oligarques, tandis que le second, une fois établi, n'a qu'un ennemi, l'oligarchie, et il a moins de raisons de se diviser contre lui-même, ou ses dissensions intestines ne valent pas la peine d'en parler, αὐτῷ δὲ πρὸς αὐτὸν, ὅτι καὶ ἄξιον εἰπεῖν, οὐκ ἐγγίνεται τῷ δήμῳ στάσις, 1302, a. 13. Cet optimisme est aussi peu justifié pour l'histoire des démocraties grecques que pour celle des républiques italiennes du moyen âge et celles d'Amérique et de France, dans les temps modernes. C'est seulement chez nous et de nos jours qu'on a vu le parti républicain et le parti socialiste renoncer à la méthode de révolution violente pour fonder l'avenir sur la méthode légaliste. « Quoi qu'il en soit, passion pour passion, celle qui anime les masses soulevées, même aveugle, est ordinairement plus juste que n'est le commun mobile des gouvernements de monopole. L'égoïsme est naturellement moins pervers dans le grand nombre que dans le petit, puisque les fins sont avouables, étant communes en principe, encore que les moyens imaginés puissent être iniques ou violents. » *Science de la Morale*, II, p. 207.

1. Les espérances de l'auteur, écrivant à la fin d'octobre 1848 furent cruellement déçues. Le 10 décembre, Louis Bonaparte était élu président de la République et il fallut attendre encore vingt-huit ans pour reprendre, par la base la plus modeste, les institutions démocratiques. « La terreur et les transportations qui suivirent l'insurrection de juin 1848 éreintèrent le parti socialiste et changèrent totalement la disposition des esprits qui avaient eu foi dans l'initiative ouvrière. Les restes de ce parti, avec peu d'exceptions, passèrent de l'enthousiasme pacifique qui avait caractérisé l'inoubliable mois de mars de cette même année à des sentiments de haine contre la bourgeoisie, et à la confiance exclusive dans les moyens de violence pour améliorer la condition des travailleurs. A dater de ce temps, la réaction

plus heureux ou plus forts en 1848 qu'ils ne le furent en 1792, tâchent de diviser la France, de la briser, de la disperser loin de ce centre nécessaire où tous ses sentiments se nouent, et d'où émane son action ; en vain veulent-ils armer le paysan contre l'ouvrier et les légitimes possesseurs de la terre contre les hommes qui travaillent à les délivrer de l'usure et à les décharger de l'impôt, un tel malentendu ne peut durer toujours. Que le Socialisme multiplie sa lumière; que les fanatiques de la justice, ils sont nombreux, abondent en dévouement et en audace; surtout qu'ils s'unissent : ils seront *tout* quand ils ne seront qu'*un*. Mais que nul d'entre le Peuple, et pour le servir, ne cherche dans la violence ce que l'empire de l'esprit doit produire[1] et que désormais la marche fatale des choses amènera[2]. La vérité doit vaincre, mais le sort des armes est incertain. Armer le droit sans nécessité absolue c'est jouer l'avenir. Les révolutions se font sans que des conspi-

dans le pouvoir, l'esprit révolutionnaire chez les « démocrates socialistes », les projets menaçants annoncés avec fracas par ces derniers, et la peur des gens menacés, se joignirent à la folie de l'élection césarienne, antécédent fatal du coup d'État, pour mettre fin à toute espérance d'une évolution progressive et spontanée du régime du travail ». *Philosophie analytique de l'histoire*, t. IV, p. 606. Cf. dans la *Critique philosophique*, t. XXV, p. 154, une lettre de Marc Dufraisse sur la réaction produite par la peur depuis 1848.

1. Cf. *Critique philosophique*, t. III, p. 337, le bilan des effets produits par l'appel à la violence en France depuis 1789 jusqu'en 1870 ; et *Personnalisme*, p. 200.

2. L'illusion saint-simonienne de la force fatale des choses était adoptée alors par Renouvier. Toute sa philosophie a tendu, depuis, à détruire cette illusion dans toutes les directions où il pouvait la poursuivre.

rateurs en aient donné le signal : Dieu les prépare, et puis il en sonne l'heure, et tout s'ébranle à la fois, et une œuvre s'accomplit qui n'est celle d'aucun homme, mais où l'Humanité se reconnait et se contemple en admirant les voies de la Providence.

MANUEL RÉPUBLICAIN

DE L'HOMME ET DU CITOYEN

CHAPITRE I

FIN MORALE DE L'HOMME [1]

L'INSTITUTEUR

La religion vous enseigne comment vous devez vous conduire en cette vie pour vous rendre digne d'une félicité éternelle [2]. Moi, je ne vous parle qu'au nom de la République, dans laquelle nous allons

1. Sur les douze chapitres du *Manuel*, les deux premiers énoncent des principes de morale d'où il semble que l'auteur devra déduire les devoirs dans la société politique républicaine dont traitent les dix chapitres suivants. Or cette déduction n'est pas rigoureuse. Les principes de morale sont insuffisants et l'auteur en fera lui-même ultérieurement une critique définitive dont nous donnerons, en note, l'indication. Quant aux devoirs et droits déduits soit pour le citoyen, soit pour la cité, il les laissera plus tard subsister, mais en les fondant sur la base de la morale rationnelle de la justice et de la dignité de la personne.

2. L'élève est supposé n'avoir reçu d'abord l'enseignement de la morale que sous la forme religieuse. L'instituteur va parler au nom de la raison commune, sans dégager encore suffisamment les principes de la raison pratique comme indépendants, et surtout sans atteindre au point de vue qui sera celui de la *Science de la morale* : la prédominance de l'éthique sur toute conception métaphysique ou théologique.

vivre [1], et de cette morale que tout homme sent au fond de son cœur. Je veux vous instruire des moyens d'être heureux sur la terre et le premier mot que j'ai à vous dire est celui-ci : Perfectionnez-vous. Vous ne deviendrez vraiment heureux qu'en devenant meilleur [2].

1. Ceci est écrit au mois de mars 1848, la République n'ayant encore qu'un gouvernement provisoire.

2. Il y a beaucoup de confusion dans les principes de morale invoqués en ce début. Le *bonheur* peut s'entendre en divers sens : 1º bonheur égoïste pris soit dans le plaisir, à la façon d'Aristippe, soit dans la prudence ou intérêt bien entendu, à la façon d'Épicure ; 2º bonheur social, à la façon des utilitaires comme Bentham. Puis en invoquant cette morale « que tout homme *sent au fond de son cœur* », l'auteur invoque le *sentiment moral*, comme Rousseau, ou la *sympathie*, comme Adam Smith ; enfin il fait appel à la *perfection*, comme Aristote et Jouffroy. Chacune de ces fins morales a, il est vrai, sa place dans la direction de la conduite, mais il n'en est aucune qui porte règlement pour les autres ni pour elle-même, et toutes doivent être subordonnées à la raison. C'est ce qu'exprime le passage suivant du *Petit Traité de Morale* publié en 1879 par *la Critique Philosophique*, p. 175 : « Il y a des systèmes qui placent l'objet de la morale dans la recherche du bonheur personnel ; et en effet, il est vrai qu'il n'y a pas de bonheur sans la moralité, et que, d'autre part, en atteignant la moralité, on réalise une des conditions du bonheur. Seulement, quand on met ainsi le bonheur personnel à la tête de tout, on est obligé de faire connaître les moyens d'y arriver, et c'est ce qu'on ne peut pas faire sans s'occuper d'autre chose que du bonheur.

Les motifs qui se tirent de l'*intérêt bien entendu*, pour porter à la moralité, sont des motifs très justes. Seulement ils ne sont pas convaincants pour un homme qui serait enchaîné par de fortes passions à des intérêts mal entendus et qui serait mal instruit des biens de la raison et de la loi morale.

Il y a des systèmes qui font consister la moralité dans la

L'ÉLÈVE [1]

Qu'entendez-vous par le perfectionnement de l'homme ?

L'INSTITUTEUR

J'entends que l'homme se perfectionne lorsqu'il recherche du bonheur de tous par chacun : déterminez-vous, disent-ils, dans le sens de l'*utilité générale*. C'est très bien dit ; mais il faut savoir pourquoi, et ce que c'est qui nous oblige. Il faudrait aussi apprendre à chacun en quoi consiste l'utilité générale, et à quoi on la reconnaît dans chaque rencontre et dans chaque sujet dont on dispute. C'est une grande science, et ce sont de terribles questions, sur lesquelles on se trompe souvent et beaucoup.

Il y a des systèmes qui admettent un *sentiment moral* et une *conscience morale*, et recommandent de s'y fier en toute occasion. Ce sentiment et cette conscience existent effectivement. Mais encore faut-il les prendre chez un homme bien élevé et d'esprit éclairé ; et chez celui-là même, l'expérience nous apprend qu'ils peuvent dicter des conduites fort diverses et d'égale autorité apparente, dans les mêmes circonstances. Il faut donc les soumettre à la loi fixe de la raison.

Il y a des systèmes qui prennent pour mobile unique la *bienveillance*, les *affections sympathiques*. Ces passions sont bonnes ; mais elles n'apportent non plus aucune règle avec elles, aucun moyen de discernement, aucune garantie pour la dignité des personnes morales et pour le respect qu'elles exigent.

Il y a des systèmes qui cherchent le principe de la moralité dans l'idée de la *perfection* et dans la tendance de la conscience humaine à poursuivre cet idéal. C'est encore là partir d'une vérité ; mais en quoi consiste la perfection morale, à quoi se reconnaît-elle et comment peut-on assurer de ne pas aller à l'encontre, particulièrement dans les relations sociales ? C'est ce qui reste à savoir et ce que l'idée de perfection toute seule ne dit pas. »

1. Il faut voir dans l'élève interlocuteur de ce dialogue un

s'approche le plus qu'il peut d'être complet selon sa nature.

L'ÉLÈVE

Que faudrait-il pour qu'un homme fût complet selon sa nature ?

L'INSTITUTEUR

Il faudrait que les affections de son cœur trouvassent pleine satisfaction dans la famille, dans la patrie et dans l'amitié ; il faudrait que son intelligence fût cultivée ; il faudrait enfin qu'il pût déployer son activité selon ses forces et ses dispositions naturelles.

L'ÉLÈVE

Mais, si je vous comprends bien, mon perfectionnement ne dépendrait pas tant de moi que des autres hommes, de mes parents, de mes amis, et surtout de ceux qui ont de la puissance dans le monde [1].

---

homme fait, tel qu'il s'en trouverait dans les écoles de *persévérance* ou de *développement*, complément nécessaire d'une instruction primaire démocratique. (Note de l'auteur.)

1. L'objection de l'élève, ainsi que la condition posée, immédiatement avant, par l'instituteur, à la *réalisation de la fin* comme principe moral, indiquent l'insuffisance de ce même principe : l'obtention du bien dépend en effet d'autres choses encore que de la raison et de la volonté, donc c'est là une doctrine d'hétéronomie, c'est-à-dire une règle où le principe de

L'INSTITUTEUR

Il est vrai. Cependant, vous êtes le maître de vos actions, bonnes ou mauvaises. Toute votre vie est attachée en grande partie aux décisions que vous prenez à chaque instant [1]. Agissez donc toujours autant que vous le pouvez de manière à vous perfectionner et à perfectionner ceux qui vous entourent ; ils vous le rendront bientôt au centuple [2]. Ce monde même dans lequel vous vivez, il ne vous est peut-être pas impossible d'y changer quelque chose [3]. Tout à l'heure je vous montrerai que dans le temps où Dieu nous a fait naître, aucun homme

la conduite est placé en dehors de l'agent ; de plus, avant d'agir, il faudrait avoir constitué toute une science, celle de la destinée entière de l'individu et de l'humanité, avec la solution préalable de tous les problèmes de la vie. C'est trop demander. (Cf. *Science de la Morale*, I, 218.)

1. La donnée de la liberté morale et de l'initiative individuelle comme condition première et suprême du progrès individuel et social est la ferme assise sur laquelle s'élèvera tout le système philosophique de Renouvier. La liberté embrassée avec toutes ses conséquences dans la lutte contre la solidarité (c'est-à-dire l'ensemble des influences déterminantes de toute nature), à laquelle est soumise la personne, tel est le caractère le plus saillant de cette philosophie. Le *Manuel* en contient, on le voit, déjà l'affirmation nette.

2. Ce n'est que probable, en mettant les choses au mieux dans le monde réel : mais il est légitime de compter autant sur la solidarité et la réciprocité du bien que sur celle du mal.

3. L'un des facteurs de la solidarité et le plus important est la liberté elle-même.

n'est sans pouvoir sur les autres hommes et sur les lois qui les régissent[1]. Dans ce moment, je me borne à vous dire : Faites toujours ce que vous ferez en consultant votre conscience, de telle manière qu'après avoir agi, vous vous sentiez meilleur ou plus avancé sur le chemin du perfectionnement.

L'ÉLÈVE

Donnez-moi une règle pour juger mes actions.

L'INSTITUTEUR

Il en est une que vous portez en vous-même, et que je ne pourrais pas vous apprendre, si par malheur, vous l'ignoriez entièrement : c'est la justice. *Ne faites point à autrui ce que vous ne jugeriez pas devoir vous être fait. Faites pour les autres ce que vous jugez que les autres doivent faire pour vous*[2]. Je vous dirai encore ceci : La

---

[1]. Au chapitre VI seront expliqués les droits établis par la République fondée sur le suffrage universel.

[2]. C'est là, déjà, une correction de la vieille maxime des Chinois et des Grecs qu'on retrouve aussi dans l'Évangile : « Ne pas faire à autrui ce que nous ne *voudrions* pas qu'on nous fît. » En y introduisant le *jugement de ce qui est dû*, on met ce qui lui manquait : le mot indiquant la présence de la raison, distinguant entre la volonté simple, le désir, et la volonté réglée, et posant des limites à cette volonté. Sous son ancienne forme, la maxime laissait les passions décider de ce qu'on peut souhaiter de biens pour soi et pour autrui; de plus, elle n'indiquait que confusément le rapport de récipro-

justice est une espèce d'égalité. Supposez vos semblables à votre place et mettez-vous à la leur ; jugez après. Lorsque vous vous demandez si vous devez faire ou ne pas faire quelque chose, oubliez pour un moment votre intérêt, vos passions ; demandez-vous ce que vous penseriez de cette action si un autre la faisait. Alors vous serez juste et vous aurez fait le premier pas dans le perfectionnement.

L'ÉLÈVE

Ce n'est donc pas tout que d'être juste ?

cité, le renversement des termes du rapport entre les personnes, essentiel à la notion analysée du juste. Elle disait : « Prends garde de te borner à ton point de vue et de trop abonder dans le sens de tes passions. Méfie-toi d'un penchant naturel à ramener toutes choses à toi, et quand tu voudras savoir si tu es sur le point de faire tort à autrui tout en ne le voulant peut-être pas, suppose autrui à ta place et suppose-toi à la place d'autrui. Tu jugeras alors ; et ensuite tu agiras. » (*Science de la Morale*, I, 89.) Il restait à dire, pour définir l'action moralement bonne, qu'elle doit être faite par un homme qui conforme sa volonté à la loi morale, respecte la dignité et la liberté d'autrui et établit entre sa personne et la personne d'autrui cette espèce de balance ou d'égalité qu'on appelle justice.

« Le jugement que l'on porte sur ce qu'il faut faire, quand on change ainsi son propre rôle avec le rôle d'autrui, est donc un jugement général, c'est-à-dire qui ne dépend pas de ce qu'il s'y agit d'une personne ou d'une autre personne. Il vaut donc une règle de conduite applicable à toute personne, et qui l'oblige moralement. En d'autres termes encore, il vaut une *loi*, une disposition morale légale qui conviendrait à toute société d'êtres raisonnables ; il est un article de législation universelle pour tous les êtres possibles de cette espèce. » *Petit traité*, p. 167.

L'INSTITUTEUR

Non. La justice parfaite est le premier degré de la perfection ; mais après le premier il y en a un second : c'est la parfaite fraternité [1].

L'ÉLÈVE

Qu'est-ce que la fraternité ?

L'INSTITUTEUR

La fraternité est un sentiment qui nous porte à ressentir tous les mêmes joies et les mêmes peines, comme si les hommes ne faisaient qu'un. Ainsi, ceux-là sont des frères, qui veulent partager les souffrances les uns des autres, et qui dirigent

---

1. L'ordre inverse serait peut-être plus exact. C'est le sentiment sympathique qui fournit les premiers liens sociaux, comme données naturelles ; la justice intervient ensuite pour imposer au sentiment la règle qu'il ne comporte pas. « La bienveillance envers autrui, la sympathie pour les biens et les maux d'autrui, le désir de procurer, s'il se peut, les uns et d'éloigner les autres, sont incontestablement et en concurrence avec l'amour de soi-même, un premier mobile, quoique des sentiments contraires naissent aussi de cette concurrence. Sans la bienveillance et la sympathie mutuelles des personnes, aucune société n'eût été possible au delà de la famille, et la famille elle-même à peine. Dès qu'un acte est fait par bienveillance et sympathie, la raison et le devoir étant présents, il ne doit pourtant se faire que si la raison et le devoir l'autorisent, parce que la passion est de la nature de l'homme, et que la raison est sa règle, parce qu'il est de l'essence de l'agent à la fois passionnel et rationnel d'établir une règle de ses passions et de s'y conformer. » (*Science de la Morale*, I, 183.)

leurs forces à se rendre heureux mutuellement. Soulager de leur fardeau les travailleurs dont la vie est la plus dure, instruire les ignorants, ramener au sentiment du bien les coupables que la misère ou l'injustice ont égarés, voilà des actes de fraternité[1].

1. C'est de la justice, entendue dans la plénitude du sens, qu'il faut attendre tous ces biens, car seuls ses préceptes sont universellement obligatoires et renfermés dans des formules rigoureuses qui ne laissent aucune place à l'arbitraire, tandis que les dispositions affectives sont troubles, sans règle par elles-mêmes et qu'on ne peut les faire naître à volonté. Le passage suivant montre quelle ampleur a le concept de la justice impliquant la fraternité : « Si l'empire suprême de la justice nous paraît dur, c'est que nous ne remarquons pas assez combien il est nécessaire, combien la règle de la conduite humaine, la raison, est indispensable à la garantie, à la durée et à la bonne administration de nos biens, et que nous ne savons pas nous rendre compte des désordres qu'entraîne partout et toujours le sentiment pris pour mobile exclusif des actes; c'est aussi que nous ne sentons pas la beauté du Juste, et que nous lui reprochons d'exclure les affections qu'il ne fait que régler, nous laissant tromper peut-être par l'hypocrisie de ceux qui couvrent leur sensibilité sous le manteau d'une froide et fausse raison. Si enfin l'empire de la justice nous semble insuffisant pour le bonheur des hommes, c'est que nous sommes malheureusement privés de ce spectacle que la terre n'a jamais contemplé. Jamais les hommes n'ont pu se rendre compte, et même de bien loin, de ce qui arriverait dans un monde où chacun ferait son devoir, je dis seulement à peu près, et en supposant qu'il ne le ferait que *par devoir*, tous sentiments exclus, si c'est possible. Mais ce n'est pas possible; en réalité, ce monde où la *raison* commanderait serait un monde où la *bonté*, libre enfin des chaînes dont l'iniquité la charge de toutes parts, nous paraîtrait régner toute seule. La Justice ne serait pas plutôt établie, si véritablement elle l'était, qu'on verrait le mérite

L'ÉLÈVE

Je comprends maintenant ce que vous avez entendu par ce mot de perfectionnement, et mon cœur me dit que vous ne me trompez point. Toutes les fois qu'il m'est arrivé de me conduire ainsi, je me suis senti meilleur ou plus parfait. Mais vous m'avez dit aussi que je ne deviendrais vraiment heureux qu'en devenant meilleur. Voulez-vous m'expliquer ces paroles ?

L'INSTITUTEUR

L'homme est destiné à la perfection, quoique la perfection ne puisse pas être atteinte en cette vie [1]. De là vient que celui qui n'y vise point se dégrade, et la dégradation est le commencement du malheur. Si quelqu'un ne pratique pas la fraternité, il est bien près de devenir injuste [2]. Celui qui est injuste

éclater de toutes parts dans les relations humaines. » (*Science de la Morale*, I, 164).

1. La morale de la *perfection*, comme la morale de la *fin*, subordonne la conduite à une science préalablement acquise. Il faut savoir en effet avant tout ce qu'on entend par perfection de l'homme, individuellement et socialement, pour pouvoir travailler à son perfectionnement et à celui de l'humanité. Et alors viennent la théologie et la philosophie, avec leurs problèmes transcendants et leurs débats sans issue, ou la politique et l'économie, mais une politique appelée à dominer la morale et non à s'y soumettre. Cf. *Science de la Morale*, I, 222.

2. La justice seule est exigible; la fraternité ne peut venir qu'ensuite, comme conséquence.

se laisse aller bientôt à tous les vices, et les vices le mènent à l'abrutissement et à la perversité. Nul pervers n'est heureux. Le méchant souffre, même au sein des richesses, et il n'y a jamais de paix pour son âme. Ainsi le bonheur ne se trouve sur la terre que dans l'accomplissement de la fin pour laquelle nous avons été créés, c'est-à-dire de notre action sur nous-mêmes et sur nos semblables pour nous rendre tous meilleurs.

L'ÉLÈVE

Pensez-vous que toute la fin de l'homme ici-bas soit d'aimer ses semblables, qui sont ses frères, et de se rendre meilleur avec eux ? Cependant j'ai appris dans le catéchisme de la religion [1], que Dieu nous avait créés pour l'aimer et pour le servir. Je sais aussi que les propres paroles de Jésus-Christ tirées de l'Ancien Testament sont celles-ci : « Vous aimerez le Seigneur votre Dieu de tout votre cœur, de toute votre âme, de toutes vos forces et le prochain comme vous-même. » Expliquez-moi pourquoi vous ne me parlez point de l'amour de Dieu, mais seulement de l'amour du prochain.

---

1. L'élève n'a, jusqu'alors, connu les problèmes moraux que par les formules d'un catéchisme confessionnel ; de là son naïf étonnement quand les mêmes questions s'offrent à lui pour la première fois sous leur aspect purement rationnel.

L'INSTITUTEUR

Vous m'avez prévenu, car j'allais aussi vous parler de Dieu. Remarquez cependant que je vous enseigne ici les éléments de la politique et non pas ceux de la religion. J'ai dû, pour cette raison [1], vous donner une idée de l'ordre de perfection que nous révèle la conscience avant de vous rappeler l'ordre que Dieu a établi dans l'univers.

Je vous ai dit ce que le cœur nous enseigne du bien de cette vie et des moyens d'atteindre au vrai bonheur. J'ajoute maintenant que cet ordre que nous sentons en nous-mêmes, et auquel les meilleurs d'entre nous se conforment, est le même auquel Dieu a soumis le monde. Dieu a voulu nous laisser libres afin que nous puissions nous rendre dignes de lui par nos actions; et c'est pourquoi il se garde de nous récompenser ou de nous punir aussitôt que nous avons agi. Mais il prépare aux bons

---

1. La meilleure raison serait que la morale, et la politique qui en dépend, doivent se fonder, se développer et s'achever sans faire appel à ce que Kant appelle les postulats de la raison pratique, c'est-à-dire les croyances auxquelles la morale comme science peut seule fournir un fondement rationnel, touchant un ordre de l'univers s'harmonisant avec la justice de la conscience, dans une vie ultérieure, et sous la garantie d'une volonté moralement parfaite. A présenter ces croyances comme dans ce qui suit et à cette place, quoique sous forme populaire, il y a erreur de méthode; car c'est donner comme prémisses à la philosophie morale ce qui n'en devrait être que l'ultime corollaire.

une meilleure destinée dans une autre vie, et aux méchants les souffrances qu'ils ont méritées [1]. Ainsi, l'ordre éternel, que nous pouvons troubler ici-bas par l'usage de notre liberté, reste le même au fond des choses [2] ; il nous attend à notre mort, et l'injustice le verra triompher.

L'injustice et la haine seront vaincues deux fois. Le méchant, dans un autre monde, assistera à leur défaite. Mais sur cette terre même où nous sommes, les hommes deviendront tous les jours meilleurs, tous les jours plus sages et plus dévoués, plus justes et plus disposés à se sacrifier pour leurs frères. Avec le temps la terre sera un lieu béni [3].

Vous avez rappelé les paroles du Christ et les deux préceptes qui y sont contenus : « Aimer Dieu,

1. « La morale envisagée en elle-même n'est pas une religion et ne conduit nécessairement à aucune religion, mais elle est en état de leur fournir le principe d'une conciliation finale entre le bonheur et le devoir, soit dans la vie présente, soit au delà. Généralisant l'idée du bonheur, elle pose l'harmonie finale des phénomènes comme contre-partie de la loi de raison. Elle ne suppose pas ce principe pour se fonder, mais après qu'elle est fondée, elle l'apporte en commun avec les passions dont elle vient expliquer et compléter les données propres à le suggérer. » (*Science de la Morale*, I, 175.)

2. Si la liberté est admise comme réelle, il est impossible que le fond des choses reste le même, selon que nous ferons de cette liberté un bon ou mauvais usage.

3. On reconnaît ici l'optimisme indéfini que l'auteur tenait alors de sa première éducation saint-simonienne et que l'influence subséquente de Fourier n'était pas propre à lui faire abandonner.

aimer le prochain. » A mon tour je vous rappellerai que Jésus-Christ a dit du second commandement, l'amour du prochain, qu'il était *semblable au premier*, l'amour de Dieu. Il a dit aussi de ces deux commandements ensemble, qu'ils enfermaient toute la loi et les prophètes. Méditez ceci, et n'oubliez jamais que le plus sûr moyen de faire connaître combien vous aimez Dieu, c'est de travailler de toutes vos forces au bien de ce prochain pour qui Jésus-Christ lui-même a donné sa vie.

CHAPITRE II

FIN MORALE DE LA SOCIÉTÉ

L'INSTITUTEUR

Il n'y pas deux morales, une pour l'homme pris à part, une autre pour la Société de tous les hommes pris ensemble. Mais ce qui est bien pour chacun est bien pour tous[1]. Si je pouvais réunir

---

1. Ces formules très nettes montrent que déjà dans le *Manuel* la pensée de l'auteur était, sur ces points, fixée et prête pour les profondes analyses de la *Science de la Morale*, (Cf. t. I, ch. XIV et XV.) Le devoir envers autrui ou devoir social est réductible au devoir envers soi-même. La conscience d'un homme ne peut qu'inviter la conscience d'un autre, après avoir constaté ce qu'elle-même constate, à produire ce qu'elle produit et à déterminer le vouloir en conséquence. La justice résulte de la reconnaissance de la dignité en toute personne et la société morale résulte de ce que chacun, en présence de son semblable, promet implicitement de le traiter comme une personne, et est fondé, en retour, à attendre l'accomplissement de la même promesse à lui faite. « Dans l'ordre composé des deux agents, l'obligation prend le nom de *droit* ou *crédit* chez l'un et de *devoir* ou *débit* chez l'autre, savoir en une seule et même relation réciproque. En tant que chacun reçoit la promesse, il a un crédit, un droit revendicable sur autrui ; en tant qu'il l'a donnée, un débit à remplir à l'égard d'autrui ; et le crédit de l'un fait le débit de l'autre et réciproquement. Ce droit et ce devoir unis composent la justice. » (*Id.*, p. 79.)

tout ce qu'il y a d'hommes sur la terre, et si je les voyais maîtres de leur propre sort, je leur dirais : « Travaillez et gouvernez-vous de manière à vous rendre meilleurs et heureux les uns les autres. » Ainsi la Société a été créée pour le même but que l'homme[1]. D'ailleurs l'homme ne peut pas atteindre parfaitement son but si la Société ne l'aide point, car les forces de l'homme seul sont bien peu de chose.

Je vous ai dit que la fraternité était un partage des peines et des forces entre les hommes. La religion prenant chaque homme à part depuis Jésus-Christ, n'a cessé de lui recommander le sacrifice et la charité, c'est-à-dire la fraternité[2]. Mais que peut chacun de nous s'il est livré à lui-même, si l'exemple d'autrui ne l'encourage point et si sa bonne volonté n'est pas dirigée vers l'intérêt commun par ceux qui sont en état de le connaître ?

Le temps est venu où la morale, enseignée jus-

---

1. C'est l'homme qui crée la société. L'association de deux agents raisonnables résulte de ce que deux agents de cette espèce, se connaissant chacun soi-même et puis mutuellement comme tels, sont naturellement portés à concevoir un bien commun résultant de leurs biens réunis, un effort de leurs efforts, et une fin de leurs fins. (*Id.*, p. 74.)

2. Le sacrifice est de l'ordre du mérite et n'a de valeur morale que lorsque la justice est d'abord entièrement satisfaite. La charité, la fraternité ne sont que des auxiliaires de la justice et ne doivent leur valeur pratique qu'à la raison qui les règle selon le droit.

qu'ici dans les églises au nom de Jésus-Christ, doit entrer dans les assemblées des hommes qui font des gouvernements et des lois[1]. Si cette morale est dans notre cœur, montrons-le; réglons-nous tous sur la fraternité.

De même qu'il faut que chacun de nous soit juste et charitable envers ses frères, de même il faut que ceux qui ont un pouvoir sur tous les hommes et qui veulent les conduire[2] soient justes et charitables envers tous les hommes.

Je dis donc que tous les hommes doivent par le moyen des lois qu'ils se font, de l'instruction qu'ils se donnent, et de toute action qu'ils ont les uns sur les autres, se faciliter leur perfectionnement et s'approcher toujours plus de la fraternité pour laquelle ils furent créés.

1. Les états modernes ont tous abandonné aux églises l'éducation morale du peuple. L'honneur de la République en France sera de faire enseigner en son nom ses propres principes c'est-à-dire ceux de la morale elle-même qui, de sa nature est rationnelle, juridique et, par conséquent, laïque.

2. Les délégués de la puissance publique n'ont pas le devoir de conduire les hommes, comme on le pensait jadis en comparant les gouvernants aux bergers du troupeau humain, mais à exécuter les injonctions de la volonté commune librement débattue et stipulée par les représentants du peuple.

CHAPITRE III

DE LA RÉPUBLIQUE
ET DE L'AUTORITÉ DANS UNE RÉPUBLIQUE

L'ÉLÈVE

Comment les hommes peuvent-ils s'entendre pour marcher tous ensemble à leur perfectionnement et pratiquer la fraternité ?

L'INSTITUTEUR

Les hommes ne peuvent s'entendre et s'accorder sur leurs actions, principalement dans un grand pays, qu'en se donnant des chefs[1], en établissant une autorité sur eux[2]. Cette autorité juge ce qui est bien[3], décide ce qu'il faut faire et l'exécute.

1. Il serait plus exact de dire : en se choisissant des délégués.

2. Plus exactement : en constituant librement par voie de représentation, un pouvoir public émanant des volontés particulières. La *Déclaration des droits et des devoirs* qui suit le *Manuel* et lui sert de formulaire et de résumé contient, sur ce point, des expressions plus nettes que celles du dialogue entre l'instituteur et l'élève. (Cf. § 22 à 33.)

3. Les représentants assemblés ont à décider, non ce qui est bien moralement, mais ce qu'il est possible de réaliser

III. L'AUTORITÉ DANS UNE RÉPUBLIQUE 121

L'ÉLÈVE

N'est-ce pas du gouvernement que vous me parlez ?

L'INSTITUTEUR

Oui. L'autorité la plus visible est celle qui gouverne l'État. Cependant, au-dessus de cette autorité, il y en a une autre : c'est celle qui fait les lois. Je voulais vous désigner ces deux autorités sous un seul nom. Toutes deux viennent du Peuple et commandent au Peuple [1].

L'ÉLÈVE

Comment pouvez-vous dire que les hommes

---

dans l'état de fait pour y diminuer les vices de la coutume et y introduire le maximum de justice possible selon les circonstances.

1. Le peuple ou l'ensemble des personnes constituant une société, ne pouvant directement exprimer sa volonté dans une assemblée effective où s'établirait le statut social, y procède en élisant des représentants chargés de cet établissement. En cela, il fait acte de pouvoir *électif*. Les représentants, à leur tour, font acte de pouvoir *délibératif*. Ils délèguent enfin l'exécution de la volonté commune à des mandataires à responsabilité unifiée et hiérarchisée, qui font acte de pouvoir *exécutif*. Il n'y a qu'une seule source à l'autorité ; c'est le peuple qui la délègue, à un premier degré, entre les mains du délibératif, et, à un second degré, entre celles de l'exécutif. En somme, un seul pouvoir et non pas trois, comme on le répète depuis la fameuse et fausse distinction de Montesquieu reposant elle-même sur une interprétation erronée de la *Politique* d'Aristote qui n'a jamais établi en principe la séparation de trois pouvoirs, y compris le judiciaire.

établissent une autorité sur eux pour s'accorder, et que l'autorité vient du Peuple ? Je n'ai jamais été consulté sur le choix de mes maîtres ou de ceux qui me donnent la loi.

L'INSTITUTEUR

Vous ne l'avez pas été, mais vous le serez. Autrefois des rois ou des prêtres ont imposé de force aux Français les uns leur prétendue majesté divine, les autres leur religion qu'ils n'auraient jamais dû faire régner que par la douceur. Notre première République, il y a soixante ans, renversa tout cela. Puis les rois nous revinrent. Ils essayèrent de nous faire croire que nous nous gouvernions nous-mêmes et que nous faisions nos lois, parce qu'ils partageaient leur pouvoir avec quelques riches qu'ils admettaient auprès [1] d'eux sous le nom de Députés. Désormais

---

[1]. Quoique censitaires, les députés de la Restauration étaient cependant sortis de l'élection. Il n'y eut pas, après la déchéance de Napoléon (3 avril 1814), d'élections nouvelles. Le Corps Législatif impérial continua de siéger sous le nom de Chambre des Députés. La « Chambre introuvable » réunie le 7 octobre 1815 fut élue d'après l'organisation des collèges électoraux de départements et d'arrondissements remontant à 1802. Enfin, en 1817, la Chambre adopta une nouvelle loi électorale d'après laquelle tous les citoyens âgés de trente ans et payant 300 francs de contributions étaient électeurs et nommaient directement les députés de chaque département. Pour être député, il fallait être âgé de quarante ans et payer 1.000 francs de contributions. La Chambre devait être renouvelée tous les ans par cinquième. Cette loi donnait, en effet, le pouvoir à la classe de la bourgeoisie riche.

le Peuple (et le Peuple c'est tout le monde) se réunira pour se choisir des représentants. Ces représentants établiront le gouvernement pour le Peuple et écriront la loi dans l'intérêt du Peuple. Nous sommes en République, et avec l'aide de Dieu, si nous sommes sages[1], nous y resterons.

L'ÉLÈVE

Dites-moi au juste ce que vous appelez une République.

L'INSTITUTEUR

Ce mot *République* est un mot très ancien qui veut dire la *Chose de tous*. La République est l'état d'un Peuple qui n'obéit qu'à des hommes qu'il s'est choisis. Ces hommes sont les égaux de tous les autres. Ils ne commandent qu'au nom du Peuple[2].

1. De ces deux conditions, la seconde, assurément est suffisante. Elle consiste dans la méthode pratique de s'aider soi-même d'abord, en se montrant capable d'un effort de mérite et de vertu, avant d'attendre tout autre appui et surtout avant de compter sur la prétendue force des choses. Mais il est possible également de donner un sens pleinement rationnel à l'autre condition, l'aide de Dieu. En effet, persévérer dans l'effort, croire fortement que l'ordre des choses se prêtera à l'enregistrement des résultats de l'effort vertueux et ne s'y montrera pas, en définitive, réfractaire, c'est considérer cet ordre de choses comme pénétré de moralité et affirmer implicitement, le divin dans le réel. (Cf. Jules Thomas, *Principes de philosophie morale*, p. 323-324; 2° édition, 1899, Alcan.)

2. *République* est un terme désignant, dans l'histoire, tout régime non monarchique. Mais il s'en faut de beaucoup que

Ils doivent tout faire pour lui, obéir les premiers à la loi qu'ils ont faite, se soumettre à la surveillance des citoyens, et se tenir toujours prêts à leur rendre cette autorité qu'ils ne tiennent que d'eux lors-

toute république soit une démocratie, c'est-à-dire la *Chose de tous*. Dans l'état soumis à un seul (monarchie), il n'y pas de citoyens mais des sujets. Dans l'état soumis à quelques-uns (oligarchie), seuls membres actifs de la cité, celle-ci devient leur chose, si peu nombreux qu'ils soient, mais elle est déjà *république*. C'est là le nom d'un genre désignant des espèces très variées dont la plus parfaite serait la démocratie.

« Le gouvernement est démocratique lorsque toutes les personnes régies y participent directement ou indirectement dans toutes les branches. Je dis *toutes les personnes*, afin de ne pas exclure les femmes; et il ne saurait, en effet, y avoir de principe pour les exclure, mais seulement des *faits de guerre* devenus nécessitants dans la pratique actuelle. Des exceptions de participation, quelles qu'elles aient pu être, le fait que l'action gouvernementale des citoyens mêmes n'a été qu'indirecte et, par suite, ordinairement faussée dans nombre de cas où l'on ne prétextait pas d'une impossibilité matérielle, par-dessus tout le fait moral, générateur de tous les autres, savoir l'incapacité, l'indignité de certaines masses de personnes, en tant qu'appelées au gouvernement d'autrui et de soi-même, se sont toujours opposés à la réalisation de la pleine et sincère démocratie. Quelques peuples anciens, très limités ou divisés en beaucoup de tribus et de polices locales, semblent s'en être plus approchés sous l'empire de la coutume et de la tradition, en grande partie religieuse, et avec des gouvernements presque tous spontanés, que d'autres n'ont su faire en adoptant des lois délibérées et des règlements systématiques. Cependant ces derniers seuls ont vu rationnellement le but; mais le but est resté un idéal, et qui se confond à vrai dire avec celui du règne de la raison et de la morale. » *Science de la Morale*, II, 205. Sur le refus des droits politiques à la femme, cf. plus loin, ch. xii, p. 248, note 1.

que le temps pour lequel ils l'ont reçue s'est écoulé[1].

L'ÉLÈVE

Qu'est-ce qu'un citoyen ?

L'INSTITUTEUR

Un citoyen est un homme qui vit dans une République et qui y prend sa part de souveraineté.

L'ÉLÈVE

Qu'est-ce que la souveraineté ?

L'INSTITUTEUR

La souveraineté est le commandement absolu, c'est-à-dire qui ne doit compte qu'à Dieu[2].

---

1. Ainsi c'est par un abus de pouvoir que la Convention, après avoir voté la constitution encore si démocratique de l'an III (22 août 1795-5 fructidor III) décréta, le 13 fructidor (30 août), que le nouveau corps législatif aurait nécessairement deux tiers de ses membres élus parmi les Conventionnels; que le choix de ces deux tiers serait remis aux électeurs, et s'ils se refusaient de le faire, à la Convention elle-même. Ainsi encore, l'Assemblée nationale réunie à Bordeaux le 13 février 1871 pour faire la paix (1er mars 1871), se déclara arbitrairement constituante et prolongea ses pouvoirs jusqu'en janvier 1876.

2. Ce serait plutôt là une définition de la toute-puissance. La souveraineté, dans l'État, est l'acte des personnes associées pour soumettre leur conduite à la dictée de la raison délibérée en commun et prenant la forme de la loi. (*Science de la Morale*, II, 198).

L'ÉLÈVE

Puisque chaque homme est souverain dans une République, chaque homme peut donc y faire sa volonté ?

L'INSTITUTEUR

J'ai dit que chaque homme avait sa part de souveraineté, mais c'est précisément pour cela que personne ne peut se conduire en souverain. Le seul souverain, c'est la nation dans son ensemble et dans son unité, le Peuple [1]. Et le Peuple exerce sa puissance par ses représentants [2]. Encore même

---

1. Légiférer, pour l'individu qui agit sur lui-même, comme pour la société, c'est prescrire des actes au nom de la raison. La souveraineté du Peuple n'est donc que l'extension à la société de la règle d'autonomie propre à la personne. « Dans le domaine individuel, la personne ne fait pas consister son autonomie, qui serait alors mal nommée, à produire de simples modifications arbitraires, mais bien à conformer librement ses décisions à la raison, c'est-à-dire à la loi comme elle est dans la conscience. En une société, l'entente pour les biens communs et la fin commune suppose toujours l'accord à suivre une règle, une loi. » (*Science de la Morale*, II, 224.)

2. Pour l'établissement rationnel de la loi, la morale politique est embarrassée par une *pétition de fait* que Platon exprimait en disant : Il faut que les sages gouvernent ou que les gouvernants soient sages. En d'autres termes : la capacité législative est inhérente à la qualité de citoyen, voilà le droit, la théorie; en fait, cette capacité d'exercer directement l'action législative manque à la plupart des citoyens. Cette contradiction est levée par le système de la représentation élective ou délégation. En effet, celui qui n'est point supposé

le Peuple a-t-il des devoirs à remplir envers les citoyens, comme les citoyens en ont envers lui. Le Peuple est tout-puissant quand il est uni. Pour rester uni et pour rester fort, il faut qu'il n'abuse point de sa puissance.

L'ÉLÈVE

Qu'est-ce donc, en réalité, que la souveraineté du Peuple ?

L'INSTITUTEUR

La souveraineté du Peuple doit être, en réalité, l'exercice de la force de tous dans les bornes de la justice et suivant un esprit de fraternité[1]. Tout

capable de formuler la loi peut l'être d'en désigner un plus capable que lui-même ; et il est plus aisé de discerner parmi des hommes un homme instruit, moral et de bon jugement que de juger soi-même de ce qui est vrai ou bon dans un ordre de choses complexes. La pratique de la délégation finit par faire acquérir aux citoyens les facultés et les vertus mêmes dont on les trouvait d'abord dépourvus. C'est le seul moyen d'échapper au cercle vicieux de la politique et de l'histoire qui semblent constamment mettre les progrès à faire dans la dépendance de ces mêmes progrès quand ils seront acquis. Cf. *Science de la Morale*, II, 232.

1. Les deux plus considérables tentatives qu'enregistre l'histoire en ce sens sont d'abord celle de la cité grecque, qui a créé la loi, puis celle de la Révolution française, qui l'a faite rationnelle : « Toutes deux ont porté et porteront encore de grands fruits. La première appartient à ces petits peuples de l'antiquité qui, les premiers, formèrent la notion même de la loi ; c'est-à-dire du règlement civil et politique, à la fois général, impersonnel, étranger à toute acception d'intérêts

souverain, et le Peuple plus qu'un autre, si c'est possible, a des devoirs à remplir et des droits à respecter.

ou de personnes, ainsi qu'aux variations quotidiennes d'une ou de plusieurs volontés et cependant soumis à l'examen et au consentement. Après la gloire des créateurs de la loi vient celle des hommes qui ont voulu la rendre purement rationnelle et morale, en élevant sa formule abstraite au-dessus de toutes les traditions ou croyances particulières, et en appelant l'humanité entière à la reconnaître, sans distinction aucune de conditions ni de nations. Cette entreprise, d'une portée considérable, immense par l'exemple, et par la leçon, la nation qui l'a conçue se l'est rendue fatale, parce qu'elle a trop présumé de ses forces pour échapper à la pression de ses habitudes et à l'exigence de ses vices. Mais toutes les autres ont eu le spectacle de l'élan aussi bien que celui de la chute. S'il en est une qui ne se croie que des vertus, et dont la conscience historique soit exempte de crimes, il lui est permis, mais à nulle autre, de se montrer seulement sévère en jugeant la France. » (*Science de la Morale*, II, p. 227.)

CHAPITRE IV
DEVOIRS DE L'HOMME ET DU CITOYEN

L'ÉLÈVE

Qu'appelez-vous un devoir ?

L'INSTITUTEUR

Un devoir est un acte ou une règle d'agir [1] auxquels nous nous sentons obligés par la conscience ou par le cœur [2].

L'ÉLÈVE

Pouvez-vous me dire quel est le premier devoir de l'homme ?

L'INSTITUTEUR

Le premier devoir de l'homme est de vivre, tout

---

1. La règle est d'abord posée par la raison pratique, dans la conscience de l'agent ; l'acte est l'aboutissement de l'effort volontaire fourni par l'agent pour obéir à la règle.

2. Cette distinction n'est faite que pour préparer celle qui viendra plus bas entre justice et fraternité. En réalité, le devoir n'a qu'une seule source, la conscience morale. Le cœur intervient aussi comme mobile auxiliaire de l'action morale, légitimement quoi qu'en ait pensé le grand moraliste Kant, mais en se subordonnant au contrôle de la raison.

comme le premier devoir de ses semblables est de lui en fournir les moyens. Un homme peut toujours être cause de quelque bien pour ses frères.

L'ÉLÈVE

Il est donc mal de se détruire soi-même ?

L'INSTITUTEUR

Oui, c'est très mal, car celui qui se détruit par désespoir aurait pu faire beaucoup de bien en exposant sa vie pour les hommes [1].

L'ÉLÈVE

Quel est le devoir qui vient après le devoir de vivre ?

L'INSTITUTEUR

C'est le devoir de faire un bon emploi de sa vie. Et ce devoir se divise en deux, parce qu'il y a, comme je vous l'ai déjà expliqué, deux degrés dans le perfectionnement de l'homme.

L'ÉLÈVE

Nommez-moi ces deux devoirs.

---

[1]. Le suicide est condamné ici uniquement comme désertion du devoir social. Il doit l'être d'abord au nom de la dignité personnelle auquel il est le manquement le plus grave.

L'INSTITUTEUR

L'un est le devoir de justice : il nous ordonne de respecter l'homme, notre semblable, et tout ce qui est à lui. L'autre est le devoir de fraternité [1] ; nous y serons fidèles si nous faisons tous nos efforts pour que la Société des hommes soit une Société de frères.

L'ÉLÈVE

Y a-t-il encore d'autres devoirs de l'homme ?

L'INSTITUTEUR

Non, tous les devoirs sont compris dans les deux que je viens de vous nommer. Par exemple [2], il

---

1. Il n'y a de distinction rationnelle entre les devoirs que celle-ci : devoir envers soi-même ou de dignité ; devoir envers autrui ou de justice. Les obligations dites de fraternité rentrent dans l'une et dans l'autre de ces deux divisions. Il y a un devoir individuel d'assistance consistant à donner satisfaction à l'inclination sympathique, aux bons sentiments, et il y a un devoir social, c'est-à-dire des personnes associées, de se traiter fraternellement et de ne pas céder à l'égoïsme qui recueille les avantages de la société, sans en accepter les charges. Mais cette fraternité n'est que la pure et simple justice.

2. Voulant poser l'existence du devoir en général, dans ce chapitre, et l'idée qu'il faut s'en faire, l'auteur ne procède pas à une classification systématique ni même à une simple énumération complète des devoirs de l'homme. Il procède donc seulement par exemples. Il en sera de même dans le chapitre v, pour ce qui regarde les droits. Les livres troi-

faut honorer ses parents et respecter le mariage, parce que cela est juste ; et il ne faut jamais tromper ni mentir, parce que cela est injuste ; et aussi parce qu'on doit la vérité à ses frères.

L'ÉLÈVE

Auriez-vous encore quelque grand exemple de devoir à me citer ?

L'INSTITUTEUR

Oui, il est un devoir qui a été longtemps méconnu et qu'un fameux philosophe nommé Voltaire a prêché toute sa vie. C'est le devoir de tolérance. Il consiste à n'imposer jamais ses sentiments par la force, à respecter les convictions, les cultes, enfin la conscience de tous les hommes. Ce respect est juste, il n'y a pas de fraternité possible entre des hommes qui n'en sont pas pénétrés [1].

---

sième et quatrième de la *Science de la Morale* traitent, par une analyse philosophique dont la profondeur a été rarement égalée, ces deux séries de questions sous les divisions suivantes : droit personnel, domestique, économique, politique et extra-social.

1. Le devoir de tolérance, mieux nommé respect de la liberté de conscience, ne soulève plus, de nos jours, qu'un problème, celui de savoir si la tolérance est due aux intolérants. La solution résulte de la simple définition des deux termes tolérance et intolérance : « Nous entendons par tolérer une opinion, une croyance, une secte, consentir à vivre en société (société particulière quelconque ou société religieuse, ou société générale civile), avec les personnes qui professent cette

L'ÉLÈVE

Parlez-moi maintenant des devoirs du citoyen.

L'INSTITUTEUR

Le premier devoir du citoyen est d'obéir à la loi.

L'ÉLÈVE

Pourquoi le citoyen doit-il obéissance à la loi ?

L'INSTITUTEUR

Le citoyen doit obéissance à la loi parce que la loi est l'expression de la volonté du Peuple manifestée par ses représentants. Celui qui refuserait cette obéissance dans une République usurperait le pouvoir souverain et mettrait sa volonté à la place de la volonté de tout le Peuple, ce qui serait injuste et causerait la ruine de la République.

L'ÉLÈVE

Est-ce tout que d'obéir à la loi ?

opinion ou cette croyance, ou qui font partie de cette secte ; c'est donc aussi naturellement se soumettre à tous les devoirs de bons associés, de bons concitoyens. Dans les mêmes cas, ne point tolérer, c'est refuser, autant qu'on le peut, ou qu'on le juge bon de faire partie d'une même société avec ces personnes. Mais dans une société, le lien social est réciproque : je ne suis point l'associé de qui refuse d'être le mien ; si donc il est vrai que les devoirs sociaux ne sont pas dus à ceux qui nous les dénient, il est certain, comme nous l'avons dit, que la tolérance n'est point due aux intolérants. » (*Critique Philosophique*, I, p. 313.)

L'INSTITUTEUR

Ce ne serait pas tout si cette obéissance n'était pas entière et sans esprit de ruse ni mauvaise volonté. Le citoyen doit à la loi plus que sa soumission. Il lui doit son aide et son plein concours[1].

---

1. Le devoir d'obéissance à la loi soulève deux questions : celle du fondement moral du droit qu'ont les majorités de de décider, et celle du devoir qu'ont ces minorités de se soumettre. Ainsi le devoir d'obéissance est conditionné en principe par l'observation de la justice politique dans l'État. Le droit de la majorité ne se fonde pas sur le nombre seul, car celui-ci peut changer, et alors le droit changerait; ni sur l'assimilation de la majorité à l'unanimité, puisque la majorité d'aujourd'hui n'est que la minorité d'hier qui a réussi à faire reconnaître le bien fondé de ses prétentions, quand la raison a progressé dans une société. La règle de la majorité n'est que l'indice d'une société encore imparfaite, à *l'état de guerre*: elle l'exprime et le continue, tout en étant le principal moyen de l'atténuer et de le réduire à des formes de paix. « Elle substitue à la force le nombre pour trancher les difficultés et détermine les voies et moyens de cette autre espèce de combat. Issu de l'impossibilité pratique de la paix complète et de la société pure, ce droit est une convention qui fonde la paix possible et la société possible, vise à les affermir et même à les étendre, en se prêtant à la manifestation de l'unanimité dans la mesure où elle tend à se produire. » (*Science de la Morale*, II, 242.) (Cf. p. 248 du *Manuel*.)

Mais si le droit des majorités à légiférer repose : 1° sur l'impossibilité de l'unanimité; 2° sur la convention qu'il vaut mieux se compter que s'entre-tuer, le devoir d'obéir qu'ont les minorités suppose aussi : 1° que la minorité participera à titre égal aux délibérations sur la loi; 2° que les droits naturels des personnes seront respectés par la loi.

L'ÉLÈVE

Quels sont les principaux devoirs que la loi peut imposer à un citoyen ?

L'INSTITUTEUR

Le premier de tous est de s'armer pour la défense de la République, soit à ses frontières, soit dans ses villes et dans ses campagnes [1], et de se soumettre

1. Le devoir du citoyen de fournir le service militaire personnel est fondé sur l'égalité obligatoire des charges et le principe de la défense collective. Mais c'est un signe d'insuffisante civilisation que la guerre soit pour quelques-uns un métier, une carrière définitivement acceptée. Dans un État moral et pacifique « les mêmes citoyens qui travaillent et qui administrent auraient à prendre les armes au besoin, puis à les déposer, et les exercices seraient communs, ne fût-ce qu'à titre d'éducation physique de tous, comme dans les républiques de l'antiquité, sans détriment pour la vie pacifique industrielle qui nous sépare profondément des anciens. Au contraire, les États pervers ont des chefs qui s'intitulent soldats, et des armées permanentes, menace incessante adressée au dehors, menace encore au dedans et instruments de servitude. » (*Science de la Morale*, II, 439.) « Un État juste ne doit avoir en aucun cas de soldats, si ce n'est volontaires. Le refus individuel de service est-il délictueux ou criminel quand la guerre a été décidée régulièrement? Certainement cela peut être; mais alors le refus doit être puni comme tel, sans aller jusqu'à l'abus monstrueux de condamner le citoyen à combattre quand sa conscience le lui défend. » (*Id.*, p. 435.) « C'est une très juste réforme que l'égalité appelait, celle qui oblige tout citoyen valide au service militaire, mais elle constate l'extension du principe et des passions de la guerre chez toutes les nations, et ne supprime nullement la partie profession-

à la discipline sans laquelle ne peuvent triompher même les plus braves [1].

Le deuxième est de contribuer de sa fortune dans la proportion fixée par la République, afin qu'il soit

nelle des armées, qui, au contraire, va toujours croissant en même temps que le développement sans mesure des armements. On s'émerveille des résultats, dus au travail acharné des peuples. En effet, des nations réduites en esclavage en fournissaient moins autrefois. Cependant une partie seulement, la moindre, des budgets énormes des recettes que ce travail alimente, est employée au service public des grands États civilisés. Les budgets militaires et les dettes publiques — la dette elle-même est toujours un legs de la guerre — réclament le surplus. La triste pénurie des petits propriétaires et la misère des salariés correspondent par l'impôt à la majeure partie de ces dépenses dont plus de la moitié certainement est improductive. Cette proportion donne celle des privations de tout genre que s'imposent les peuples par une telle destruction de leurs richesses. » (*Nouvelle Monadologie*, p. 431.)

1. « Il faut tout d'abord condamner comme radicalement illégitime une obéissance qui implique l'aliénation de la conscience, la négation de toute responsabilité morale, et qui fait du service militaire une forme de l'esclavage, puisqu'elle réduit des personnes à l'état de choses. On doit ensuite comprendre qu'une obéissance qui serait réellement absolue, sans conditions, sans limites, c'est-à-dire absolument aveugle et irresponsable, c'est-à-dire dépourvue de tout caractère intellectuel et moral, serait menaçante pour toute autorité légitime, destructive de tout ordre régulier, propre à lancer sur la société humaine des instruments d'arbitraire, d'oppression et d'anarchie ; mais que cette obéissance passive idéale, est complètement impossible, et que ceux mêmes qui la recommandent et la vantent le plus fort, sont bien obligés, lorsqu'ils considèrent les choses de près, de lui reconnaître des conditions et des bornes. » (*Critique philosophique*, I, p. 307.)

fait face à toutes les dépenses réclamées par l'intérêt de tout le monde [1].

Le troisième est de prêter toujours appui à la justice et à la loi, soit dans les fonctions auxquelles un citoyen peut être appelé, soit comme arbitre, ou juré, ou témoin devant les tribunaux [2].

1. L'État assure aux citoyens l'indépendance nationale, la sécurité à l'intérieur, la paix nécessaire au développement des transactions. Il gère la fortune publique, il dirige les travaux d'intérêt commun, routes, canaux, exploitation de forêts; il distribue l'éducation nationale et entretient la culture supérieure en faisant pour tous ces services de grands frais dont il est juste que chacun prenne sa part, puisque chacun en profite. De plus, dans les démocraties, cette obligation devient morale et non plus servile, puisque c'est en vertu d'une autorisation donnée tous les ans par les représentants du peuple, que le pouvoir exécutif fait les dépenses inscrites au budget. Le paiement se fait donc en vertu d'un contrat libre et précis. Dès lors il est de toute justice que les sommes nécessaires aux services publics soient réparties sur tous les membres de l'association et non pas sur quelques-uns seulement, comme sous l'ancien régime. De là les impôts de répartition et les impôts de quotité.

2. Le devoir de prendre part active à la vie politique s'accomplit en participant au vote et acceptant d'être élu aux fonctions publiques. Dans une démocratie, l'avenir de l'État dépendant de l'intervention plus ou moins active des bonnes et des mauvaises volontés, l'honnête homme doit s'efforcer de faire prévaloir l'avis qu'il croit le meilleur et d'employer à cette fin tous les moyens que lui donne la loi, discussion publique, instruction mutuelle dans les réunions, choix libre dont sortent les représentants de l'opinion. Le triomphe des mal intentionnés est assuré par l'abstention de ceux qui préfèrent leur repos aux agitations inévitables de la vie publique. Se refuser au vote ou aux fonctions par paresse, par timidité, par ignorance voulue des questions mises en débat est

Le dernier que j'indiquerai est de consentir librement aux sacrifices que pourraient demander ou le salut de la patrie ou l'intérêt du Peuple [1].

un aveu de fâcheuse politique. Voter à la légère est manquer au devoir civique qui implique le souci des responsabilités ; vendre son vote est une honte.

1. Le citoyen ne doit rien consentir au delà de ce que la loi exige. Invoquer, au delà de la loi l'*intérêt* ou le *salut public* est la fausse maxime de ceux qui croient que la poursuite d'une fin d'utilité prétendue dont ils se portent juges les autorise à *sortir de la légalité pour rentrer dans* ce qu'ils nomment *le droit ;* que le crime contre tous ou contre un seul change de caractère parce qu'il intéresse un grand nombre d'hommes au lieu d'un petit et que le *salus populi* rend juste l'injustice. Cf. *Science de la Morale*, II, p. 436.

CHAPITRE V

DROITS DE L'HOMME ET DU CITOYEN

L'ÉLÈVE

Voilà bien des devoirs et des devoirs très pénibles. Comment peut-on être heureux dans une République ?

L'INSTITUTEUR

Il est vrai que la vie d'un bon citoyen n'est tout entière qu'un long devoir ; mais remarquez que la fraternité nous rend ce que nous donnons pour elle. Nous ne pouvons pas avoir à remplir des devoirs envers les autres hommes sans que les autres hommes aient des devoirs à remplir envers nous. Ainsi la justice nous donne des droits en échange de nos devoirs.

L'ÉLÈVE

Qu'appelez-vous un droit ?

L'INSTITUTEUR

Un droit est la contre-partie d'un devoir. Si quelqu'un a un devoir vis-à-vis de vous, à votre tour vous avez un droit vis-à-vis de lui [1].

L'ÉLÈVE

Pouvez-vous m'expliquer autrement l'existence des droits ?

L'INSTITUTEUR

Je le puis de cette manière : les hommes vivraient sans être assujettis à rien s'ils étaient encore dans l'état sauvage [2]. En se réunissant pour s'aider, pour

---

1. Il n'y a de droits que sous le contrat social, où ils sont corrélatifs des devoirs. Mais il y a des devoirs qui ne correspondent pas à des droits, à savoir les devoirs de l'individu envers lui-même.

2. L'hypothèse de Rousseau, l'identité entre l'État sauvage et l'État primitif est très faible si on la prend à la lettre. Elle est plutôt un procédé de rhétorique destiné à faire ressortir par contraste la satire de l'État civilisé. Mais l'idée du *contrat social*, dégagée de toute prétention historique est très justement représentative de cette vérité qu'entre tous les éléments qui concourent à la formation d'une société la volonté et la raison sont les conditions essentielles et, à la rigueur, suffisantes. « C'est une fiction d'imaginer une entente première pour former une société ayant des chefs, des lois et des sanctions, entre des hommes qui auraient vécu auparavant sans avoir aucune idée de ce qui peut être une convention, et sans s'être fait des coutumes qui représentent à la fois et ce qu'originairement ils ont regardé comme juste ou bon, et ce qu'ils se sont entendus pour observer en commun. Mais la supposition idéale d'un contrat social formel antérieur à toutes conventions particulières est une forme donnée au principe du consentement libre et raisonné que l'individu accorde à la société dans laquelle il est placé de fait, et de l'obligation où il est d'en observer les lois, sous

s'entre-défendre et pour nourrir leurs familles des fruits de leur travail, ils s'accordent tous à renoncer à des habitudes ou à des actions que des sauvages se permettraient ; car sans des sacrifices mutuels, ils ne pourraient jamais demeurer ensemble [1]. Mais en même temps qu'ils font ces sacrifices, ils entendent se réserver certains pouvoirs, et, dans l'exercice de ces pouvoirs, ils veulent qu'on les respecte.

Cet accord des hommes à se permettre ou à

la condition que sa propre liberté lui reste assurée dans des limites convenues. Les publicistes qui ont combattu la théorie du contrat social sont ceux qui, méconnaissant ce principe de liberté et de raison, ont prétendu soumettre les hommes, en vertu d'une nécessité ou naturelle ou de droit divin, selon les écoles, à des pouvoirs arbitraires et sans contrôle. » (*Philosophie analytique de l'histoire*, t. III, p. 636.)

1. « Nous plaçant au point de vue de la personne nous trouvons que tout droit pour elle est une liberté, un franc exercice de ses déterminations extérieures, et cela dans les choses qui sont du ressort d'autrui, non moins que dans celles qui dépendraient d'elle seule : cette liberté devient donc en partie une autorité, surtout en tant que la puissance commune ou collective en avoue l'existence et procure les moyens. Nous plaçant au point de vue social, tout droit commun nous paraît une autorité, quelque chose qui impose moralement et au besoin matériellement aux individus des actes déterminés à faire ou à subir ; mais cette autorité devient une liberté, en tant qu'elle profite à l'action libre d'une personne vis-à-vis des autres quelconques, en tant aussi qu'elle emprunte à cette personne une part, un élément intégrant de la puissance totale. Si la liberté et l'autorité s'accordaient aussi bien qu'elles se mêlent et fonctionnent l'une dans l'autre, l'une par l'autre, tout problème de droit serait implicitement résolu. » (*Science de la Morale*, I, p. 473.)

s'interdire telles ou telles de leurs actions naturelles afin de vivre ensemble, s'appelle le *contrat social*[1].

Les pouvoirs que les hommes ne veulent ou ne peuvent jamais abandonner entièrement, parce qu'ils tiennent de trop près à leurs personnes, s'appellent des *droits naturels* [2].

1. « Les droits, dans l'ordre de l'histoire, procèdent du droit de défense convenablement défini et généralisé. Ils se développent et trouvent en même temps des garanties dans l'association, mais dans une association contrainte par le fait encore plus que libre. La convention sociale doit s'entendre, non pas sans doute comme réelle historiquement, mais comme supposée en vertu de la raison qui la conçoit et qui travaille incessamment à la dégager des faits. Elle est donnée d'une manière implicite, autant qu'existe la raison; elle se formule plus ou moins imparfaitement et partiellement à travers toutes sortes de voies d'habitude et de contrainte acquise ou renouvelée. Cette société empirique garantit une certaine observation des devoirs de chacun, soit une certaine obtention des droits de chacun vis-à-vis d'autrui ; mais comme la garantie manque elle-même de garantie dans ses formes nécessaires, il arrive que la puissance sociale est à craindre pour chacun et peut s'exercer injustement. De là, des droits doivent être réservés contre la société même, à raison du droit général de la défense d'où tout émane ; en sorte qu'il faut ajouter à la fiction et à la réalité du contrat social cette autre fiction et cette autre réalité de la conservation stipulée de droits personnels, individuels, et tout particulièrement du droit de chacun d'agir dans une mesure quelconque avec la société, ou sans elle ou contre elle et pour en modifier au besoin les conditions. » (*Science de la Morale*, I, p. 471).

2. « Le droit se divise en droit naturel et droit positif. Le droit naturel, qui serait peut-être plus clairement, si ce n'est, au fond, mieux nommé le droit rationnel, est celui qui peut se formuler d'une manière abstraite et générale et se fonde

L'ÉLÈVE

N'appelle-t-on pas aussi ces droits des droits sacrés, inaliénables et imprescriptibles ? Que signifient ces derniers mots ?

L'INSTITUTEUR

Ces derniers mots signifient que l'homme peut toujours revendiquer ses droits naturels, quel que soit le laps de temps pendant lequel il en a perdu l'usage. On ne doit pas croire que ses pères aient pu légitimement l'en priver parce que, de gré ou de force, ils s'en seraient autrefois dépouillés en leur propre nom et au nom de leurs descendants[1].

sur des principes, indépendamment de toute convention spécialement intervenue entre les personnes. Le droit positif naît et procède de contrats formels de ce dernier genre, soit, quand la constitution sociale leur reste étrangère, de l'expression de certaines volontés légiférantes qui en tiennent lieu et semblent plus ou moins acceptées à ce titre par les membres de la société donnée empiriquement. » (*Science de la Morale*, I, p. 476.)

1. Les droits personnels sont subordonnés dans leur exercice, à la société qui, par ses institutions, les dénie ou les confirme. Pour les uns, tels que la liberté du corps et celle de la conscience, la morale n'admet aucune restriction, ce sont les *droits de l'homme*. Pour d'autres tels que celui de communiquer, de contracter, de s'associer, de se gouverner, et qui sont proprement les *droits du citoyen*, ils sont moralement subordonnés à la réserve de la fixité à conserver dans un ordre social une fois établi. Mais ils sont aussi la condition d'établissement moral de cet ordre puisqu'ils ont pour objet d'assurer à la personne le moyen de s'entendre avec

L'ÉLÈVE

Maintenant veuillez me nommer les droits naturels.

L'INSTITUTEUR

On peut les réduire à deux : la liberté et l'égalité.

autrui sur les sujets de bien commun. « Nul ne pourrait s'en démettre entièrement en faveur de la communauté, de quelque manière que la communauté se trouvât représentée, sans abdiquer sa qualité d'homme, abandonner ses plus grands moyens de défense, et supprimer le droit de ses descendants, qui ne lui appartient point. « (*Science de la Morale*, I, 532).

CHAPITRE VI

DE LA LIBERTÉ

L'ÉLÈVE

Qu'est-ce que la liberté ?

L'INSTITUTEUR

La liberté est le pouvoir de faire tout ce qui ne nuit pas à autrui, tout ce qui n'entreprend pas sur les droits d'autrui [1].

---

[1]. Ce n'est là qu'une indication négative; l'absence d'obstacles à l'action spontanée n'est que l'indépendance de fait. L'origine profonde de la liberté civile et politique est dans la dignité de la personne et dans le droit qu'elle a de former elle-même son jugement et sa croyance. Tout homme a le droit de donner ou de refuser son consentement, selon ses lumières et le jugement qu'il porte en lui, à l'ordre de vérités et de pratiques qu'une autorité quelconque lui propose. Examiner, critiquer, admettre, rejeter, proposer, sanctionner, sont des fonctions essentielles de l'existence morale individuelle. Comme la liberté est un principe de scission, l'histoire de l'humanité est une série d'oscillations entre des groupes inégaux de libertés déterminées en divers sens. De là la loi des majorités, très éloignée encore de l'établissement d'un contrat où l'autorité et la liberté ne se feraient que leurs parts justes et nécessaires. Cf. *Psychologie rationnelle*, t. III, p. 95.

L'ÉLÈVE

Comment connaît-on jusqu'où s'étend ce pouvoir?

L'INSTITUTEUR

On le connaît par la loi. Tout ce que la loi ne défend pas peut être fait librement, quoiqu'il ne soit peut-être pas toujours bien de le faire. C'est à la conscience qu'il appartient de compléter la loi lorsqu'elle ne dit pas tout; mais rien de ce que la loi n'ordonne point ne peut être imposé à personne [1].

L'ÉLÈVE

Nommez-moi les principales libertés qui sont naturelles et qu'une République doit garantir aux citoyens.

L'INSTITUTEUR

La liberté de conscience, la liberté de parler, la liberté d'écrire et d'imprimer sont au nombre des plus importantes [2]. Il a fallu beaucoup de courage

---

1. « La pratique de la vie publique semble conduire les hommes à la reconnaissance de cette première des vérités sociales : que l'autorité imposée ne doit pas s'étendre au delà des devoirs qui obligent universellement et mutuellement les consciences libres, et que tout le reste appartient à la liberté, c'est-à-dire ne doit s'ériger en autorité dans ces mêmes consciences que moralement et sans contrainte. » (*Id.*, p. 95.)

2. Il faut distinguer deux applications différentes de la liberté de conscience : 1° Le droit de se donner à soi-même sa croyance de façon autonome; 2° le droit de communiquer

et de sang versé depuis trois cents ans pour les arracher à la tyrannie [1].

à autrui sa croyance par la parole, l'écriture, la presse. Le premier n'est plus contesté que par les tenants de la soi-disant autorité spirituelle ; le second donne encore lieu, même entre les tenants de la pensée libre, à des débats dominés par l'équivoque qui confond la liberté de professer, entre adultes, toutes les doctrines, ce qui est de droit absolu, et la fonction d'enseigner la jeunesse, qui n'est nullement un droit individuel, mais une délégation de la souveraineté de l'Etat.

1. « Il n'y a pas d'atteinte plus grave portée à la personnalité que la prétention de la soumettre de force à des modifications internes, à des croyances déterminées. Le crime est pire que celui d'assujétir les corps comme si les consciences n'existaient pas. Il semble tellement plus difficile, ou plutôt impossible d'atteindre les sentiments que de les négliger comme nuls, que cette forme de l'esclavage est vraiment inconcevable. On a voulu pourtant la réaliser ; nous voyons encore un sacerdoce y travailler avec opiniâtreté. C'est qu'on peut y réussir jusqu'à un certain point ; on est parvenu à une certaine époque à réprimer presque toutes les manifestations propres à faire juger que le but était manqué en somme. » (*Science de la Morale*, I, 519, 1869). Le 8 décembre 1864, Pie IX donnait l'encyclique *Quanta cura*, suivie du *Syllabus*. Le 14 juillet 1870, le concile de Rome déclarait l'infaillibilité du pape dogme de l'Eglise. L'intolérance est née quand les croyances, au lieu de rester ce qu'elles furent d'abord, des produits de la coutume sociale, sont devenues des actes de l'examen individuel et naturellement divergentes. C'est alors que les puissances intéressées à conserver des façons de penser sont devenues oppressives. Elles ont employé la contrainte pour ramener l'unité dans les croyances, au moment même où, se trouvant essentiellement personnelles, elles devaient se trouver volontaires et variables. De plus, lorsqu'on fait dépendre la vertu morale de la religion, le devoir devient une partie des exercices du culte et la religion devient obligatoire, dans cette confusion, parce que le devoir oblige. De là le fanatisme, c'est-à-dire la passion aveugle

L'ÉLÈVE

Pourquoi la liberté de parler et d'écrire est-elle si précieuse ?

L'INSTITUTEUR

Parce que l'homme communique avec l'homme par la parole et qu'elle lui sert à s'entendre contre ses tyrans. Celui qui n'a pas le droit de parler est un esclave [1]. L'imprimerie a été un des plus puissants instruments de l'affranchissement des peuples parce que l'imprimerie peut faire entendre la même parole au même instant à des millions d'hommes dispersés sur la terre.

L'ÉLÈVE

Mais n'est-il pas à craindre que des méchants ou des insensés abusent de cette liberté pour tromper les hommes et causer de grands désordres [2] ?

d'une conscience qui s'est formé du devoir une idée à elle propre, passion de vouloir contraindre les autres à la même idée ou aux actes qui en sont la conséquence.

1. « Le droit de communiquer comprend, dans l'extension sérieuse du mot, non seulement le droit d'aller, de venir et de parler librement à autrui, mais encore celui d'étendre la communication à l'aide de tous les suppléments imaginés ou imaginables de la parole : l'écriture, la presse, etc., et enfin de s'assembler à volonté pour examiner en commun tous les points possibles d'intérêt au delà de l'individu. On est assurément esclave ou serf à quelque degré, soit du corps, soit de l'âme, quand on est privé à quelque degré de l'exercice de ce droit. » (*Science de la morale*, I, p. 532.)

2. « Ce que le droit de communiquer a de propre, c'est qu'il

VI. DE LA LIBERTÉ

L'INSTITUTEUR

C'est, en effet, ce que disent les défenseurs de l'esclavage. Mais sachez bien que si l'on dépouillait les hommes de tous les droits dont ils peuvent abuser, on les prendrait pour des brutes qu'il faut tenir à la chaîne ou sous le joug ; or celui qui veut nous enchaîner n'est pas meilleur que nous.

L'ÉLÈVE

Y a-t-il au moins quelque remède aux abus que vous reconnaissez ?

L'INSTITUTEUR

Sans doute, il y a le même remède qu'à tous les crimes et à tous les délits : une punition dans les

---

peut bien, à la vérité, servir d'instrument pour des injustices, — et quelle est la faculté dont on n'en saurait dire autant — mais que, pris en lui-même, il est absolu et n'admet point de limites provenant des droits d'autrui dans l'exercice que chacun en peut faire. » (*Science de la morale*, I, 533.) Il doit rester entendu que ce droit ne comporte que la communication entre citoyens, c'est-à-dire *entre adultes* et qu'on ne saurait tirer légitimement de ce principe le droit de communiquer tout enseignement à la jeunesse. (Cf. page 146, note 2). Mais il est d'autres droits du citoyen qui vont au delà de la simple communication, tels que le droit de contracter, de s'associer, de se gouverner, qui passent de la proposition à l'acte et peuvent impliquer des intérêts des tiers ou de tous, quand ils ne paraîtraient d'abord affecter que des intérêts individuels, par conséquent, il y a des réserves à leur imposer, pour la défense des droits et intérêts de tous.

cas prévus par la loi. Si quelque méchant homme fait un livre pour louer l'assassinat ou pour exciter sans raison les citoyens les uns contre les autres, on devra le punir. On devra punir cet auteur non point parce qu'il a fait son livre de lui-même et sans permission, mais parce que ce livre renferme [1] des intentions criminelles.

L'ÉLÈVE

Énumérez-moi les autres libertés.

---

1. La première édition portait, au lieu du mot « renferme » le mot « témoigne » qui était plus approprié. L'exemple donné soulève ici une grande difficulté. La société n'a le droit d'intervenir dans les actes délictueux : 1° que pour appliquer le droit de la défense de tous contre un ou quelques-uns, et non pas pour punir ; 2° que si le délit a été nettement prévu par une loi ; 3° que si l'acte a été accompli et n'est pas resté dans le domaine de l'intention, laquelle relève exclusivement de la morale et non de la loi. « La loi civile et politique est assujétie par la loi morale à ne rien faire entrer dans la classe des devoirs contraints de ce qui est essentiellement moral, ou en tant que tel, mais seulement en tant que la défense l'exige. » (*Science de la morale*, II, 253.) Cf. *id*. p. 265 : « Les simples principes de la liberté et des gouvernements libres exigent qu'un État laisse les mœurs se régler par les mœurs, en tout ce qui dépasse la stricte application de lois formelles; qu'il réduise sa police adjuvante des tribunaux à une active surveillance, dont la maxime soit celle de l'éducation libérale : entière confiance apparente avant les faits ; attention, méfiance en pensée seulement et en attente ; enfin qu'il se montre prompt et résolu à apporter le franc redressement du jugement public aux cas qui comportent légalement l'intervention sociale. »

L'INSTITUTEUR

Ce sont : 1° la liberté individuelle. Elle consiste en ce que nul homme ne peut être accusé, arrêté, détenu, que dans les cas prévus par la loi et dans les formes qu'elle prescrit. Il faut se soumettre à l'autorité de la loi, mais tout acte arbitraire envers un citoyen peut être repoussé par la force [1]. Une suite de cette liberté c'est que nul ne peut être jugé ni puni qu'après avoir été entendu, et ceci en vertu d'une loi qui existait avant qu'il eût commis le délit qu'on lui reproche.

2° La liberté politique : C'est le droit qu'a le citoyen de n'obéir à la loi qu'autant qu'elle a été portée par ses représentants et de ne payer l'impôt qu'autant qu'ils l'ont consenti en son nom [2]. Cette

---

1. C'est là le principe de la défense, qui est caractéristique de l'état de guerre. Mais la pratique individuelle de la défense, consistant à repousser par la violence l'agression violente, n'est légitime que dans le cas d'extrême urgence et si tous les autres moyens de défense sont impossibles ou refusés ou trop lointains pour être invoqués utilement. Si chacun était autorisé à se défendre personnellement par la force, ce serait la négation de l'état social et la déchéance vers l'indépendance sauvage. Dans l'état social comportant la moralité comme possible sous la garantie de la défense, celle-ci ne peut être que déléguée, c'est-à-dire collective, exercée au nom de tous et au profit de chacun, mais par des mandataires spécialement investis de cette fonction exécutive.

2. Le droit de ne payer l'impôt que consenti est seulement l'une des conséquences de la liberté politique dont la première partie de cette phrase énonce le principe général. Cette

liberté s'ensuit naturellement de la souveraineté du Peuple.

liberté ne dérive pas de la souveraineté du peuple, elle se confond avec cette dernière. La « liberté individuelle » mentionnée plus haut est ce qu'on appelle encore « liberté civile » par opposition à la « liberté politique ». La liberté civile est sans garantie là où n'existe pas la liberté politique. Celle-ci est le gage et la condition de toutes les libertés. Elle consiste pour le citoyen, à prendre sa juste part à la direction commune volontaire. « Le Contrat social, cette fiction quant à la lettre de l'histoire, cette réalité quant à l'esprit et à la raison, ce fondement nécessaire de tout édifice constitutionnel en tout temps exige la conservation des droits personnels et, par conséquent, du droit même de participer volontairement à une société qui, d'une part, est faite pour garantir ses droits en contraignant leurs applications et les limitant, et peut, de l'autre, les modifier, les compromettre, les anéantir en fait. » (*Science de la morale*, I, p. 535.) Là où la liberté politique n'est plus ou n'est pas encore, non seulement il n'y a pas de citoyens, mais encore il n'y a d'hommes libres, disposant de leurs personnes et de leurs biens que par concession précaire et faveur toujours révocable; il y a des sujets ou serfs d'une autorité. « Une société que ses membres ne confirment point par leurs volontés, et cela, car c'est au fait la seule manière, en contribuant à en appliquer les institutions et les lois dans une mesure raisonnable, et, par suite, en usant d'une certaine faculté pour les modifier, et, par suite encore, pour les combattre sous certaines conditions, est un état plus ou moins déterminé de sujétion contrainte, c'est-à-dire de servage. Les droits personnels qui concernent les relations humaines mutuelles et les contrats, ne peuvent y être garantis, on le conçoit ; mais toute règle de ces choses y procède de la force de l'habitude, ensuite de l'arbitraire de quelques-uns : double cause d'étouffement de la raison de tous. Le droit de communication n'est pas respecté, car il ne tarderait pas à menacer l'établissement de contrainte; la liberté de conscience est à peu près impossible à manifester; comprimée qu'elle est à la fois par les passions du milieu et

3° La liberté de se réunir et de s'associer en tel nombre de citoyens que l'on veut, pour s'occuper de religion, de politique, et de tout autre objet, pourvu qu'on n'y prenne point de résolutions ou de mesures contraires à la société tout entière et de nature à troubler la paix publique[1].

L'ÉLÈVE

Il faut donc interdire par la loi les associations religieuses ou politiques qui sont des occasions de désordre dans la République?

L'INSTITUTEUR

Si la loi procédait de la sorte, il pourrait arriver que des associés portassent une peine méritée par

par les craintes du pouvoir; enfin, si l'esclavage n'existe point, il ne s'établira pas peut-être, mais s'il existe, on ne concevra jamais qu'il puisse être aboli. On voit à quel point les droits personnels sont liés et comment ils convergent tous au droit politique. » (*Science de la morale*, I, p. 536.)

1. Le droit d'association est une forme du droit de contracter; il comporte les réserves suivantes : 1° respect du droit des personnes restées hors de l'association; 2° respect de la loi morale, car le libre consentement des associés ne suffit pas pour légitimer les conventions qui la violent; 3° respect des principes de la société plus grande dont les associés ne cessent pas de faire partie. Si ces conditions ne sont pas observées, le droit de défense paraît et appartient à ceux qui ont à souffrir de l'effet des conventions particulières. Ces réserves s'imposent d'autant plus que les associations, en se développant, tendent à se substituer à la société générale et à en détruire les principes quand elles ne les avouent pas ou quand elles en appliquent d'autres. (Cf. *id.* p. 534.)

ceux-là mêmes qui seraient venus les troubler dans l'exercice de leur droit. La liberté serait perdue[1].

1. A l'égard des associations religieuses, une politique rationnelle doit reconnaître deux principes : 1° respect des croyances comme formes de la liberté individuelle ; 2° attitude de défense énergique contre la conspiration politique sous l'aspect de cléricalisme. Ces principes sont exprimés dans les passages suivants : « Quelque opinion que vous ayez des idées religieuses, c'est-à-dire des croyances relatives à la destinée de l'homme après la vie présente, vous devez les respecter partout où elles sont sincères. Il faut seulement qu'elles ne portent pas atteinte à votre propre liberté de croyance, et ne servent pas de prétexte à l'usurpation de l'autorité civile et politique ; qu'elles soient retenues dans la sphère de la conscience, des préceptes de morale religieuse et des pratiques du culte ; elles doivent être à vos yeux des produits de la liberté d'autrui, respectables pour vous de la même façon que vous entendriez que votre liberté fût respectée par les autres dans un cas semblable. » (*Petit Traité*, p. 114.) « La politique anticléricale n'est légitime et conciliable avec la démocratie qu'à la condition de se fonder sur un principe juridique qui la règle et la limite. Vous voulez qu'elle supprime le droit de la superstition, le droit de l'erreur ; mais le droit de la superstition, le droit de l'erreur, c'est le droit même de l'individu, le droit de l'homme, le droit du citoyen ; il n'y a pas de liberté s'il n'y a pas de liberté de l'erreur, et qu'est-ce que la République sans la liberté ? Qu'est-ce qu'une république qui ne reconnaît pas pour principe l'autonomie, la souveraineté de l'individu, ou qui ment à ce principe ? » (*Critique philosophique*, XVIII, p. 122.) « La république est de tous les gouvernements celui qui a le droit le plus éminent de se défendre, bien plus, le seul qui ait ce droit plein, entier, absolu, parce qu'il est le seul où la souveraineté soit représentée adéquatement pour le fond et pour la forme. L'école du faux libéralisme, source principale à notre époque des sophismes qui conduisent d'honnêtes gens à trahir la cause de la civilisation et de la démocratie, oublie deux grandes vérités : la première, que l'Etat républicain étant l'autorité

VI. DE LA LIBERTÉ

L'ÉLÈVE

Comment se préserver alors des excès de la liberté ?

L'INSTITUTEUR

En prenant pour le droit d'association le même parti que pour le droit de parler, d'écrire et d'imprimer. Qu'on le laisse libre ; puis qu'on sévisse par la loi contre ceux qui se rendent coupables par son moyen ou à son occasion. S'il arrive qu'une association soit dangereuse pour la République ou contraire aux droits que la République reconnaît aux citoyens, il faut que les associés soient avertis, puis réprimés en vertu d'une loi, et cela non pas comme associés, mais comme se servant de l'association pour faire triompher leurs passions ou leurs intérêts par des moyens illégitimes[1].

vraie, à savoir fondée sur la liberté, est armé d'un juste droit de défense qu'il exerce au nom de la liberté de tous ; la seconde, que le développement des droits, fonctions et prérogatives de l'État, peut et doit être plus grand sous un gouvernement républicain que sous tout autre, parce qu'aucun autre ne connaît aussi distinctement ses devoirs envers le peuple et n'offre autant de garanties d'une action conforme aux intérêts publics. » (*Critique philosophique*, XVII, p. 263.) Sur les associations religieuses et les congrégations, cf. huit articles de la *Critique philosophique*, par M. Pillon, t. XV ; p. 299, 305, 353, 385 ; t. XVI, p. 136, 161, 193, 241.

1. Mieux vaut, dit-on, prévenir que réprimer. Cela est vrai si l'on peut contraindre la liberté uniquement quant à l'acte condamnable et chez l'agent seul qui va le commettre. Mais il

L'ÉLÈVE

Qu'entendez-vous par ces moyens illégitimes ?

L'INSTITUTEUR

La fraude ou la violence. Si les hommes ne cherchaient jamais à tromper les hommes, si jamais ils ne tentaient d'imposer leurs propres sentiments par la force à des citoyens qui sont libres comme eux, la plupart des libertés seraient sans abus[1]. Mais quoi qu'il arrive, gardons-nous bien de

faut éviter ces moyens préventifs qui « vont à condamner l'usage des plus utiles instruments dont il peut être fait un mauvais usage, à supprimer mille libertés pour obvier à l'effet d'une seule et chez mille personnes pour en réduire une à l'obéissance et qui, les accoutumant toutes à vivre en tutelle, tendent à les dépouiller de tout mérite et à les rendre incapables de progrès. » (*Id.*, II, 263.)

1. La violence en général, et comme caractéristique de la guerre dans les relations humaines, ne suffit pas pour faire reconnaître et régner la justice parce qu'elle ne fait que prolonger la guerre par les réactions de violence qu'elle provoque sans fin. Elle peut être efficace en deux cas : 1° pour précipiter la chute des institutions qui n'ont déjà plus la vie en elles ; 2° pour maintenir ou ramener les peuples dans leurs habitudes séculaires toutes les fois que ces habitudes ayant encore de fortes racines, il est donné à un pouvoir de couper court à des innovations commencées et de décimer le parti des novateurs ; mais la violence est impuissante à fonder la moindre des institutions. Cf. *Critique philosophique.*, III, 337.) Mais si la violence est le premier caractère de l'état de guerre, la ruse en est le second, qui tantôt se joint à l'autre et tantôt le remplace en entier ; et tous deux se rencontrent aussi bien chez l'opprimé que chez l'oppresseur. Chez le premier, la dissimu-

supprimer un droit parce qu'il est dangereux ; laissons-le plutôt se régler, se modérer par l'usage. Comptons sur la vertu de l'homme libre et ne craignons que l'esclave, car il porte toujours la révolte au fond de son cœur.

L'ÉLÈVE

Regardez-vous les associations qui firent appel à la violence, avant l'établissement de la République, comme ayant violé les droits de l'homme [1].

lation est la forme naturelle de la défense, d'une défense très nécessaire, et en cela devient excusable. (Par exemple les ruses de Voltaire pour faire passer sa pensée en France ; la publication clandestine des *Nouvelles ecclésiastiques* de 1728 à 1803 les *Lettres de Junius* en Angleterre.) Celui qui abandonnerait les voies souterraines de la lutte s'exposerait aux derniers dangers. D'autre part l'oppresseur lui-même ne voit pas nettement l'étendue de son crime ; il n'aperçoit qu'impossibilités ou menaces pour lui et pour la société dans les tentatives qu'on ferait en vue d'établir un ordre rationnel. (C'est en ce sens qu'il faut interpréter le *Prince* de Machiavel.) Après l'excuse de la victime on a donc l'excuse du bourreau. C'est la punition ordinaire des relations injustes passées en coutume, une fatalité du sein de laquelle un passage aux relations rationnelles est introuvable, si ce n'est par un effort systématique et persévérant de ceux qui possèdent les lumières et le pouvoir. Cf. *Science de la Morale*, I, 516.

1. Les *Carbonari*, organisés en France en 1820, étaient en relations avec l'*Alliance cosmopolite*. Puis se formèrent, en 1829, la *Ligue de la résistance bretonne*, la Société des *Amis du peuple* en 1831, qui fit l'émeute au sujet des ministres de Charles X et celle de Saint-Germain-l'Auxerrois, la Société des *Droits de l'homme* qui dirigea les insurrections de 1832 et 1834, la Société des *Familles*, 1837, et celle des *Saisons* qui fit le

L'INSTITUTEUR

Non, parce que les citoyens courageux qui composaient ces associations luttaient contre la tyrannie[1]. Lorsque la souveraineté du Peuple est usurpée par un homme, une famille ou un parti, l'insurrection est un droit et le plus saint des devoirs[2].

soulèvement de 1839. Cf. Georges Weill : *Histoire du parti républicain en France de 1814 à 1870*; Tchernoff, *Le parti républicain sous la monarchie de juillet*.

1. Cf. page 156 note 1, le premier des cas où la violence est considérée comme efficace ; sur son impuissance radicale à fonder des institutions, l'article de la *Critique philosophique*, III, 337 : *Bilan de la politique révolutionnaire*.

2. « Le droit d'insurrection, sorti de la stricte considération de l'individu, subsiste, mais restreint par les devoirs généraux des hommes, qui ne sauraient moralement, non plus que violemment, se soustraire toujours ni de toutes manières à la solidarité des milieux sociaux. S'il y a droit, il y a devoir, dans la mesure même où le droit se dégage, et s'affirme : devoir envers soi-même d'abord, car c'en est un d'être libre autant que possible ; ensuite envers autrui, à cause des liens de parti devenus plus étroits et plus saints quand le lien social se relâche ou se brise, et conformément à cette pensée d'un ancien qui obligeait le citoyen à se déclarer dans les luttes de la cité. L'abstention ne laisse pas d'être consciencieuse et juste, non seulement lorsque l'on peut douter du fondement de la revendication et de la légitimité du but, mais aussi lorsque les moyens paraissent inacceptables en soi, ou plus dangereux qu'utiles à la cause qu'on veut servir. Affirmer l'insurrection, la résistance active, comme un devoir absolu de toute personne atteinte dans ses droits rationnels par une autorité quelconque, ce serait rendre l'individu juge unique des conditions sociales en ce qui le touche, et, dans le fait, ne lui permettre le choix qu'entre une société

L'ÉLÈVE

Que pensez-vous de l'esclavage ?

L'INSTITUTEUR

Je pense que la République ne saurait permettre qu'un homme vende sa personne à un autre homme. Quant à celui qu'on retiendrait esclave malgré lui, quelle que soit sa couleur, je pense qu'il a le droit de revendiquer sa liberté, même par la violence. Et de fait ce n'est que la crainte, ordinairement, qui l'en détourne[1].

---

parfaite et la rupture du contrat social. Autant vaudrait dire qu'on le suppose parfait lui-même, en guerre permanente avec tous les gouvernements que l'histoire fait connaître, et obligé de tout exterminer, jusqu'à ce que ceux qui font ou soutiennent les pouvoirs et les lois deviennent semblables à ce qu'il est ou croit être. » *Science de la Morale*, II, p. 411.

1. « La loi morale ou le droit personnel interdisent formellement la possibilité de l'esclavage, même en partant des prémisses de la guerre et en recherchant les conséquences légitimes du droit de défense que la guerre engendre. L'esclavage ne saurait se fonder sur un contrat avoué par la raison. D'un autre côté, le principe de la défense interprété par les passions de la guerre, au milieu de l'obscurcissement que ces passions apportent dans l'idée du juste, a dû donner à l'esclavage un semblant de légitimité et engendrer des coutumes d'où ont procédé à leur tour des fatalités dans l'opinion et dans la conduite des hommes. Ce qui n'eût pas été possible en vertu du droit rationnel et par des actes libres et raisonnables s'est réalisé en une sorte de droit positif (encore que coutumier plutôt que proprement contractuel), à la faveur des notions altérées et viciées, communes au maître et à

L'ÉLÈVE

Avez-vous encore quelque chose à m'enseigner sur la liberté?

L'INSTITUTEUR

J'ai une remarque à vous faire. Vous voyez d'après toutes les explications que je vous ai données, que ni l'homme, ni le citoyen ne jouissent d'une liberté illimitée dans la République. Afin que chacun soit libre, il faut que personne ne le soit sans restriction. Mais une République est l'état qui concilie le mieux les intérêts et la dignité de chacun avec les intérêts et la dignité de tout le monde.

l'esclave. C'est une espèce de droit des gens qui s'est constitué comme les autres à mi-chemin entre la guerre et la justice. Il ne faut s'attendre à trouver après la guerre ni les jugements ni les relations et les institutions que veut la paix. L'homme par hypothèse, sorti de la justice, pourra plus tard s'en rapprocher avec de grands efforts; il n'y rentrera point directement et spontanément; ou du moins cela ne s'est point vu. » (*Science de la Morale*, I, p. 495.)

CHAPITRE VII

DE LA SURETÉ ET DE LA PROPRIÉTÉ

L'ÉLÈVE

N'a-t-on pas mis souvent la sûreté et la propriété au nombre des droits de l'homme ?

L'INSTITUTEUR

Oui, mais le premier de ces droits était presque inutile à nommer ; il est la forme de toutes les libertés, et il résulte de l'institution même de la Société ; car le résultat essentiel d'une République bien réglée est d'assurer protection à chaque citoyen pour la conservation de sa personne, de ses droits et de tout ce qui est à lui [1].

[1]. Un état est l'organisation d'une action commune des membres de la société. En principe, cette organisation pourrait être aussi vaste que l'humanité, car l'idée rationnelle va jusque-là. En fait, c'est seulement dans un état séparé que les droits sont revendicables et la fonction essentielle d'un état où la raison se fait entendre est d'offrir à tous ses membres les garanties propres à leur assurer la liberté économique et politique. La garantie est le moyen donné à une personne de ne point dépendre soit des autres, soit de certaines choses et de certains événements dans des circonstances prévoyables. Cf. *Science de la Morale*, II, 156 et 160.

L'ÉLÈVE

Que veulent dire ces mots : *tout ce qui est à lui ?* Est-ce de la propriété que vous voulez parler ?

L'INSTITUTEUR

Oui, c'est de la propriété, cet autre droit que vous nommiez tout à l'heure, et qui n'est aussi qu'une sorte de liberté [1].

L'ÉLÈVE

Expliquez-moi clairement ce que c'est que la propriété.

L'INSTITUTEUR

La propriété est le fruit du travail de l'homme. On lui donne ce nom parce que l'homme peut en jouir et en disposer dans la mesure fixée par la loi [2].

---

1. « La propriété est le droit qu'a chaque membre d'une société d'avoir, pour garantir sa vie, son indépendance et sa dignité, une sphère propre formée de choses autour de lui, exclusivement à lui et renfermant les moyens suffisants d'atteindre ses biens particuliers essentiels sans dépendre d'autrui, et surtout sans être à sa merci. » (*Science de la Morale*, I, 156.)

2. Dans l'état de paix, c'est-à-dire dans une société de justes, si les associés peuvent se garantir mutuellement leurs fins propres sans dépendance d'autrui, ils peuvent rester justes et établir entre eux une convention autre que la propriété individuelle. Mais dans l'état de guerre, qui est l'état réel, la propriété qui semble tout d'abord une convention de droit positif et mal établie devient la forme la plus naturelle de la

VII. DE LA SURETÉ ET DE LA PROPRIÉTÉ

L'ÉLÈVE

Pourquoi dites-vous que c'est une sorte de liberté ?

L'INSTITUTEUR

Parce que si ce fruit du travail de l'homme était à la République au lieu d'être à lui, si la République pouvait en disposer et en faire jouir qui bon lui semble, l'homme ne serait pas loin d'être l'esclave de la République. Il lui devrait sa subsistance et n'aurait la liberté de vivre que par elle [1].

défense personnelle. Les conventions sociales ne font que sanctionner ce droit de défense. Il est clair que la loi ajoute sa force à la force de la nature, mais la propriété, considérée dans l'état de guerre est encore plus naturelle qu'elle n'est conventionnelle. Cf. *Science de la Morale*, II, p. 31.

1. Ce régime de travail serait le communisme. « Là où l'homme est un agent contraint et non plus libre, la société développe des actes forcés, non spontanés et moraux ; le précepte qui veut que nul ne soit simple moyen pour la fin d'autrui est violé par les procédés mêmes qui prétendent l'appliquer et chaque personne réduite à l'état de simple moyen pour les fins de tous, qui comprennent les siennes. Ainsi la justice et la raison répugnent à cette méthode. Le communisme, en tant que loi de contrainte, est incompatible avec la vie morale. » (*Science de la Morale*, I, p. 155.)

Malgré tout ce que tient de ses prédécesseurs Karl Marx, il s'est nettement séparé d'eux en renonçant à leur idéal de justice ou de charité. Quant à la méthode et au but, il a posé plus nettement que personne le point de vue communiste. « La *méthode* que Marx affecte est celle d'une science économique pure, pour laquelle le bien et le mal, le juste et l'injuste sont choses indifférentes : la science condamne ce régime du capi-

L'ÉLÈVE

Expliquez-moi maintenant quelque chose qui m'embarrasse beaucoup et m'empêche de comprendre vos explications. Vous me dites que la

tal, qui naquit de la loi historique, parce que la loi historique le voue maintenant à être exproprié, ainsi qu'il a lui-même exproprié le régime antérieur, à savoir par la force, par la conquête d'une classe sur une autre. Les sentiments de haine qu'il excite sont, suivant cette théorie, de simples effets de sa décadence, et compteront en cela seulement parmi les causes de sa ruine. Et le *but* que poursuit Marx n'est nullement l'introduction d'un système nouveau de relations, fondé sur un principe de justice, tiré de l'analyse des lois du travail et de la valeur et qui, à ses yeux, est une utopie, mais bien l'établissement d'un ordre économique où les capitaux, cessant d'être appropriées, ne seront plus possédés et administrés que collectivement, pour l'usage de tous. Sur ce dernier point, sur l'organisation de la société future, le système de Marx est resté indéterminé ou obscur, mais il en est autrement sur le premier, qui se résume aisément dans la substitution d'une loi d'évolution à une loi de justice, et de la violence à la raison pour faciliter l'évolution. » (*Philosophie analytique de l'histoire*, t. IV, p. 559.)

« Le système collectiviste est tout le contraire d'une solution du problème s'il est bien posé, parce que le vice du régime actuel étant l'existence d'une classe qui n'a ni part à la propriété, ni garanties qui en tiennent lieu, on imagine, en ce système, de donner la propriété (le capital en général) à tous collectivement, ce qui revient à la refuser à tous individuellement, et par conséquent, à ôter leurs garanties à tous, à les mettre tous à la discrétion de l'administration, ou gouvernement quel qu'il soit, qui serait appelé, on ne peut dire encore comment et sous quelles conditions, à gérer le bien commun et à en répartir les produits entre tous ». (*Philosophie analytique de l'histoire*, t. IV, p. 565.)

propriété est le fruit du travail, et je vois des hommes qui n'ont pas travaillé avoir en propriété de l'argent avec lequel ils gagnent d'autre argent sans rien faire[1]. J'en vois encore qui ont des terres, et les font travailler par d'autres, en les payant, et puis prennent pour eux les récoltes[2]. Si c'est le fruit du travail qu'on appelle propriété, une ferme devrait appartenir au fermier plutôt qu'à celui qu'on appelle propriétaire.

L'INSTITUTEUR

Je ne vous ai pas seulement dit que la propriété était le fruit du travail, mais aussi que l'homme pouvait en jouir et en disposer d'après la loi. Il résulte de là que si quelque citoyen a fait des économies sur ce fruit[3] et qu'il dispose de ces économies soit de son vivant soit après sa mort en faveur

---

1. L'élève pose ici l'objection qui sera résolue plus loin sous la forme de légitimité de l'épargne et du don gratuit.

2. C'est l'objection tirée du loyer et du salaire et qui sera examinée plus loin.

3. Il est de la nature de tout travail utile de laisser au travailleur un revenu net, déduction faite de ses frais de subsistance et d'entretien des instruments. Cet excédent, variable pour chacun, sous le régime de la propriété, peut s'accumuler s'il n'y a pas trop de consommations improductives et constituer l'épargne. Celle-ci est donc légitime pourvu qu'elle ne soit pas négative des dettes contractées à l'égard des autres membres de la société, et qu'elle ait acquitté ses charges sociales.

de quelque autre citoyen, ce dernier pourra jouir de ce qu'il n'a pas produit lui-même. Vous savez qu'on appelle cela *donation* et *héritage*[1]. Mais il y a quelque chose de plus : c'est qu'un citoyen maître d'une certaine quantité de richesse [mobilière ou immobilière][2] qu'il a accumulée ou qu'on lui a transmise, peut la prêter, sous des conditions que fixe encore la loi, à un autre citoyen à qui elle est utile ; celui-ci lui fait, en retour, certains avantages sur son travail ou sur son propre avoir[3]. Et

---

1. Toute réserve faite sur les devoirs corrélatifs au droit d'épargne (cf. note précédente), le droit d'user et celui de disposer en faveur d'autrui, gratuitement ou à titre onéreux, est impliqué analytiquement dans la notion de propriété ; car un objet cesse d'être mien tout autant que je n'ai plus le pouvoir de l'employer à mon gré, ou de le donner, ou de le prêter sous telles conditions mutuellement consenties. — Quant au droit de tester, c'est un contrat qui, comme tous les autres, peut légitimement engager l'avenir pourvu que la chose qui sert de gage au contrat subsiste. Il ne s'agit pas de respect à la volonté fictive d'un mort mais à celle d'un vivant qui avait le droit de disposer. Nier le droit de tester serait réduire la propriété à un simple usufruit. Cf. *Science de la Morale*, II, 70.

2. Les trois mots entre crochets [ ] sont ajoutés dans la seconde édition. De même dans toute la suite de l'ouvrage.

3. Il y a une constitution et un usage légitimes de l'avoir propre, c'est-à-dire de l'excédant disponible pour chacun comme produit de travail et d'épargne, toutes charges reconnues et acquittées soit envers les autres hommes dans des contrats particuliers, soit envers la société dans l'apport à une répartition de la richesse capable de faire disparaître les cas de dénuement et de mettre la fonction capitalisante à la portée réelle de tous les associés. Quel sera cet usage légitime

VII. DE LA SURETÉ ET DE LA PROPRIÉTÉ

vous savez aussi qu'on appelle cela *capital* et *intérêt* du capital, [*rente* de l'argent, *rente* de la terre][1].

L'ÉLÈVE

Croyez-vous que ces droits de donner, de tester, [de louer] et de prêter à intérêt soient des droits naturels ? La loi les reconnaît aux citoyens, mais ne pourrait-elle pas les leur refuser pour l'utilité du

de l'excédant possédé en propre? On a reconnu le droit de donner et de disposer. Mais on ne peut exiger que le possédant *donne*, ce qui serait méconnaître la légitimité reconnue de la propriété acceptant ses charges de toute nature. « Nous ne pouvons pas l'obliger davantage à *prêter gratuitement* l'instrument qu'il n'emploie pas. Dans ce cas, en effet, non seulement il n'aurait plus en cet excédant qu'une propriété nominale et sans profit possible pour lui, mais même ayant confié son capital à autrui et s'étant par là engagé pour le temps nécessaire à la garantie de celui qui y appliquerait son travail, il se verrait nécessairement privé lui-même du fonds, aussi bien que de l'usage, pour le moment précis où il aurait besoin de ce qui lui est maintenant inutile. Mais cela n'est point juste et nous sommes nécessairement conduits par voie d'exclusion à poser la légitimité du prêt à titre onéreux. » (*Science de la Morale*, II, 93.)

1. Les mots entre crochets [ ] sont ajoutés dans la seconde édition. — Ces relations économiques sont donc, en elles-mêmes légitimes et ne deviennent injustes que par l'usage non juridique qui en est fait. Nous verrons plus loin, à propos du salaire : 1° qu'on peut, sous le régime de la propriété individuelle, déterminer la règle morale de l'établissement du salaire et du loyer, mais qu'aucune formule économique ne peut convenir au partage des profits ; 2° que le régime de l'autorisation libre, seul, fournit la solution morale du problème économique.

plus grand nombre qui ne possède pas ou qui possède si peu de richesses[1] ?

L'INSTITUTEUR

Je crois que la loi qui abolirait ces droits dimi-

[1]. Les droits de donner et de prêter à intérêt sont naturels, garantis par la société et soumis à des réserves que nous avons indiquées sous le nom de charges sociales de la propriété. Quant au droit de tester, il n'est pas moins naturel, soumis aux mêmes charges sociales, mais borné, en outre, comme en première hypothèque, par le droit des descendants, des ascendants directs et de celui des époux qui est survivant. Le but rationnel de la famille étant de constituer, dans l'enfant, une personne en possession de tout ce qui appartient à son essence, il appartient à l'enfant de posséder les moyens propres de travailler à ses fins. La société n'est pas irresponsable sur ce point ; mais la responsabilité première est celle des parents, et la société n'intervient qu'à leur défaut. Ils doivent fournir à l'enfant la faculté de se subvenir honnêtement à lui-même. Les parents doivent, parce qu'en donnant la vie, qui a pour fin la personne, ils sont tenus par la raison de donner les moyens de constituer matériellement cette personne, lesquels dépendent d'eux. « Obtenir, conserver, administrer de tels moyens est, pour les parents une première obligation à laquelle il serait en certains cas possible d'appliquer la sanction d'une contrainte légale, mais dont la plus grande partie, après comme avant la naissance des enfants, est et ne peut qu'être manifestement libre. Y-a-t-il maintenant une autre limite a atteindre au delà de celle qui résulte de la formule du strict devoir ? Je ne saurais voir sur quoi elle est fondée. On ne connaît, on n'assignera jamais une raison de justice et de droit qui puisse obliger les parents, quelle que soit leur situation, à garantir à leurs enfants d'autres biens matériels que les biens nécessaires à la vie et à la liberté, et, en un mot, que le minimum de propriété des instruments de travail dont l'emploi assure l'indépendance à quiconque sait et veut s'en servir. » (*Science de la Morale*, II, p. 74.)

nuerait beaucoup la liberté de l'homme, placerait le citoyen dans une trop grande dépendance de la République, l'atteindrait dans sa dignité et compromettrait l'existence matérielle de la famille en la confisquant au profit de la grande communauté. La propriété est encore un stimulant pour le travail, une cause de progrès pour l'agriculture et pour l'industrie.

L'ÉLÈVE

Existe-t-il au moins des moyens d'empêcher les riches d'être oisifs et les pauvres d'être mangés par les riches[1] ?

L'INSTITUTEUR

Oui, il en existe, et d'excellents. Les directeurs de la République trouveront ces moyens aussitôt qu'ils voudront sérieusement pratiquer la fraternité. Il en est de la propriété et du libre usage du capital comme de toutes les autres libertés. La loi qui les reconnaît peut et doit les renfermer dans certaines bornes. Sans détruire le droit d'héritage, on peut le limiter pour l'intérêt public[2], et sans supprimer

---

1. C'est ce passage qui, cité par le représentant Bonjean, a provoqué le scandale dans l'Assemblée constituante, le 5 juillet 1848. Cf. la notice, p. 44.

2. « Il n'existe aucun fondement de droit rationnel pour l'hérédité des collatéraux, car ils ne peuvent, en cette simple qualité, se trouver naturellement ni créanciers ni débiteurs

l'intérêt du capital, on peut prendre beaucoup de mesures pour le rendre aussi faible qu'on voudra. Alors l'oisiveté sera difficile au riche et le pauvre trouvera facilement crédit pour s'enrichir.

L'ÉLÈVE

[Pourriez-vous me donner une idée des moyens que vous concevez de faire que la richesse ne s'accumule pas entre les mains de quelques hommes au détriment de la masse des citoyens ?

L'INSTITUTEUR

Je compte trois principaux de ces moyens :
1° Les institutions sociales de crédit[1] ; la Répu-

---

dans l'ordre de la nature et de la raison. Mais ce n'est pas à dire que le testateur ne puisse ou ne doive rien vouloir en dehors de ses obligations strictes, qu'il n'ait point à consulter les besoins, les circonstances, ses affections, à entrer dans toutes sortes de considérations personnelles. C'est au contraire cela même qu'il est libre de faire après le devoir rempli. Il peut donc songer aux intérêts de sa famille, aussi bien qu'il peut se préoccuper des intérêts généraux et mettre un but moral au-dessus de tout. Je suppose qu'il fait cet usage qu'il veut de son bien, d'un bien acquis à lui proprement, qu'il faut bien admettre comme tel puisque la propriété est personnelle, et qui serait ordinairement tel en effet si les garanties offertes à l'oisiveté disparaissaient devant celles que réclame le travail. » (*Science de la Morale*, II, p. 77.)

1. Les institutions sociales de crédit peuvent être conçues de trois façons :
1° Crédit organisé par l'État en faveur des particuliers sous les garanties de moralité et de travail qu'ils pourraient four-

VII. DE LA SURETÉ ET DE LA PROPRIÉTÉ

blique peut fonder de grands établissements qui auraient pour objet de prêter, de confier temporai-

nir; c'est l'idée indiquée ici et qui avait été mise en avant par Proudhon, le 31 mars 1848 dans un mémoire sur l'*organisation du crédit et de la circulation*. Proudhon, élu représentant du peuple le 23 avril, présenta ses idées à l'Assemblée sous forme d'un projet de loi déposé le 11 juillet et discuté le 31 juillet 1848. « Il le défendit à la tribune dans le langage d'un aliéné tranquille et cependant plein de menaces pour l'ordre social de la coutume et pour la sécurité publique. Son discours était destiné à figurer comme la pièce principale de l'épouvantail socialiste, cause de ruine pour la seconde république. » (*Philosophie analytique*, IV, 222.)

2° Crédit organisé par l'initiative individuelle sans le concours de l'État. C'est le moyen auquel recourut Proudhon après avoir été rebuté par l'Assemblée. Ce moyen est parfaitement légitime, mais il était inspiré par une conception de justice idéale étrangère à l'état de guerre qui est l'état réel. En cela il tombait dans le cercle vicieux de supposer les hommes moralement capables, avant d'avoir subi un changement profond dans leur caractère et dans leurs passions, d'instituer d'un commun accord le régime industriel et commercial qu'il appelait *Banque d'échange*, c'est-à-dire de créer l'ordre économique où seraient abolis la rente, l'intérêt, le loyer, le bénéfice, tout contrat permettant un *gain* à l'une des parties (Cf. *Personnalisme*, p. 72.). Insuffisamment pratique, l'idée de Proudhon était excellente en principe, puisqu'elle demandait le crédit à la liberté des personnes associées. « Une telle association, qui ne contraigne ou ne lèse personne en dehors est le seul mode sous lequel doive se tenter toute réforme qui modifie profondément un état social de choses fondé sur une coutume vivante et sur des idées presque universelles. C'est le seul d'ailleurs dont la loi de l'habitude permette d'attendre le succès et le développement qui ne peut être que lent, si même il n'est arrêté dès l'origine par le refus que la société fait aux novateurs d'une liberté d'association assez étendue. » (*Philosophie analytique*, IV, p. 224.)

3° Crédit organisé par l'État en faveur des associations

rement un capital à tout citoyen qui offrirait la garantie sérieuse ou d'un petit bien déjà acquis, ou de son travail et de sa moralité reconnue, sans exiger de lui d'autre redevance que celle qui serait nécessaire pour couvrir les frais de ces établissements, ou peut-être encore un faible intérêt qui serait prélevé à titre d'impôt[1]. Par ce moyen, le

librement formées. C'est celui que l'auteur examine dans l'article suivant.

L'intervention de l'État, pour laquelle il avait marqué une défiance systématique dans la *Science de la Morale*, réagissant en cela contre la pensée plus socialiste du *Manuel*, lui parut légitime et efficace dans ses conclusions de la *Philosophie analytique*.

1. Le *principe* du crédit, indépendamment de la *forme* sous laquelle il sera accordé (monnaie, travail, fermage) est parfaitement juste. « Il représente bien tout le droit que l'individu peut prétendre en compensation des appropriations qu'il trouve effectuées autour de lui dans une société qui autorise l'appropriation pour chacun et en admet toutes les conséquences sous l'unique réserve du droit fondamental semblable de chacun. » (*Science de la Morale*, II, 56). Quant aux *formes* du crédit : 1° la plus libre et la plus indéterminée est celle d'une somme de *monnaie* permettant au travailleur de diriger ses forces comme il l'entendrait. « Il resterait redevable à la société du capital avancé par elle, puisqu'il s'agit de fournir l'instrument en tant que simple moyen de travailler et non pas à titre d'appropriation immédiate, de procurer l'usage, non directement la propriété. » (*Science de la Morale*, II, 57.) Mais le crédit comporterait des gages matériels qui justement font défaut; ou des gages moraux, ce qui entraîne à distinguer entre les personnes selon leurs mérites, au lieu de discerner leurs besoins qui sont à nos yeux leurs droits ; donc la garantie offerte sous cette forme du crédit n'est pas d'application universelle, ce qui la condamne. 2° Le prêt de l'instrument sous forme *de distribution de terres* n'est qu'une solution

riche perdrait cette source d'enrichissement qu'il trouve aujourd'hui dans l'usure, et le pauvre parviendrait plus facilement à l'aisance. Ainsi le prêt à intérêt entre citoyens, sans être interdit positivement, tomberait en désuétude, et la loi de Jésus-Christ à ce sujet serait appliquée par la Société qui seulement alors pourrait se nommer hautement chrétienne [1].

2° L'association des travailleurs dont l'effet serait de mettre l'atelier, la machine, l'usine industrielle ou agricole, en général l'instrument du travail, entre les mains de ceux qui en feraient usage [2]. Ces

---

provisoire si le concessionnaire reste libre d'aliéner la concession, et le partage est à recommencer. 3° Si le concessionnaire n'est pas propriétaire, c'est le cas du *fermage* où l'Etat est propriétaire du sol ; alors on enlève ainsi aux individus la plus sûre des garanties, la terre, et on soulève toutes les difficultés relatives au *loyer*. 4° Enfin si la société ou Etat fournit simplement le travail moyennant salaire, ou bien la solution apportée n'est que celle de l'assistance qui n'est pas une solution universelle, ou bien on soulève les difficultés relatives au *salaire*. Donc, sous aucune forme, le crédit de l'Etat à l'individu n'est une solution sociale satisfaisante. Le point de vue change entièrement lorsqu'il s'agit du crédit aux associations librement formées.

1. Nous avons déjà signalé l'illusion qui confond le christianisme et le socialisme. Ni comme doctrine religieuse, ni comme institution sociale le christianisme n'a jamais rien fait ni tenté pour résoudre juridiquement et rationnellement le problème économique. Cf. p. 59, 81.

2. La formule sociale libératrice a deux termes : l'association libre et l'aide de la société. L'auteur, dans la *Science de la morale,* fondait la solution du problème économique sur

associés se partageraient les fonctions, se choisiraient des directeurs parmi leurs égaux et réparti-

le premier de ces deux termes ; dans la *Philosophie analytique* et dans le *Personnalisme* il reconnaît que le second terme est indispensable à la solution.

« Le régime des loyers et des salaires est logiquement et moralement très inférieur à celui de l'association. » (*Science de la Morale*, II, 100.) « Dans l'état actuel où les sociétés sont parvenues, la liberté et les œuvres qu'elle peut produire, les conventions libres de toute nature paraissent le meilleur ou le seul remède applicable aux vices de la coutume et aux prescriptions de lois moins avancées que les mœurs. Et en effet, s'il est vrai que la solidarité (c'est-à-dire l'effet prolongé de la coutume) et le droit de défense sont au fond le grand empêchement au progrès de la justice, et qu'on ne puisse changer tout d'un coup tant de relations liées et combinées de tant de manières, il doit être vrai aussi que les conventions libres sont le moyen de les changer graduellement, car elles peuvent, quand on le voudra, former des sphères particulières de relations où la défense soit moins nécessaire, et modifier les applications de la solidarité ; ou, si elles ne le peuvent, si on ne le veut pas, qui donc le pourra ? » (*Science de la Morale*, II, p. 105.) « Cette liberté qui, dans l'état actuel des choses, semble n'être que la liberté de la lutte et sur laquelle pèse la responsabilité visible de tant de maux, qui n'apporte en théorie qu'une simple faculté, sans moyens propres, intrinsèques de se diriger et de réaliser des biens quelconques, renferme cependant la méthode unique de toutes les réformes possibles. La liberté est grosse de tous les biens, non moins que de tous les maux. Rien ne change dans les institutions et les lois sans impliquer un changement dans les mœurs, encore que les mœurs subissent à leur tour l'influence des institutions réussies. Mais rien ne change dans les mœurs que par l'action de la liberté. Tous les pouvoirs sociaux sont naturellement voués à la coutume, qui est la société même à un instant donné. L'homme collectif ne se modifie volontairement que le moins qu'il peut, à son corps défendant pour ainsi dire ; et quand il arrive à éprouver de grands changements, c'est

VII. DE LA SURETÉ ET DE LA PROPRIÉTÉ

raient entre eux leurs bénéfices suivant la loi qu'ils jugeraient la plus équitable [1]. Alors le *Salaire* qui

que la liberté de quelques-uns qui s'entendent a pu se faire jour à travers la résistance obscure ou patente du plus grand nombre de ses chefs. » (*Science de la Morale*, II, p. 196.)

La classe ouvrière de 1848 avait donné l'exemple de la vraie méthode pratique de s'aider soi-même d'abord, en se montrant capable d'un effort de mérite et de vertu avant de demander l'appui de l'État. « Elle aurait donné, si elle avait été laissée libre, une suite importante aux fondations coopératives et même obtenu des résultats considérables de transformation des rapports industriels, dans le cas où le gouvernement les aurait favorisés. Mais le gouvernement provisoire, à l'exception d'Albert et de Louis Blanc, était en état d'hostilité profonde et secrète avec le sentiment qui éclatait en ce moment dans l'âme d'une grande partie du peuple. » (*Philosophie analytique*, IV, 605.)

1. La crise sociale soulevée par la lutte des classes a commencé il y a cent vingt-huit ans, par l'abolition des maîtrises et jurandes, avec une acuité qu'elle n'avait jamais eue dans l'histoire. Mais les dangers en sont toujours les mêmes. « Il est difficile qu'ils soient évités sans un progrès dans l'esprit de justice des populations et dans les mœurs, surtout dans le progrès moral qui mettrait les classes ouvrières à même de se rendre maîtresses de leurs instruments de travail et, par conséquent, des prix de leurs produits. Elles auraient à établir les prix par des conventions délibérées entre elles, et pour leur intérêt commun, qui est aussi l'intérêt des consommateurs. L'évolution coopérative, si jamais elle s'accomplit, sera comparable à ce que furent l'abolition de l'esclavage, et plus tard l'abolition du servage, et moralement supérieure, parce que les premières furent en grande partie spontanées, ou nécessitées en divers lieux par les circonstances, et que celle-là serait le triomphe de l'autonomie, la constitution de l'internationalisme, et la paix des nations, exigée par la solidarité mondiale des intérêts économiques organisés. Ceux des socialistes qui, définissant ainsi leur idéal, en comprennent l'application comme compatible avec la garantie de la pro-

est maintenant la loi de l'industrie, ferait place à la *Règle de société*[1]. Il n'y aurait plus ni salariés, ni maîtres, ni entrepreneurs, ni capitalistes, mais seulement des amis et des frères[2]. Les travailleurs

priété individuelle, limitée par les lois, sont d'accord, en leur point de vue social économique, avec le principe social juridique, fondement de l'*Essai sur la paix perpétuelle* de Kant. » (*Personnalisme*, p. 200.)

1. Le contrat de salaire, comme celui du loyer, ne seraient justes que si l'un des contractants n'était pas placé, soit avant, soit après le contrat, dans une situation d'infériorité telle qu'il dût subir d'abord des conditions léonines que la faim l'empêche de repousser, et ensuite un partage dans lequel son travail ne lui laisse qu'une fraction du produit à peine suffisante à sa subsistance et à celle des siens, tandis que l'autre fraction revient au propriétaire ou à l'entrepreneur en sus de la part qui leur reviendrait légitimement. Il n'existe aucune formule rationnelle de partage entre ces trois facteurs, le capital, le talent, le travail et c'est tout à fait arbitrairement que dans cette formule $5 + 4 + 3 = 12$. Fourier, partageant en 12 le revenu net, le décomposait en parts de 5, 4, 3, aux trois facteurs. La justice n'admet ni ce qu'on appelle un salarié, ni ce qu'on appelle un locataire du sol, ni ce qu'on appelle un entrepreneur. Cf. *Science de la Morale*, II, 94-100 ; *Philosophie analytique de l'histoire*, IV, 559 ; *Nouvelle Monadologie*, 387, 273.

2. C'est l'idéal proudhonien d'une société où nul ne tirerait parti de ce qu'il possède un certain instrument pour mettre un prix de profit ou bénéfice à son emploi par un autre et n'abuserait des nécessités où est cet autre pour le faire travailler comme salarié à un taux ne laissant de bénéfice qu'à l'employeur. « Ce serait comme une société d'hommes, *tous amis*, dans laquelle l'honneur défendrait à chacun de *gagner* sur un autre. » (*Philosophie analytique de l'histoire*, IV, 556). L'erreur de cette conception est non d'ordre moral mais d'ordre historique : elle confond l'état idéal de paix entre les personnes avec l'état de guerre, de fait, dominé par le droit de la

VII. DE LA SURETÉ ET DE LA PROPRIÉTÉ

n'auraient au-dessus d'eux que la République qui réglerait les rapports de leurs associations diverses et qui, dans les premiers temps, les aiderait de son crédit et de tous les autres encouragements dont elle dispose [1].

3° La division de plus en plus grande de la propriété [2], cette division que le partage égal des héri-

défense. L'association, avec ses *gains* licites et répartis juridiquement est le seul moyen pratique, c'est-à-dire moral, d'assurer cette défense.

1. « Pour passer du régime des salaires à celui des associations ouvrières, en conservant les droits du capital et du talent, et la liberté de contracter et de commercer, où prendre le point d'appui? Peut-on compter sur l'initiative des ouvriers? Faut-il attendre l'impulsion et l'aide de l'État? Quels que soient le mérite et les succès des associations formées par des particuliers sans aide extérieure, elles ont trop de difficultés à vaincre; elles supposent de la part des associés trop de qualités morales encore peu communes, sans parler d'un premier capital amassé, toujours faible ou précaire, pour qu'il y ait à augurer, dans cette voie, un changement probable et qui ne soit pas trop lent, des conditions générales du travail. L'intervention de l'État est donc indiquée. Dans la mesure où Lassalle l'avait d'abord comprise (et qui ne faisait que rappeler les vœux de la plupart des socialistes de 1848) avec les précautions et le contrôle que l'Etat peut apporter aux fondations dont il favoriserait l'initiative et recommanderait l'exemple, dont il mesurerait le développement à la possibilité de recruter pour les établir un personnel offrant les garanties voulues d'aptitude et de moralité, on ne voit ni quel empêchement intrinsèque, ni quelles suites à craindre s'opposent à cette grande et noble tentative de seconder une évolution si conforme à tous nos sentiments actuels de justice sociale. « *Philosophie analytique de l'histoire*, p. 635.

2. Il s'agit du partage du sol et des lois agraires. Elles

tages a déjà fort avancée parmi nous, ferait de plus grands progrès encore lorsque le pauvre endetté ne serait plus obligé de vendre son bien dévoré par l'usure, ou que, arrivé à l'aisance par son travail, il se rendrait partout propriétaire, et lorsque en même temps l'impôt, plus lourd sur les riches que sur les pauvres, empêcherait la propriété de se réunir ou de se tenir agglomérée entre les mêmes

n'auraient qu'une valeur provisoire et n'empêcheraient pas l'accumulation particulière de la propriété sous forme immobilière. Les lois agraires relativement anodines qui furent proposées à Rome un siècle avant César auraient cependant, en s'appliquant et se généralisant, très probablement prolongé la République. Les troubles qu'elles produisirent sont au nombre des causes qui l'ébranlèrent. Cf. *Science de la Morale*, II, 47. D'ailleurs, on ne voit pas « comment on pourrait assurer à tous les membres d'une société la liberté, sous cette forme, sans y porter atteinte sous une autre en leur ôtant la faculté des contrats ; ou comment on les préserverait de la dépossession dont les menace toujours le capital accumulé sous une autre espèce, lequel, leur étant nécessaire, les domine ; ou comment l'on ferait, enfin, pour que la multiplication du genre humain permît de concilier dans une loi générale la conservation de biens suffisants aux uns avec la garantie de biens pareils aux autres qui surviennent. » *Science de la Morale*, II, p. 50. « De là l'impossibilité d'une constitution durable de la propriété territoriale, qui viserait à garantir l'indépendance des personnes et leur suffisance propre quant à leurs fins individuelles principales, par l'attribution de lots autant que possible égaux et invariables à ces mêmes personnes ou à leurs groupes naturels. La société aurait à intervenir de temps à autre, et dès lors par des révolutions périlleuses, afin de rétablir l'équilibre troublé par l'instabilité de répartition du capital autre que la terre. » (*Science de la Morale*, II, p. 60.)

VII. DE LA SURETÉ ET DE LA PROPRIÉTÉ

mains[1]. Alors le fermage, dont vous avez si bien remarqué l'opposition avec la vraie propriété, disparaîtrait naturellement dans la plupart des cas faute de bailleurs ou de locataires.

Je n'ajoute que deux mots pour vous achever le tableau de ces grandes choses, qui sont cependant si simples lorsqu'on les envisage de haut, avec les yeux de la morale. C'est que à toutes les garanties que le citoyen peut trouver dans le crédit social, dans l'association et dans l'accession à la propriété, soit collective, soit individuelle, un système général d'assurances organisé par la République[2] viendrait

---

[1]. Cette question reviendra plus loin, au chapitre XII, relativement à l'impôt sur le revenu.

[2]. L'assurance sociale est l'ensemble des garanties que la société est tenue d'organiser pour apporter aux intérêts individuels les avantages de la communauté et fournir ainsi sans sacrifice de la liberté la même somme de garanties que la communauté pourrait promettre. Autant les essais grossiers de cette méthode pouvaient paraître immoraux quand il s'agissait d'un jeu entre quelques personnes intéressées mutuellement à leurs pertes, autant serait juste et noble un système universel, ou du moins le plus large possible, qui relierait directement l'intérêt général aux intérêts individuels, ainsi que le doit faire toute institution normale. Cf. *Science de la Morale*, II, 167. Il y a trois formes à reconnaître de l'assurance sociale : 1° l'assistance ou garantie des secours donnés sous condition à ceux qui ne peuvent matériellement se suffire en aucune manière ; 2° l'éducation physique, préparation à l'usage de l'instrument de travail, et l'éducation intellectuelle et morale, assurance contre l'ignorance ; 3° le droit au travail, assurance destinée à indemniser les ayants droit des effets de la distribution injuste des instruments du

joindre une garantie nouvelle, en le mettant à l'abri des suites de tous les sinistres naturels ou autres, ainsi que des chômages et de toutes les pertes qui peuvent se prévoir et se calculer. Un impôt spécial subviendrait aux frais de cet établissement vraiment fraternel par lequel les citoyens se garantiraient la conservation de leurs biens comme par une assurance mutuelle[1]. Concevez enfin que les travailleurs cumulent les avantages de l'association pour travailler, pour produire, avec ceux de l'association pour vivre et pour consommer, c'est-à-dire que de nombreuses familles se réunissent sans se confondre et cherchent l'économie et le bonheur dans cette réunion, vous aurez une idée abrégée, mais cependant complète de la nouvelle distribution

travail à la suite du jeu naturel de l'institution de la propriété. Les primes de cette assurance seraient payées par ceux qui ont gagné à ce jeu naturel et pour le juste dédommagement de ceux qui y ont perdu. Cf. *Science de la Morale*, II, 160-167.

1. Cet impôt spécial n'a plus pour objet de fournir aux dépenses d'intérêt commun d'une société normale, mais il est le moyen de réaliser cette société même. C'est la contribution progressive des capitaux destinée à former le fonds du droit au travail, plus que cela, ouvertement appelée à niveler la propriété et à rendre l'appel à ce droit de moins en moins utile et fréquent. Il s'agit d'une garantie à donner ou à recevoir sans réciprocité parce qu'il y a dette : dette de ceux à qui les événements ont permis l'accumulation individuelle, envers ceux que des usages invétérés privent du titre et de l'emploi de la propriété. Cf. *Science de la Morale*, II, 177.

des richesses que j'ai voulu vous faire envisager[1].

L'ÉLÈVE

Vous m'avez parlé de la propriété d'une manière générale ; mais dites-moi ce que vous pensez en particulier de la propriété de la terre et du droit de ceux qui se la sont appropriée ? Peuvent-ils en user et en abuser, comme je l'ai entendu dire, la cultiver ou ne pas la cultiver, s'emparer de tout un

---

1. Les sociétés coopératives de production et de consommation ont leur type dans le phalanstère de Fourier. Ch. Renouvier, d'abord pur fouriériste, a rejeté, après 1848, tout ce qui dans la pensée du plus grand des utopistes était contraire aux principes de liberté morale et de raison juridique ; mais il n'a jamais cessé de rendre hommage au seul système socialiste qui ait demandé tout l'effort social à la liberté, et non à une loi organique de l'histoire. Fourier eut le tort de pousser à l'excès sa défiance du savoir-faire des hommes d'Etat qui peuvent être conçus et se rencontrer en fait, moraux, habiles et utiles. Mais, seul, il a vu le progrès où il peut être et l'a demandé exclusivement à la liberté. Cf. *Science de la Morale*, II, pp. 153, 522. « Le fouriérisme est le seul système social *a priori* qui ait pu descendre de son utopie et, sans abandonner son principe, offrir une formule pratique de la fonction économique et de sa rétribution. C'est la loi équitable des associations volontaires selon le triple apport de leurs membres : *capital, travail et talent.* » *Philosophie analytique de l'histoire*, IV, p. 202. — L'association du capital et du travail pour la conservation du revenu net ou pour la suppression des prélèvements du commerce suppose des vertus morales et économiques qui sont la première garantie de son succès. « Il n'y a pas d'organisation au monde qui dispense un homme de la vertu de son état ni des devoirs inhérents à ce qu'il veut être et à ce qu'il veut faire. » (*Petit traité*, p. 106.)

pays s'ils sont assez riches pour cela, et tenir ainsi le sort des travailleurs à leur merci ? [Je voudrais savoir aussi ce que vous pensez de l'hérédité naturelle et du droit qu'elle donne aux enfants des riches de vivre sans rien faire.

L'INSTITUTEUR

Le droit des propriétaires n'est nullement illimité, comme on paraît le vouloir croire quelquefois. Au contraire,] la loi peut imposer toutes sortes de conditions à ceux qui possèdent la terre et même les exproprier moyennant indemnité s'ils en font un mauvais usage[1]. [*L'expropriation pour cause*

1. Tout ce passage, cité devant l'Assemblée constituante par le représentant Bonjean a été remanié par l'auteur dans la seconde édition, ainsi que le montrent les nombreux passages ajoutés entre []. La question de l'expropriation du sol a été reprise dans la *Philosophie analytique*, t. IV, 588-593 à propos des systèmes de Colins et de Henry George.

« La rente du sol ne peut s'incriminer qu'autant qu'elle rentre dans le cas général du bénéfice prélevé par le capital sur le travail. Si la question que soulève le socialisme pouvait se résoudre par l'annihilation de la rente servie au propriétaire terrien oisif par le cultivateur ouvrier, elle serait bien simplifiée et ne toucherait guère au fond du régime économique, pans les pays où une grande portion du sol est déjà aux mains de familles laborieuses. Il serait aisé au gouvernement d'un peuple qui le voudrait bien d'avoir raison peu à peu de l'autre partie des propriétaires, de celle dont le revenu sans travail peut être atteint par l'impôt, sous cette forme de revenu. C'est alors la petite propriété qui se multiplierait en passant aux mains des travailleurs, pour qui seuls elle serait désormais avantageuse. Cela n'aurait rien, au moins nécessaire-

d'utilité publique, usitée déjà depuis longtemps et consacrée, prouve bien qu'on n'entend point que la propriété individuelle soit sans devoir envers la société, ou la société sans droit sur elle.] Quant à ces grands propriétaires que vous avez [d'ailleurs toute] raison de craindre, [réfléchissez aux institutions dont je cherchais tout à l'heure à vous donner une idée, et vous reconnaîtrez qu'ils ne pourraient y résister longtemps, mais que pour ainsi dire, ils se dissoudraient sous une telle influence. Songez seulement que] si ces hommes payaient à la République un impôt convenable et de bonnes journées à leurs travailleurs, ils se verraient pour la plupart obligés de vendre leurs terres à des citoyens qui les tiendraient et les cultiveraient eux-mêmes[1].

ment, d'une révolution, ni politique ni sociale. En France, aujourd'hui, la diminution avérée du produit agricole net a pour effet de continuelles mutations d'une certaine classe de propriétés rurales dont le revenu est insuffisant (quand il n'est pas négatif), pour le propriétaire qui ne fait pas œuvre de ses mains. Les vraies grandes propriétés, déjà difficiles à conserver longtemps dans les mêmes familles, quand celles-ci n'ont pas d'autres sources de revenus, tendent à passer aux mains des enrichis de la spéculation qui se contentent d'un faible revenu, compensé par des jouissances de vanité et de luxe. Il résulte de cet état de choses que la propriété foncière est la moins importante et la moins difficile à atteindre des sources du capital formé du travail d'autrui, et la vraie question est d'unir la propriété et le travail. » (*Philosophie analytique de l'histoire,* p. 592.)

1. La première édition porte ici : « qui en tireraient un meilleur parti qu'eux ».

On fera pour cela des lois quand on voudra[1].

1. « Si le problème est résoluble, on doit en chercher la solution dans des mesures sociales qui redressent la pente de la propriété aux accumulations ou qui rendent à ceux qu'atteint la privation de propriété des droits équivalents et leur assurent des moyens propres d'atteindre le principal de leurs fins. » (*Science de la Morale*, II, 43.) Les moyens de résoudre cette antinomie de la propriété accumulée pour les uns et refusée aux autres sont ou des restrictions apportées à la propriété déjà constituée, ou des garanties accordées aux non-possédants. Les garanties (prêt de l'instrument sous forme de crédit, de travail, d'assistance) ont été examinées plus haut, reconnues insuffisantes à résoudre le problème économique, et suggestives de la vraie solution, l'association libre créditée par l'État. Quant aux mesures de restriction, elles se résument dans les diverses formes de *loi agraire* et dans l'impôt progressif spécialement destiné à la limitation de la propriété pour les uns et à sa constitution pour les autres. « Il faut pour cela que, supposant une somme quelconque de capitaux accumulés, la répartition libre qu'on en fait ne puisse dépasser, dans les mêmes mains, une mesure jugée convenable, à raison de la privation corrélative d'autrui. L'impôt progressif obtient ce résultat au degré voulu, selon la progression qu'on adopte pour imposer les fractions dans lesquelles un capital particulier quelconque peut être censé divisé. Il s'agit, sous un autre point de vue, de réclamer des membres de la société de justes dons pour favoriser l'accession au capital de ceux d'entre eux à qui elle est refusée par le fait : l'impôt progressif portant sur le capital individuel, et en raison croissante avec ce même capital croissant, est le mode logique et naturel de mesurer ces dons. Enfin il s'agit aussi d'obvier à la fausse élévation de certains hommes et au fatal abaissement des autres, dans une société où la richesse, trop inégalement répartie, fausse les pouvoirs, corrompt l'autorité et donne à la liberté toutes sortes d'applications immorales : l'impôt progressif résout encore ce problème, et la solution ne porte aucune atteinte au libre usage des facultés économiques ni à la puissance de disposer et de contracter. » (*Science de la Morale*, II. p. 52.)

[Quant à l'hérédité naturelle, elle cesserait de donner lieu aux abus dont vous vous plaignez si les grands capitaux et les grands domaines n'appartenaient plus à de simples individus. L'héritage du patrimoine est une transmission des économies (du fruit accumulé d'un travail prolongé), du père au fils ; il est le lien matériel de la famille, une des meilleures garanties de l'homme dans la société, enfin l'objet d'un vœu légitime de la part du père de famille, et, de la part de l'enfant l'exercice d'un droit qui est éminemment dans la nature. Mais l'héritage du capital aura cessé d'être un encouragement à l'oisiveté et aux vices qui s'ensuivent lorsque le crédit social aura réduit ou même annulé la rente ; et de même l'héritage de la terre lorsque la terre se sera partout suffisamment divisée[1].]

L'ÉLÈVE

Mais ne faut-il pas éviter, dans l'intérêt de l'agriculture, une trop grande division du sol de la République ?

L'INSTITUTEUR

Les inconvénients de la division seraient levés par l'association des petits propriétaires[2].

---

1. On a vu plus haut (p. 168, n° 1 et p. 169, n° 2) l'exposé du principe relatif à la légitimité du droit de tester et du droit de recueillir l'héritage, ainsi que la limite rationnelle qui en exclut les collatéraux.

2. « Le système de la petite propriété agricole, ce système

L'ÉLÈVE[1]

[Vos réponses m'instruisent et satisfont presque mon esprit. Je sens que je ne puis exiger de vous rien de plus ici, sur des matières si compliquées. Mais un doute me reste. Vous ne m'avez pas dit encore si je devais regarder comme un droit de l'homme, un droit semblable à tous les autres droits, cette faculté de s'approprier la terre qui a donné lieu jadis à des conquêtes criminelles[2] et que cepen-

sauveur des nations et des républiques, est vu d'un œil défavorable depuis qu'on est préoccupé des avantages de la grande exploitation, et de la nécessité qui s'impose de plus en plus, de l'emploi des machines dans l'agriculture. Mais la coopération des petits propriétaires pour exécuter à frais communs certains ordres de travaux, et l'entremise de leur syndicats pour l'emploi des engins à usage collectif, résoudraient un problème pareil à celui qu'ont à résoudre dans l'industrie les associations ouvrières de production, auxquelles on n'objecte point d'impossibilités matérielles. L'association est la difficulté morale, la même partout, qu'il faudra toujours surmonter pour sortir du pur régime des salaires. En tout cas, il y a moins d'utopie, surtout pour notre nation, — même abstraction faite de la supériorité de méthode en ce qui touche la liberté, — à viser à l'établissement de la coopération des propriétaires qu'à leur expropriation au profit de l'État devenu donneur à bail universel. » (*Philosophie analytique de l'histoire*, p. 593.)

1. Au lieu du passage [ ] qui suit, la première édition portait seulement :

L'élève. Mais enfin, est-ce un droit de l'homme que de s'approprier la terre ?

2. C'est un grief fréquent fait aux socialistes contemporains que de les comparer aux barbares qui, dans la décadence de

dant j'entends certains hommes appeler sacrée autant que la vie humaine et que la justice elle-même.]

L'INSTITUTEUR

Jusqu'ici les législateurs ont presque tous pensé qu'il était de l'intérêt de la liberté, de la famille et de la culture elle-même que la terre fût possédée et transmise comme les autres capitaux, du moins quand elle est cultivée par des hommes libres. Lorsque tous les citoyens, ou presque tous les citoyens auront de la terre, assez de terre, ainsi que cela peut être quelque jour, je crois que le droit de propriété [convenablement limité] n'aura pas beaucoup d'adversaires. Au surplus, si la fraternité

l'empire romain, ont, en effet, saisi par conquête toute propriété foncière antérieurement constituée. On invoque la menace des « barbares à l'intérieur ». « Le rapprochement serait spécieux si les socialistes étaient des *partageux*, comme on les appelait à la veille de l'usurpation napoléonienne de 1851 : car les barbares ont été des conquérants territoriaux qui n'ont pas prétendu changer les mœurs ou relations sociales des peuples conquis, et qui même les ont imitées tant qu'ils ont pu en s'emparant de la terre et du pouvoir, tandis que le socialisme signifie, pour ses adhérents, un état social nouveau à fonder sur des principes qui n'ont pas encore été reconnus dans le monde, et qui ne devront rien à l'expérience. Ses chefs ou inspirateurs ne sortent pas des couches serviles et incultes du peuple, et loin de pouvoir s'appeler des étrangers, des barbares, ils obéissent à un mouvement tout intérieur d'idées et de sentiments né de notre civilisation et de cette passion du progrès dont les penseurs se montrent de plus en plus assurés depuis cent cinquante ans. » *Philosophie analytique de l'histoire*, p. 623.

parmi nous était ce qu'elle sera dans plusieurs générations, après que la République aura fait l'éducation de tous les citoyens, depuis le grand-père jusqu'au petit-fils, on pourrait cultiver la terre, au moins par communes, sans les partager. Mais ceux qui voudraient à présent soumettre les Français à ce régime d'une entière communauté mettraient la France au pillage ; et la fraternité, loin d'avancer, reculerait de plusieurs siècles.

CHAPITRE VIII

DE LA LIBERTÉ DE L'INDUSTRIE

L'ÉLÈVE

Un citoyen a-t-il le droit d'entreprendre dans la République le travail qui lui convient et d'y mettre le prix qu'il lui plaît? La République ne peut-elle lui interdire aucun commerce, aucune industrie? Ne peut-elle intervenir dans son travail ou dans ses relations avec ceux qu'il fait travailler [1]?

[1]. Le travail, qui est un devoir, est aussi un droit et l'exercice d'une liberté de l'ordre privé. Il n'est pas de l'ordre public ni qu'un particulier soit empêché de travailler, ni qu'il soit obligé à un travail plutôt qu'à un autre qui lui convient mieux et qu'il préfère. Loin d'empêcher les citoyens de travailler, l'État est hautement intéressé à ce qu'ils travaillent, et il les laisse eux-mêmes choisir les occupations les plus conformes à leurs intérêts, à leurs aptitudes et à leurs goûts. D'un autre côté, si l'État impose aux citoyens certains travaux dans l'intérêt commun, et s'il s'attribue à lui-même ce qu'on appelle des monopoles, c'est par exception, et cela ne va point à donner ni à interdire aux particuliers leur profession. Chacun est donc libre de porter son travail où il lui plaît et d'en régler l'emploi, tout autant du moins qu'il n'a pas encore contracté d'engagements contraires. » (*Petit Traité*, p. 46.)

L'INSTITUTEUR

Cette liberté illimitée a été reconnue par notre première République, dans un temps où le travail sortait de l'esclavage où des maîtres l'avaient si longtemps retenu [1]. On a cru tout faire en donnant à chacun le droit de s'établir maître à son gré quand il le pouvait. Mais depuis, l'expérience et la réflexion ont montré qu'il fallait une règle à la liberté de l'industrie comme à toutes les autres [2].

1. Les maîtrises et jurandes, abolies par Turgot en janvier 1776 et rétablies après sa chute en mai 1776, furent abolies de nouveau par l'Assemblée Constituante le 17 mars 1791. Mais la Constituante préoccupée d'assurer à l'individu la plus grande liberté possible, tomba dans l'excès opposé à celui du régime des corporations. Le décret du 17 juin 1791 interdit aux personnes d'une même industrie d'avoir des intérêts communs. C'était proscrire l'esprit d'association. « La liberté conquise de l'ouvrier a été la dispense de l'obligation pour le maître. De la liberté est sortie la concurrence; de la concurrence, et de l'accroissement de la population, de l'invention des machines, du manque du capital ou d'avances du travailleur, sont nés la misère, d'un côté, l'accumulation des richesses et le luxe, de l'autre. La société s'est ainsi divisée au point de vue économique en deux classes sans lien régulier entre elles, soit de droit, soit de coutume, et dont les rapports n'ont plus dépendu que d'arrangements de rencontre, de contrats temporaires entre personnes isolées, dont les sentiments sont devenus au total ceux d'une hostilité mutuelle. » *Nouvelle Monadologie*, p. 386.)

2. Turgot avait, le premier, formulé l'antinomie qu'on a plus tard nommée la *loi d'airain*. Il disait, dans son livre sur *La formation et la distribution des richesses* : « Le simple ouvrier qui n'a que ses bras et son industrie, n'a rien qu'au-

L'ÉLÈVE

La liberté de l'industrie a donc causé de grands maux[1] ?

L'INSTITUTEUR

La liberté de l'industrie a amené la concurrence illimitée à sa suite ; or la concurrence illimitée a produit la guerre acharnée des travailleurs, l'abaissement des salaires, la fraude dans le commerce, enfin la ruine des pauvres et l'enrichissement des riches, qui avaient plus de ressources pour soutenir cette lutte[2] : si bien qu'au moment où le peuple de

---

tant qu'il parvient à vendre à d'autres sa peine. Il la vend plus ou moins cher ; mais ce prix, plus ou moins haut, ne dépend pas de lui seul : il résulte de l'accord qu'il fait avec celui qui paye son travail ; celui-ci le paye le moins cher qu'il peut ; comme il a le choix entre un grand nombre d'ouvriers, il préfère celui qui travaille au meilleur marché. Les ouvriers sont donc obligés de baisser le prix à l'envi les uns des autres. En tout genre de travail il doit arriver que le salaire de l'ouvrier se borne à ce qui lui est nécessaire pour sa subsistance. »

1. Tout ce passage, jusqu'aux mots soulignés : *organisation du travail*, est l'une des citations du représentant Bonjean.

2. « La concurrence universelle, de quelque utilité qu'elle ait été pour la production, fait matériel, a aggravé, fait moral, la lutte pour l'existence, dont elle n'est qu'une forme, et, là comme ailleurs, ce sont les faibles qui ont pâti, pour la même raison mathématique qui fait que, dans un établissement de jeu, ceux qui ont le moins à mettre sont plus vite ruinés. L'ouvrier qui, s'il survient une diminution de main-d'œuvre ne trouve plus d'emploi pour ce qu'il sait faire, est réduit à

Paris a chassé son dernier roi, la liberté de l'industrie n'était plus qu'un mot, et le monopole triomphant donnait à la France une aristocratie nouvelle plus dangereuse que la première[1].

la faim ; et le petit fabricant ou commerçant, muni d'un léger capital qu'il expose dans le jeu de la concurrence, est avec une extrême facilité mis au-dessous de ses affaires, tandis que, au temps où elles prospèrent, la prudence l'oblige à surfaire ses prix et à voler le consommateur. Comment nier que la concurrence illimitée, sans aucune institution de garantie, soit l'insécurité mise en système et menant avec elle une coutume de tromperies commerciales qui se donnent pour la règle et la justice spéciales de cet ordre de choses ? » (*Philosophie analytique de l'histoire*, p. 599.)

Il faut distinguer cependant deux applications du fait de la concurrence qui empêchent de la solidariser, comme on le fait souvent (Marx avait su éviter cette confusion), avec la loi d'airain. « Entre des producteurs capitalistes de la même partie, la concurrence tend à la diminution du prix des produits, autant qu'ils jugent pouvoir abaisser leurs bénéfices ; elle est donc dans l'intérêt des consommateurs, qui est un intérêt commun. Mais entre des ouvriers qui offrent leurs bras, elle est dominée par le besoin qu'ils ont tous de trouver du travail. L'industriel obligé, lui, par la concurrence de produire au meilleur marché possible, et qui doit retirer de la vente de ses produits ses frais, l'intérêt de son capital et un bénéfice que même il estime nécessaire pour couvrir ses chances de perte, l'industriel voit dans l'abaissement des salaires l'unique moyen de diminuer, si possible, ou au moins d'éviter d'élever ses prix. » (*Philosophie analytique de l'histoire* p. 564.)

1. Ce « dernier roi », et la bourgeoisie, sur laquelle il s'appuyait, se sont montrés par égoïsme de caste ou d'individus, aussi indignes de gouverner que, par les mêmes motifs, l'ancienne aristocratie. Quand Louis-Philippe pouvait ouvrir une ère française de 1830, semblable à l'ère anglaise de 1688, il a préféré à la mission glorieuse d'un Guillaume III le rôle

L'ÉLÈVE

La République a donc le droit d'intervenir dans les conditions du travail et dans le règlement des prix et des salaires ?

L'INSTITUTEUR

Sans doute, elle a ce droit. Elle l'exerce au nom du Peuple. Que serait, que pourrait un industriel, un négociant sans le travail du Peuple et sans la protection de la République ? La République, en assurant au commerce et à l'industrie leur liberté, acquiert par là même le droit de soumettre cette

ingrat d'un rusé marchandeur de libertés qui trouve à la fin sa perte dans les moyens qu'il prend pour la conjurer. « La même fatalité d'égoïsme et d'intérêt mal entendu qui a fait de la classe dirigeante aristocratique, après la guerre de Cent ans et après la Réforme, une caste ennemie du peuple, et par là indigne de gouverner sous les rois et incapable de les contenir, a porté la classe dirigeante bourgeoise à renier ou à combattre tout ce qui de la Révolution n'était pas à son avantage, entendu de la façon la plus étroite. Nous parlons de la majorité de ces classes, puisqu'il y a eu quelques brillantes exceptions dans la noblesse française et que la bourgeoisie a fourni et ne cesse de fournir abondamment de quoi combattre ses propres tendances, et peut-être à la fin les vaincre. Mais il n'en est pas moins vrai que les gouvernements qui ont cherché successivement son appui ont spéculé sur les plus basses passions. Tous ont manqué à la mission de continuer et d'accomplir la Révolution par les réformes ; tous ont violé ses principes, alors même qu'ils ne les ont pas reniés ; tous ont trahi leurs propres intérêts en se rendant odieux au peuple ou ne s'attirant sa faveur que grâce à ses vices. » (*Critique philosophique*, X, p. 219.)

liberté à toutes sortes de conditions tirées de l'intérêt commun[1]. [C'est une partie de] ce qu'on nomme *organisation du travail*.

L'ÉLÈVE

Donnez-moi une idée de cette organisation.

L'INSTITUTEUR

Tout ce que je puis vous dire, c'est qu'elle rou-

---

1. Ce droit de l'État est corrélatif de son devoir d'intervenir pour résoudre le problème de la vie à garantir aux membres de la société qui ont le droit d'en revendiquer les moyens. « La société actuelle admet une classe, bien que continuellement variable dans sa composition et dans son personnel, de *deshérités* dont la vie dépend des rencontres d'emplois, ou de l'obtention de secours des personnes que rien n'oblige à leur fournir l'un ou l'autre. Doit-on laisser la nature opérer selon ses lois pour retrancher du corps de l'humanité ceux qui, à travers les accidents de cette condition, arrivent à se trouver entièrement sans ressources, et ceux qu'ils ont eux-mêmes mis au monde sans y être invités, ainsi que le demandait l'économiste (Malthus)? Ou bien la société doit-elle assurer l'existence aux membres que l'humanité lui apporte? Et si elle ne leur doit rien, comment ceux qu'elle laisse dépérir lui devraient-ils quelque chose? Comment auraient-ils des devoirs envers elle?

On ne saurait adresser de réclamations qu'à des personnes disposant de pouvoirs déterminés, et il s'en faut qu'on le fasse toujours avec clairvoyance et utilité pour le but que l'on poursuit. Mais les revendications ont alors une valeur morale comme droits à affirmer au nom de la raison, au nom des idées que nul n'ose désavouer, de la justice et d'une certaine solidarité humaine; et ce sont, en d'autres termes, des devoirs à rappeler à ceux qui ont part à l'autorité législative. » (*Philosophie analytique de l'histoire*, p. 633.)

VIII. DE LA LIBERTÉ DE L'INDUSTRIE

lera tout entière[1] sur deux points[2] : [la libre] association des travailleurs, le règlement de l'industrie et du commerce par les lois de la République[3].

[A l'égard de l'association, vous devez la concevoir fécondée par ces vastes institutions de crédit et d'assurances dont je vous ai parlé[4]. Mais si vous

1. Se fondera (1re édition).
2. Choses (1re édition).
3. Ce chapitre VIII se termine ici, dans la 1re édition, avec la phrase suivante : « Mais c'est un sujet sur lequel je ne m'étendrai pas davantage en ce moment; il n'est pas nécessaire de vous rendre si savant. Moi-même j'attends des représentants du peuple, et j'espère apprendre à leur école beaucoup de choses que j'ignore. »
L'auteur va poser, dans la fin de ce chapitre, tout entière ajoutée dans la seconde édition, les trois principes de l'organisation du travail : 1° association; 2° liberté de la production; 3° réglementation du commerce. Dans le chapitre IX il posera les trois principes de garanties à fournir par la société à ses membres : 1° droit au travail; 2° instruction; 3° assistance.
4. En 1869, dans la *Science de la Morale* (II, 186), l'auteur ne demandera plus, pour les associations, que la tolérance de l'Etat. Les mœurs seules auraient charge de réformer les mœurs. « Des groupes de travailleurs éclairés et moraux peuvent associer leurs efforts, conquérir le capital par l'épargne, quoique bien péniblement dans les conditions présentes, mais le sacrifice est nécessaire pour ne rien demander qu'à soi et à sa propre liberté. Ils peuvent observer entre eux l'équité économique du partage du travail et du revenu net de la coopération. Ils peuvent, comme consommateurs unis, retrancher à leur profit les bénéfices des intermédiaires. Ils peuvent, par des traités avec d'autres associations pareilles, réduire les bénéfices abusifs de certaines productions, tendre à les supprimer et à niveler les valeurs. Ils peuvent, grâce à des coalitions légitimes, obliger le capital à leur abandonner la part de revenu net à laquelle le travail a

demandez quelles lois y seront observées relativement à la division du travail et au partage des bénéfices, quel sera le nombre des sociétés, quels seront leurs rapports entre elles ainsi qu'avec la République, il ne m'est pas possible à présent de vous satisfaire[1]. La liberté du Peuple créera toutes ces choses : ses assemblées en décideront. Je crois même, quelques systèmes qui aient été proposés jusqu'à ce jour, ou plutôt à cause de l'opposition

droit. Ils peuvent introduire enfin dans leurs sociétés, devenues elles-mêmes propriétaires, des relations plus morales que celles du monde, et pourvoir au besoin de la vie collective, aux garanties de la vie individuelle. » (*Science de la Morale*, II, 192.)

« Il serait indispensable que le gouvernement provoquât, et n'autorisât pas seulement les associations ; qu'il vînt à leur aide par des subventions, par une surveillance spécialement organisée et par des règlements durant une première époque d'initiation du nouveau régime. » *Nouvelle Monadologie*, 393.

Nous avons vu plus haut que dans ses dernières œuvres, l'auteur déclare le simple libéralisme insuffisant et fait appel au crédit de l'État pour compléter l'effort des initiatives associées. C'est un retour aux principes du *Manuel*, mais par un socialisme libéral évitant l'écueil du socialisme communiste qui est de compromettre la liberté.

1. C'est trop de modestie ; car si l'on a un système, on doit le faire connaître, et si l'on croit seulement à l'efficacité générale de décrets sans préciser leur portée et leurs moyens d'action, on ressemble à un thérapeute qui serait incapable de formuler un traitement. Qui parle au nom du peuple et prétend lui montrer le but est tenu de savoir ce qu'il dit et ce qu'il veut. C'est à compléter sa pensée sur ce point que l'auteur a consacré tout l'admirable quatrième livre de la *Science de la Morale* : *Le droit sous le contrat social*. Cf., *Critique philosophique*, X, 184.

de tous ces systèmes, qu'il ne laissera pas d'y avoir de la variété dans les sociétés qui seront fondées. Telle association ou communauté qu'il serait impie ou déraisonnable d'imposer à tous les citoyens et de consacrer par décret de la République pourra tenir sa place parmi les autres, si la volonté d'un assez grand nombre de travailleurs la réalise[1]. Mais ce qu'on peut affirmer, c'est que le principe élémentaire de la fraternité républicaine sera commun à toutes les associations ouvrières, c'est-à-dire qu'elles assureront les unes comme les autres le sort des vieillards, des infirmes et des malades[2], ainsi qu'un certain revenu *minimum* à tout travailleur de bonne volonté[3].

1. C'est en procédant par initiatives multiples et progressives, et en vertu de la contagion du bon exemple que les associations peuvent résoudre le problème social. « Dans la mesure et sous les conditions où de libres sociétés coopératives sont possibles, au sein d'une société plus vaste où règnent la concurrence et les monopoles capitalistes, avec des coutumes commerciales anarchiques et frauduleuses, s'il arrivait qu'il s'en organisât un assez grand nombre, avec des statuts pareils ou à peu près pareils, et qu'elles réussissent, on peut concevoir que, de proche en proche, par voie d'imitation et au moyen de fédérations, la grande société se transformât. On passerait alors spontanément sur ce point essentiel des intérêts économiques, de la société de guerre à la société de paix. » (*Nouvelle Monadologie*, p. 391.)

2. La question de l'assistance sera ramenée plus loin au chapitre IX.

3. Le minimum de salaire ne saurait être établi par une règle de partage du revenu net sous le régime du contrat

A l'égard du règlement de l'industrie et du commerce par les lois de la République, il vous est aisé de voir qu'on peut distinguer deux genres de travaux fort différents auxquels se livrent les citoyens : 1° le travail de la production, c'est-à-dire l'industrie proprement dite et l'agriculture ; 2° le travail de l'échange, comprenant le négoce et le commerce intermédiaire. Dès que nous repoussons de toutes nos forces le système oppressif qui fait de tout citoyen un fonctionnaire de la République, un salarié qui aurait d'un côté sa tâche à accomplir, de l'autre sa portion fixe du produit total à consommer, il est clair que nous devons laisser la production aux soins et à la liberté des citoyens. Il suffit que cette liberté soit dirigée par les avis de l'autorité républicaine et, dans certains cas, soumise à des restrictions dont il y a déjà de nombreux exemples[1]. Mais il en est tout autrement du commerce

entre l'entrepreneur et le salarié. La règle morale qu'aucun des deux contractants ne doit être mis hors de la fonction capitalisante n'a son application rationnelle que dans l'association.

[1]. Ces considérations éliminent le socialisme sous forme communiste qui est à la fois utopique et destructif du seul moyen du progrès, la liberté; utopique parce qu'il suppose réalisée cette hypothèse de l'état de paix : la vertu des gouvernants pour organiser le travail et distribuer les produits, et la bonne volonté de gouverner d'accord entre eux, pour approuver l'œuvre et en subir l'exécution; destructif de la liberté parce qu'il méconnaît ce principe que la défense doit être organisée non seulement pour la société contre ses mem-

intermédiaire qu'on pourrait regarder sans inconvénient comme une branche de l'administration de la République [1]. L'intérêt commun exige que le

bres, mais aussi au profit des individus contre l'oppression possible de la société, par des droits, par des libertés conservées et garanties. Cf. p. 298, n° 1.

« Ce dernier point est celui qui est méconnu dans les doctrines à tendances communistes, qui doivent ou écarter de leur idéal les moyens de contrainte, et par là tomber dans l'utopie de la paix pure, ou vouloir que tout individu soit astreint au travail même et à la fonction même que la communauté lui assigne dans l'intérêt de tous, auquel cas il perdrait la liberté. »

« Dans la supposition de pouvoirs institués socialement à l'effet d'exercer la contrainte sur l'individu pour lui faire remplir sa tâche particulière dans l'ensemble des travaux relatifs à l'entretien de la vie de tous, il est clair que l'individu, outre qu'il cesse de s'appartenir, n'a point de garanties contre l'injustice ou l'erreur des personnes investies de ces pouvoirs. De là la nécessité pour les sociétés libres de reconnaître des droits individuels, qui défendent l'individu à la fois et en première ligne contre le pouvoir de tous et contre les agents qui l'exercent. Ces deux garanties fondamentales sont le droit de propriété et le droit au profit. Nous désignons par ce dernier droit la faculté qui s'ajoute à celle d'avoir quelque chose à soi ; elle consiste à pouvoir gagner ou perdre, en usant librement de ce qu'on a, pour des affaires ou transactions avec autrui. » (*Philosophie analytique*, p. 630.)

1. « Si la production proprement dite est un travail individuel et qu'on ne saurait réduire en fonction sociale déterminée, commandée et rétribuée, sans détruire la propriété et la liberté, l'instrument propre de l'échange correspond au contraire à une fonction éminemment sociale de sa nature, puisqu'elle est toute d'intermédiaire et d'intérêt commun. On conçoit à merveille qu'en ne dépouillant aucune personne de ses droits naturels, on avise par l'entente de toutes à organiser des moyens dont la facilité, l'économie et la loyauté leur importent à toutes. » (*Science de la Morale*, II, p. 126.)

commerce soit soustrait aux spéculations des particuliers, afin que nul ne soit trompé sur la qualité, la quantité et le prix des marchandises, et que la morale publique, atteinte gravement par les habitudes mercantiles, puisse enfin se relever. D'ailleurs il n'est point impossible de conserver une large part à la liberté dans l'organisation du commerce[1]. Mais je laisse cette question qui nous conduirait trop loin ; je n'examine pas non plus si le commerce avec l'étranger doit être confié à la République ou à des associations qui se formeraient à cet effet. Je pose en principe seulement qu'il doit être soustrait aux effets du hasard, de la fraude et de la cupidité qui aujourd'hui le déparent et le ruinent[2]. Enfin

[1]. « L'établissement d'une agence sociale de distribution des produits n'est point, de soi, contraire à la liberté. Les producteurs peuvent demeurer libres d'affecter des prix à leurs produits, les commerçants mêmes libres d'acheter ou de vendre à leur gré, s'ils trouvent des vendeurs et des acheteurs pendant qu'une société grande ou petite prend les mesures nécessaires pour mettre à la disposition de ses membres les produits dont ils ont besoin à des prix que ne surélèvent point les bénéfices du commerce. » (*Science de la Morale*, II, p. 126.)

[2]. « Signalons les vices inhérents aux habitudes commerciales : le secret, le mensonge, la fraude, tout ce qu'entraîne de passions mauvaises une profession dont le profit se fonde sur ce que l'un gagne, sur ce que l'autre perd et réciproquement. La fraude proprement dite n'est pas nécessaire, dira-t-on ; non, mais elle est à peu près universelle et naturellement amenée. La dissimulation est de règle, et le mensonge est la méthode des marchés, des moindres et des plus nombreux encore plus que des grands. Dans les grands, l'exagération

VIII. DE LA LIBERTÉ DE L'INDUSTRIE

vous pouvez étendre à la vaste industrie des transports ce que je dis ici du commerce. Toute opération de transport est naturellement une fonction sociale. Remarquez toutefois que la République peut exploiter le commerce et les transports, sans pour cela les interdire aux particuliers [1]. Qu'elle ait à conduire assez bien ce qu'elle entreprendra pour que nul ne puisse lui faire aucune concurrence sérieuse.]

des bénéfices (forcées par l'aléa) compense ce qu'ils ont de sincérité relative et produit le scandale des enrichissements monstrueux obtenus sans travail grâce au hasard et à certain savoir faire. » (*Science de la Morale*, II, p. 132.)

1. Tout ce qui s'appelle circulation, distribution matérielle, et l'ensemble des moyens qui y servent reviennent à l'Etat économique par la nature des choses qui indique une action commune pour des intérêts communs. « Ces intérêts de l'ordre matériel ont le triple caractère de ne se bien apprécier et déterminer que par une vue d'ensemble, d'être satisfaits le plus économiquement possible à l'aide d'une direction générale prévoyante et informée (en supposant, il faut le répéter, de véritables agents raisonnables et moraux chargés des fonctions et travaux de la communauté), et d'offrir la plus grande garantie dans toutes les choses impliquant crédit; tandis que la satisfaction des intérêts communs attendue de la résultante telle quelle des intérêts particuliers est nécessairement incomplète, incertaine et accompagnée de forces perdues de toutes sortes. Cela posé, il est clair que les chemins, les monnaies et les banques, ces moyens de circulation divers, doivent être rangés parmi les affaires du public, et qu'une agence générale de commerce ne le doit pas moins, ayant cet objet de procurer la distribution matérielle des produits, pour la plus grande utilité de tous et sans prélèvements arbitraires en faveur des intermédiaires. » (*Science de la Morale*, II, p. 159.)

CHAPITRE IX

DE L'ÉGALITÉ [ET DE LA FRATERNITÉ]

L'ÉLÈVE

Vous avez parcouru tous les droits qui dépendent de la liberté : dites-moi maintenant ce que c'est que l'égalité.

L'INSTITUTEUR

Les hommes naissent égaux en droits, c'est-à-dire qu'ils ne sauraient exercer naturellement de domination les uns sur les autres. La République consacre cet état naturel sous l'empire de la loi [1].

---

[1]. L'égalité peut s'entendre au sens naturel et au sens juridique. Dans le premier cas, les hommes sont non pas égaux, mais semblables spécifiquement, c'est-à-dire que malgré les différences individuelles de leurs caractères physiologiques, psychologiques et moraux, ils se ressemblent plus entre eux qu'ils ne diffèrent par la qualité d'homme. La nature humaine est un ensemble d'attributs qui se retrouvent en chacun. Juridiquement, toute personne adulte a les mêmes titres à recevoir de la société dont elle fait partie les garanties sociales qui touchent à sa vie, à ses biens, à sa dignité, à son indépendance de corps et de pensée ; c'est l'égale jouissance de ces garanties qui constitue l'égalité civile. Quand toutes les personnes sont appelées à participer directement ou par délégation à la confection de la loi ou statut commun,

L'ÉLÈVE

Ne pourriez-vous me rendre cette idée plus claire ?

L'INSTITUTEUR

La loi, dans la République, n'admet aucune distinction de naissance entre les citoyens[1], aucune hérédité de pouvoir[2]. Les fonctions civiles et poli-

---

il y a égalité politique. Enfin il y a égalité économique lorsque la propriété n'est pas garantie aux uns seulement, dans son acquisition et sa conservation, mais à tous par des dispositions législatives attribuant à chacun la fonction capitalisante.

1. L'aristocratie, c'est-à-dire, *selon l'étymologie*, l'exercice du pouvoir dans une société par ceux qui en sont les plus dignes comme possédant à un degré supérieur les capacités de conseiller, tuteur, législateur, serait le régime le plus conforme à la raison si le discernement de la supériorité se faisait au moyen d'un critère infaillible. Un tel critère n'existe pas. C'est donc à l'estimation de chacun, selon ses lumières, que revient ce discernement. En fait, il n'est aucune société, si démocratique qu'elle soit, où ne se manifeste, par le jeu même de la vie politique et par sélection spontanée, une aristocratie du mérite. Le principe, ainsi entendu, est rationnel. C'est au contraire une violence à la raison que de faire de la naissance le critère de l'aristocratie.

2. La monarchie a pour caractère historique de faire du pouvoir une propriété transmissible par héritage, ce qui assimile les gouvernés à des choses sans dignité propre. Mais de même que la formation d'une aristocratie selon la raison est un besoin de toute société, la monarchie répond, quoique très imparfaitement, à un autre besoin politique, celui de l'unité et de la force dans l'exécution. Il n'est satisfait rationnellement à ce besoin que si le pouvoir exécutif est une délé-

tiques n'y sont jamais des propriétés. Tous les citoyens y sont également admis aux emplois sans autre distinction que leurs vertus[1] et leurs talents. Enfin la loi est la même pour tous, soit qu'elle protège, soit qu'elle punisse.

L'ÉLÈVE

J'ai cru jusqu'ici, lorsqu'on m'a parlé de l'égalité, qu'on ne voulait pas seulement donner les mêmes droits à tous les hommes, mais aussi la même existence et les mêmes biens.

L'INSTITUTEUR

Vous ne vous êtes trompé qu'à demi. La République ne veut pas la parfaite égalité des conditions, parce qu'elle ne pourrait l'établir qu'en dépouillant les citoyens de leur liberté. Mais la République veut s'approcher de cette parfaite égalité, autant qu'elle le peut, sans priver le citoyen de ses droits natu-

---

gation, directe ou indirecte, des citoyens exerçant leur pouvoir électif. La moralité de la démocratie tient à ce qu'elle pourvoit, par l'élection, aux deux nécessités naturelles représentées en fait mais non en droit par l'aristocratie et la monarchie.

1. Il ne s'agit pas de la vertu seulement morale, mais de la vertu politique, c'est-à-dire un ensemble de qualités d'intelligence, de cœur et surtout de caractère dans l'exercice des fonctions électives, délibératives, exécutives, qui désignent un homme comme conseiller, tuteur, agent de ses concitoyens.

rels, sans faire de lui l'esclave de la communauté[1].

La devise de la République est : *Liberté, Égalité, Fraternité*. S'il n'y avait que liberté, l'inégalité irait toujours croissant et l'État périrait par l'aristocratie ; car les plus riches et les plus forts finiraient toujours par l'emporter sur les plus pauvres et les plus faibles[2]. S'il n'y avait qu'égalité[3], le

---

1. La République est la forme même de la justice dans l'État ; elle représente le droit commun ; elle ne peut donc pas se borner à fournir aux citoyens des garanties d'ordre civil et politique, elle ne peut se désintéresser de l'antinomie économique résultant de la propriété conservée aux uns, rendue impossible aux autres. La République n'atteint donc son plein effet que lorsqu'elle est démocratique et sociale. Elle ne saurait, il est vrai, se donner comme but unique ou suprême l'établissement du bien-être général par l'égalité des propriétés ; d'abord parce que rien n'est au-dessus de la justice, puis parce que mettre au-dessus de tout la préoccupation du bien-être c'est se déclarer indifférent aux formes politiques. Telle est d'ailleurs la tradition dans l'école économiste depuis les physiocrates du XVIII° siècle, et ce qui rendrait admissible par exemple, un honteux régime comme le second empire, très capable de favoriser la propriété matérielle et « les affaires, » mais renfermant toute activité dans la sphère de la vie privée. Mais la République n'est réalisée que lorsqu'elle en vient comme à ses conséquences, aux lois économiques et sociales qui garantissent à tous, outre la fonction politique, la fonction capitalisante.

2. Par l'effet naturel de la concurrence.

3. Égalité sans association. Ce serait le communisme autoritaire et égalitaire. « Malgré le principe démocratique réclamé par la forme du gouvernement, dans le communisme égalitaire, ce système est autoritaire comme celui qui spécule sur la hiérarchie des capacités et des vertus. Il l'est par la force des choses, attendu que la volonté de la majorité, réglant les

citoyen ne serait plus rien, ne pourrait plus rien par lui-même, la liberté serait détruite, et l'État périrait par la trop grande domination de tout le monde sur chacun. Mais la liberté et l'égalité réunies composeront une République parfaite, grâce à la fraternité. C'est la fraternité qui portera les citoyens réunis en Assemblée de représentants à concilier tous leurs droits, de manière à demeurer des hommes libres et à devenir, autant qu'il est possible, des égaux [1].

droits et les devoirs de la minorité, ceux de chaque individu, en chaque chose, a vis-à-vis d'eux les caractères d'une autorité, non seulement matérielle en soi (celle du nombre), mais qui doit même leur être imposée sans réserve, comme le préservatif unique de l'anarchie qui naîtrait naturellement de la diversité des intérêts et de celle des jugements. L'inévitable écueil où le socialisme communiste échoue, est donc l'anéantissement de la liberté. » (*Nouvelle Monadologie*, p. 390.)

1. Il y a un cercle vicieux dans toute théorie socialiste qui prétend se réaliser par voie d'autorité : charger l'État, c'est-à-dire en somme le monde comme il est, de créer des institutions contraires à l'esprit et aux idées qui y règnent.

« C'est supposer qu'un certain gouvernement, une certaine élite d'hommes investis d'autorité par voie légitime, ou révolutionnaire, pourraient transformer la société, mettre fin aux idées et coutumes vicieuses, instituer un nouvel ordre de choses qui une fois établi fonctionnerait à l'entière satisfaction et du public et de la justice. En effet, cette supposition en implique quelques autres : 1° que le pouvoir constitutionnel parviendrait réellement aux mains d'hommes élevés par le savoir, la moralité et les intentions au-dessus des préjugés et des passions, non seulement de leurs contemporains, mais encore de l'humanité en ses vices généraux, de tous temps observables ; 2° que ces hommes disposeraient, sans

L'ÉLÈVE

Que faut-il dans une République fraternelle pour que les citoyens soient en même temps libres et égaux ?

L'INSTITUTEUR

Il faut et il est indispensable qu'une République fraternelle reconnaisse et assure deux droits à tous les citoyens :

Le droit à travailler et à subsister par son travail ;

Le droit à recevoir l'instruction, sans laquelle un travailleur n'est que la moitié d'un homme [1].

être interrompus et arrêtés dans leur œuvre par de graves discussions et par des mouvements révolutionnaires, dans une société profondément troublée, du temps et des moyens nécessaires pour opérer d'autorité la transformation sociale et fonder le nouveau régime ; 3° qu'une fois le fondemment posé, la soumission à l'ordre établi, bon par hypothèse, s'obtiendrait sans peine et se maintiendrait grâce aux vertus naturelles des sujets. Il est visible que ces conditions présupposent dans la nature humaine, les dispositions et les qualités mêmes qu'il n'est question de lui donner par des institutions que parce qu'elle ne les possède pas. » (*Nouvelle Monadologie*, p. 528.)

1. Le chapitre IX se terminait ici dans la 1e édition. — Dans ce qui suit, l'auteur a ajouté des développements correspondant à ceux qu'il ajoutait aussi dans le chapitre précédent. Ceux du chapitre VIII précisaient sa pensée sur l'*organisation du travail* ; ceux du chapitre IX la précisent sur la nature des trois *garanties* dues par la société à ses membres : 1° droit au travail, 2° instruction, 3° assistance. Le plan

L'ÉLÈVE

[Comment concevez-vous que la République puisse assurer à tous les citoyens l'exercice du *droit au travail*[1] ?

L'INSTITUTEUR

[Il y a pour cela deux sortes de moyens : 1° L'organisation même du travail ; si les besoins et les ressources de la France étaient bien connus, ainsi

suivi dans cette partie du *Manuel* et les principes exposés se retrouvent dans le chapitre LXXXVI de la *Science de la Morale* sous le titre : *Du service économique de l'État*.

1. « Le droit au travail, principe de justice, principe *garantiste*, pour emprunter le langage excellent de Fourier, exclut, loin de le supposer, le principe du communisme ; car il implique par ses termes, par le fait de son simple énoncé, une opposition entre la société constituée, d'une part, dans laquelle l'instrument de travail, terre et capital, est entièrement approprié, et l'individu, d'une autre part, qui réclame l'usage de cet instrument comme condition d'existence pour lui. La revendication est juste, en principe, et sauf étude des moyens ; car elle ne peut être repoussée, sans que l'individu se trouve placé comme sous l'empire d'un contrat social qui, le dépouillant de ses libertés naturelles, ne lui donnerait rien en échange. Il n'y a rien, en effet, sans la possibilité de vivre. Quand la Constituante de 1848 refusa de reconnaître le droit au travail, (votes du 14 et 15 septembre, Cf. plus haut. Préface, p. 66) elle commit une grave injustice en même temps qu'une évidente erreur philosophique, à moins d'avouer le plus brutal matérialisme des relations humaines. Ce fut un acte de passion politique, motivé par la crainte qu'inspiraient des théories socialistes alliées à des éléments révolutionnaires. » *Philosophie analytique*, t. IV, p. 205.)

que l'état du débouché extérieur et si les travailleurs trouvaient dans l'association, dans le crédit et dans les diverses aptitudes que l'enseignement professionnel devrait leur donner, un ensemble de lois ou de précautions tutélaires, il arriverait rarement qu'un citoyen eût à faire valoir son droit au travail envers la Société[1]. 2° Les travaux d'intérêt général, d'utilité publique. L'État peut diriger lui-même ces travaux et leur donner plus d'extension dans les temps de crise industrielle, de manière à utiliser les bras ou les capacités sans service. Il est vrai que les travailleurs de toutes les spécialités ne pourraient ainsi trouver leur emploi le plus convenable ; mais aussi faudrait-il que l'éducation eût fait tout citoyen propre à certaines occupations

---

[1]. « La morale exige des associés un juste usage de la propriété en matière de loyers et de salaires et une juste et égale appréciation déclarée des valeurs des travaux et des produits, ramenés à l'unité du travail. A ces conditions seules on peut satisfaire aux principes du droit pur, qui exigent une participation de tous les associés au revenu net social et un partage des revenus nets particuliers entre le travail et la propriété. La reconnaissance et l'organisation du droit au travail réussiraient à les réaliser toutes deux en une forte mesure, puisque tout réclamant, dans cette hypothèse, étant admis à utiliser un instrument de travail étranger, moyennant salaire conforme au droit, l'équivalent de la propriété lui serait assuré, et il est sensible que les relations et traités entre personnes privées se modèleraient alors sur ceux qu'offrirait l'État, ou deviendraient impossibles et feraient partout place à ces derniers. » (*Science de la Morale*, II, p. 178.)

manuelles. L'égalité le commande, et la santé, la moralité de tous ne pourraient qu'y gagner[1].

Au surplus, dans le cas où le *droit au travail* ne peut être exercé pour cause de force majeure, il se traduit en *droit à l'assistance*. Et ici je n'entends point consacrer l'aumône, car il est juste qu'un homme né, élevé au sein d'une société, d'un milieu artificiel où la nature est transformée, appropriée de telle façon qu'il n'ait pas à sa disposition pour subsister les moyens primitifs que la terre et une pleine liberté donnent au sauvage ; il est, dis-je, de toute justice que cet homme tienne de la volonté sociale au moins cette vie que les autres conditions de la société lui refusent[2]. Une République

[1]. « Le choix des instruments aurait plusieurs conditions à remplir : ne porter que sur un certain nombre et d'une nature assez universelle, sans quoi la société tendrait à se substituer à l'action de ses membres en une multitude de travaux et de productions, et on serait conduit à un système d'organisation industrielle que n'entraîne nullement l'objet qu'on se propose ; exiger le moins d'apprentissage possible et convenir plus ou moins aux forces et à l'habileté de tous, puisque la société ne peut assurer à chacun, sans dépasser son but, des emplois conformes à leurs aptitudes variées, naturelles ou acquises ; se diriger enfin à la production des objets les plus nécessaires et les moins exposés à surabonder, outre les travaux tout naturellement indiqués comme se rapportant aux grands objets d'intérêt public qu'il appartient à la société de déterminer et de poursuivre. » (*Science de la Morale*, II, p. 57.)

[2]. « On ne saurait contester en principe, quand on reconnaît la nature morale du lien social, qu'une société juste doive assister ceux de ses membres qui sont sans ressources

IX. DE L'ÉGALITÉ ET DE LA FRATERNITÉ

qui ne reconnaîtrait pas le droit à l'assistance serait elle-même sans droit sur les citoyens privés du nécessaire [1]. Une guerre civile, légitime d'un côté, serait son état habituel. Et c'est là ce que nous n'avons que trop vu sous le gouvernement des rois. La société fondée sur le principe de la propriété dévolue à quelques-uns avait pour ennemis tous les hommes énergiques ou corrompus qu'elle laissait sans instruction et sans pain [2].

en leur procurant des moyens de travail, ni enfin que l'humanité réclame d'une telle société des secours d'assistance publique en faveur des incapables de travail et de ceux-là mêmes qui sont les auteurs en grande partie de leurs infortunes par leurs fautes. La tâche est du ressort collectif, en ce vaste milieu de relations complexes où il est parfaitement clair que l'assistance privée ne suffit pas à l'œuvre et ne peut s'y croire obligée. » (*Nouvelle Monadologie*, p. 834.)

1. Cf. plus haut, chapitre VIII, le passage cité p. 194, note 1.

« L'assistance sociale, quelque bien organisée qu'on l'imagine, n'est pas plus apte que l'assistance individuelle à prévenir ou à corriger radicalement les conséquences antinomiques du régime de la propriété ; elle les suppose acquises au moment où elle intervient et n'a rien du caractère d'une loi modificatrice des phénomènes sociaux. Le remède qu'elle apporte d'ailleurs n'est pas profond ; on l'accuse, non sans raison de tendre à perpétuer le mal en le soulageant. L'adopter et s'y borner, c'est avouer qu'on désespère de ramener le fait de la propriété à son principe, si ce n'est nier ce principe et la véritable idée sociale, substituer la bonté au devoir, et résoudre, par l'effet d'une loi de grâce, un problème issu d'un déni de justice. » (*Science de la Morale*, II, p. 42.)

2. « Il est mieux de donner des travaux que de distribuer des aumônes, de faire travailler que de donner sans travail. Un franc que gagne l'ouvrier de n'importe quelle profession lui est plus réellement avantageux, à moins qu'il ne soit

L'ÉLÈVE

Vous croyez que l'organisation du travail dispenserait les citoyens de réclamer l'exercice de leur droit ? Mais l'invention des machines n'a-t-elle pas pour effet de diminuer sans cesse la somme des bras occupés, et par là, de priver les ouvriers de leurs ressources habituelles ? Vous n'entendez pas sans doute interdire l'emploi des machines[1] ?

L'INSTITUTEUR

Dieu m'en garde ! Les machines préparent le

mourant de faim, que dix qu'il recueillerait en aumônes. Celui qui n'est pas dans l'impossibilité de gagner quelque chose ne doit jamais accepter la charité. Les riches bienveillants respectent qui s'adresse à eux pour leur gagner leurs billets de cent et de mille, et non pour les leur mendier. Il y a des cas, certainement, où chacun de nous peut accepter et même demander aide et secours : des cas de maladie, par exemple, ou de calamités causées par l'inondation, l'incendie, la guerre. Ce ne sont pas alors des questions d'aumône, mais d'assistance nécessaire et urgente à laquelle chacun doit se porter selon les moyens dont il dispose. » (*Petit Traité*, p. 62).

1. « Les économistes sont disposés à accepter pour le type naturel de l'ordre social un règne souverain des riches capitalistes, avec les ingénieurs pour ministres, et les prolétaires pour instruments : instruments adaptés, aux moindres frais possibles, au service des machines et à ce surplus toujours décroissant du travail que les machines ne peuvent faire. C'est l'exploitation de l'homme par l'homme, comme la nommaient très exactement les Saint-Simoniens. » (*Philosophie analytique de l'histoire*, t. IV, p. 601.)

loisir de l'homme et serviront un jour puissamment à lui réserver le temps nécessaire à la culture de son intelligence. Mais il serait aisé, si le travail était vraiment organisé, de consacrer les premiers bénéfices dus à l'emploi d'une machine, à indemniser les travailleurs qui se trouveraient sans ouvrage par le fait de cette découverte.

L'ÉLÈVE

Mais ne craignez-vous pas enfin que les progrès de la population n'aboutissent à rendre la misère universelle[1] ?

L'INSTITUTEUR

Si la production ne s'accroissait pas avec la popu-

---

1. L'économiste anglais Malthus (Cf. p. 85, n° 2) a produit une vive et longue impression dans le monde savant en alléguant dans son livre *Essai sur le principe de la population* (1803) que la misère sociale a sa cause dans l'excès de la population sur la quantité des substances. Parlant au nom de la nature, il invitait à sortir du banquet de la vie les gens à qui leurs ressources ne permettent pas d'y prendre part. Les pauvres n'auraient à accuser qu'eux-mêmes de leur condition sociale puisqu'ils se multiplient trop. Après lui, beaucoup d'économistes, et parmi eux Stuart Mill, ont cru pouvoir accuser l'imprévoyance des parents pour trouver prétexte à refuser l'assistance aux enfants. Or, en fait, la prétendue loi de Malthus n'est nullement confirmée par les mouvements connus de la population. Bastiat croyait pouvoir établir que le doublement exigerait 555 ans en Turquie, 227 en Suisse, 178 en France, 100 en Hollande, 76 en Allemagne, 43 en Russie et en Angleterre, 25 ans aux États-Unis, en défalquant le contingent fourni par les émigrations.

lation sous le régime de l'organisation du travail, et si la population elle-même ne trouvait pas plus de limite au temps de l'aisance générale qu'elle n'en a trouvé dans les temps de misère, il faudrait que la République fondât des colonies[1]. La terre est vaste et presque inhabitée encore. Ne pourrions-nous au besoin créer de nouvelles Frances au delà des mers ?

1. On en arrive à des conséquences telles que le malthusianisme quand on prétend considérer l'économie comme une science dont la singularité consisterait à traiter de faits moraux tels que les besoins et les titres de l'humanité, indépendamment de la morale. Il en est de même de nos jours, depuis Auguste Comte, de la prétendue science qui s'inscrit sous le nom de sociologie, laquelle élimine de la question sociale la morale et la politique, qui en sont les facteurs et en renferment tout l'intérêt. Les économistes et les sociologues, en considérant les faits actuels comme immuables et nécessaires et en éliminant la morale de ces faits moraux, sont comme des géomètres empiriques qui prétendraient s'en tenir, par exemple, à l'art de l'arpenteur ou du charpentier, et éliminer la géométrie rationnelle. Quoi qu'il en soit des faits de population, il ne reste pas moins un devoir social de faire place aux survenants dans le monde et un devoir fraternel à remplir envers ceux que les circonstances ont dépossédés. « Qu'il soit vrai ou non que l'accord entre les lois respectives d'accroissement de la population et des subsistances doive, dans un temps donné, se trouver impossible, il n'y a point à s'en préoccuper pour le temps présent, qui n'est pas un temps de famine, et il y a toujours lieu pour le moraliste d'examiner si la justice sociale est mise en demeure d'intervenir dans une situation où ni la loi ni la coutume n'opposent aucun obstacle à la satisfaction égoïste d'une classe de possesseurs du capital. » (*Philosophie analytique de l'histoire*, t. IV, p. 563.)

L'ÉLÈVE

Vous avez nommé un autre droit qu'une République fraternelle doit, disiez-vous, garantir à tous les citoyens. C'est le droit à l'instruction. Expliquez-moi quelle est, à cet égard, l'étendue du devoir de la République.

L'INSTITUTEUR

L'instruction qu'il s'agit ici d'assurer se compose de deux parties, qui sont, d'abord, un ensemble de connaissances élémentaires nécessaires au développement de l'homme et du citoyen, puis un enseignement professionnel, ou, si vous aimez mieux, un apprentissage comprenant la théorie et la pratique première d'un état[1].

---

[1]. L'instruction est due par l'État aux enfants comme conséquence logique de la garantie due sous forme de reconnaissance du droit au travail. « Car ce que la société doit aux parents, elle le doit aux enfants à qui les parents doivent, quand ceux-ci manquent ou sont incapables ; et comme la puissance de travailler n'est pas encore chez ces enfants, qui, autrement, réclameraient l'instrument de travail, c'est cette puissance qu'il faut leur procurer d'abord. Quant à l'éducation intellectuelle et morale, qu'on pourrait, sous le point de vue où nous sommes placés, appeler une assurance contre l'ignorance, elle n'est pas moins due par la société que l'éducation physique, là où les familles sont dans l'impuissance de la donner ; et encore que celle-là n'appartienne point par son contenu à l'ordre économique, elle y rentre par les moyens matériels qu'elle exige. » (*Science de la Morale*, II, p. 162.)

L'instruction n'est pas seulement un droit pour le citoyen; elle est encore un devoir, parce que la République, qui réclame ses services, et à la direction de laquelle il est même appelé à concourir, doit trouver en lui et l'intelligence de sa profession et l'aptitude aux fonctions politiques dont elle l'investit[1].

L'enseignement étant libre sous la République, libre à la seule condition d'une surveillance qui s'attache à la moralité, au patriotisme et à la force, à l'élévation suffisante de l'instruction donnée, quand elle s'adresse aux enfants[2]; libre absolu-

---

1. « Ce serait une erreur de croire que l'éducation ne sert à transmettre que le savoir formel et les différents arts. Elle transmet la civilisation au peuple pris en son entier, et les bonnes manières de penser et d'agir aux particuliers qui la reçoivent. *Civilisation* est un mot qui veut surtout dire état de vie civile et possession de sagesse civile : vie civile, c'est vie de citoyens et relations mutuelles de citoyens; sagesse civile, c'est science politique et organisation du gouvernement pour le bien commun. Cela ne se rencontre que dans les pays dont les habitants se régissent par des lois, et possèdent une liberté plus ou moins étendue pour se donner des institutions ou pour réformer celles qu'ils ont, s'ils ne les trouvent pas bonnes, au lieu de vivre sous des maîtres qui ne leur rendent point de comptes. » (*Petit Traité*, p. 80.)

2. L'éducation de la jeunesse est une fonction appartenant exclusivement à l'État; c'est une partie de la souveraineté : 1° parce que l'État est éminemment chargé de garantir la liberté des personnes et de préparer dans les enfants la génération qui doit le continuer lui-même; 2° et parce que l'État, étant formé de personnes morales, a une morale, sans quoi on ne pourrait lui attribuer l'administration de la justice et la surveillance des mœurs. Si l'État délègue la fonction édu-

IX. DE L'ÉGALITÉ ET DE LA FRATERNITÉ

ment quand cette instruction s'adresse à des hommes faits[1], il en résulte que la République ne sera pas nécessairement chargée de la totalité de l'enseignement public ; mais elle sera tenue d'offrir l'instruction gratuite... aux enfants qui ne la reçoivent point d'ailleurs, et l'éducation civique à tous, sans distinction[2]. Les pères ou tuteurs de ceux-ci seront obligés de leur faire fréquenter certaines écoles publiques, même alors qu'ils justifieront de

---

catrice à des personnes justifiant sa confiance, et en premier lieu aux parents, en faveur de qui il y a présomption légitime qu'ils accompliront la fonction sociale éducatrice, c'est toujours sous réserve de contrôle et de redressement et avec droit de prononcer même la déchéance du pouvoir paternel.

1. La communication de la pensée entre adultes n'est soumise qu'à la réserve du droit de chacun d'être protégé contre l'injure et l'attentat aux bonnes mœurs. Sauf ce cas réservé, on ne conçoit pas qu'une limite puisse être apportée à la libre recherche scientifique et philosophique ; quoique l'Etat ait le devoir d'y pourvoir pour le maintien de la civilisation, indépendamment des efforts de l'initiative privée. Faute de distinguer entre l'éducation de la jeunesse (enseignement primaire et secondaire) et la controverse publique entre adultes, on laisse s'introduire de honteuses équivoques sous le nom de liberté d'enseignement.

2. On dit parfois que la cité antique méconnaissait sur ce point, comme sur beaucoup d'autres, les droits de l'individu ; que les enfants étaient moins à leurs parents qu'à la cité qui les élevait et les faisait siens. Mais la cité grecque avait reconnu que l'éducation est le droit de l'État, parce qu'il n'y avait de religion ni dans l'Etat, ni hors l'Etat, en mesure de se l'attribuer, et que d'en laisser la liberté à chaque famille, c'est proprement ôter le fondement d'un État républicain. Cf. *Nouvelle Monadologie*, p. 429.

l'instruction qu'ils leur donnent ou leur font donner par d'autres moyens[1].

Je ne parle pas de l'instruction et de l'éducation religieuse que les ministres des cultes peuvent seuls donner, et qui ne sont point de la compétence des magistrats de la République.

L'ÉLÈVE

Vous n'étendez le droit à l'instruction qu'à l'ensemble des connaissances nécessaires à l'homme et au citoyen. Mais l'égalité n'exigerait-elle pas quelque chose de plus, à savoir, que tous les citoyens reçussent la même instruction ?

L'INSTITUTEUR

L'éducation doit être la même pour tous autant que cela dépend de la République ; l'éducation, c'est-à-dire l'élévation de l'âme, la formation du

---

[1]. L'instruction civique est obligatoire entre toutes puisque sans elle, l'unité morale de l'Etat est sans garantie, « mais peu de parents sont en état de la donner, comme aussi ils n'ont pas ordinairement le temps ou l'aptitude pour donner l'instruction, et d'ailleurs, la fréquentation de l'école est la vie publique de l'enfant. La vie complètement privée lui est rarement bonne et suffisante. Il faut donc que la tâche de l'éducation incombe, au delà de la famille, à l'institution publique, ainsi que la tâche de l'instruction. » (*Petit Traité*, p. 83.)

cœur. Mais l'égalité n'exige rien de plus[1]. Un esprit plus ou moins étendu ou cultivé, une intelligence appliquée à une chose ou à une autre ne font nullement la supériorité de l'homme. Des frères sont moralement égaux, sans être en rien semblables. D'autre part, la République est intéressée à ce que les aptitudes, les directions, les cultures intellectuelles des citoyens aient autant de variété qu'en ont les travaux d'art, de science ou d'industrie qui doivent s'exécuter dans son sein. Dès lors elle doit seulement procurer l'éclosion des vocations et diriger sans frais dans les carrières où ils peuvent le plus utilement servir, tous les enfants, riches ou pauvres, qu'elle fait examiner par ses magistrats.]

1. Il y a une instruction élémentaire et une éducation morale et civique qui sont exigibles de chacun et que chacun peut exiger gratuitement de l'Etat. De plus, il serait contraire à la justice que selon les goûts et les aptitudes manifestés dans la première phase de l'éducation, la continuation de la culture dans l'ordre secondaire et supérieur fût réservée comme un privilège à ceux des enfants dont les familles peuvent en faire les frais. L'éducation intégrale pour ceux qui justifient de leur aptitude à la recevoir à tous les degrés peut être exigée de l'Etat comme un service public et non comme une faveur sociale accordée aux uns, retirée aux autres.

CHAPITRE X
DEVOIRS ET DROITS DE LA RÉPUBLIQUE

L'ÉLÈVE

Vous m'avez dit que le peuple avait des devoirs à remplir et des droits à respecter. Pouvez-vous me donner quelques explications sur ce point ?

L'INSTITUTEUR

Un mot seulement. Je vous ai exposé les devoirs et les droits de l'homme et du citoyen ; il me reste à vous dire ceci : les devoirs du Peuple ou de la République sont indiqués par les droits des citoyens ; de même les devoirs des citoyens font connaître les droits de la République.

La République a le droit d'exiger le service militaire, l'impôt[1], la fidélité dans les fonctions[2], et

---

1. Les droits et devoirs du citoyen sur ces deux points seront repris dans le chapitre xii.

2. Les devoirs du fonctionnaire ne seraient point épuisés par la probité et la capacité ; il doit, avant tout, la fidélité, sans laquelle les deux qualités précédentes seraient de vaines garanties. Comme nul n'est forcé d'accepter le service public sous un régime auquel il est hostile ou indifférent, on peut exiger au moins de tout fonctionnaire qu'il fasse preuve d'attachement et non pas seulement de résignation au régime qu'il accepte de servir. La fidélité consiste en effet en ce que

tous les sacrifices consentis par la représentation nationale.

C'est le devoir de la République de respecter les droits et les libertés que j'ai énumérés : devoir de justice. Et c'est son devoir de développer les facultés des citoyens en même temps qu'elle maintient leurs droits : devoir de fraternité.

le fonctionnaire, à qui l'on fait confiance dans sa fonction, la justifie en se considérant, dans son poste, comme préposé à la garde du bien commun. Quand il y reste comme une sentinelle disposée à passer à l'ennemi s'il y trouve un avantage, quand il favorise par négligence ou connivence l'intérêt de l'ennemi, sa soi-disant neutralité n'est que trahison.

Un ministre de la Restauration, M. de Peyronnet, disait dans une circulaire : « Quiconque accepte un emploi contracte en même temps l'obligation de consacrer au service du gouvernement ses efforts, son talent, son influence ; c'est un contrat dont la réciprocité forme le lien. Si le fonctionnaire refuse au gouvernement le service qu'il attend de lui, il trahit sa foi et rompt volontairement le pacte dont l'emploi qu'il exerce avait été l'objet et la condition. » — Un ministre de la République, M. Waldeck-Rousseau, disait, dans un discours prononcé à Toulouse le 28 octobre 1900 : « Le goût des fonctions publiques est si vif qu'il a fini par créer je ne sais quel droit à la fonction ; et, pour ne pas heurter ce penchant, on a érigé en doctrine que les exigences de l'Etat à l'égard de ceux qu'il emploie ne doivent pas aller au delà d'une neutralité résignée, et, par là, toute prête à tourner, si la fortune semble indécise, en hostilité ou déguisée ou même ouverte. Ne cherchons pas ailleurs l'explication de la facilité avec laquelle certaines tentatives se font jour, et de la confiance dont elles témoignent. Elles se montreraient moins hardies si elles ne savaient trouver des complaisances là où elles ne devraient trouver que des adversaires. » *Cf.* une conférence que la Ligue des Droits de l'Homme a bien voulu insérer dans son *Bulletin Officiel* du 1er novembre 1901.

L'ÉLÈVE

La République a-t-elle aussi des devoirs envers les autres peuples[1] ?

L'INSTITUTEUR

Oui, la République doit être juste envers toutes les nations, et secourable à celles qui sont opprimées. Elle doit pratiquer la fraternité au delà même des limites de son empire, car celui qui opprime un peuple est l'ennemi de tous les peuples.

1. Les devoirs entre nations ne sont posés ici que pour le cas d'une intervention en faveur d'une nation opprimée. Dans la dernière section de la *Science de la Morale*, sous le titre : *le Droit extra-social*, le problème est généralisé et les quatre cas suivants sont successivement étudiés. « La guerre est-elle ou non légitime : 1° pour contraindre une nation à accepter des relations avec nous, quand elle se refuse systématiquement à toute communication ; 2° pour lui imposer une constitution sociale supérieure à celle qu'elle possède et la faire sortir de la barbarie ; 3° pour réprimer les attentats d'un peuple contre les droits d'un autre qui n'est pas nous ; 4° pour intervenir dans les rapports d'un gouvernement étranger avec ses propres sujets, d'un parti politique ou religieux contre un autre parti, en supposant des faits d'usurpation parfaitement caractérisés ? Tous ces cas, s'ils étaient admis, impliqueraient généralement le droit d'agression. » (*Science de la Morale*, II, p. 447).

Dans le troisième cas, visé ici par le *Manuel*, les réserves suivantes s'imposent : 1° la justice de la cause chez l'opprimé ; 2° l'impeccabilité chez celui qui sollicite l'intervention ; 3° sa relation nette avec l'intervenant ; 4° le devoir d'intervention est limité par celui de pourvoir à la sécurité propre de l'intervenant, nul n'étant tenu au sacrifice complet de soi-même pour assister autrui.

CHAPITRE XI[1]

DU PASSÉ DE LA FRANCE

L'INSTITUTEUR

Je vous ai parlé du Peuple souverain.

Je vous ai parlé des devoirs et des droits du citoyen, des devoirs et des droits de la République.

Et tout ce que je vous ai dit, je l'ai tiré des devoirs et des droits de l'homme envers ses semblables, envers ses frères.

Vous voyez que la vraie politique vient de la morale. Qui connaît la morale, connaît aussi la politique[2].

---

1. La 1re édition porte ici : DEUXIÈME PARTIE, chap. XI. *De l'état actuel de la France et de la convocation d'une Assemblée Constituante.*

2. La politique ne se confond pas avec la morale ; elle en est une dépendance en ce sens que la politique, art du gouvernement des hommes en société, suppose une science des rapports sociaux tels qu'ils sont et une théorie de ce qu'ils doivent être. Cette théorie est la morale appliquée aux questions politiques qui se posent entre les hommes en tant que vivant sous un statut commun ou droit positif établi ou à fonder. « L'idée générale d'un gouvernement consiste en celle d'un certain système de moyens propres à satisfaire aux conditions suivantes : à l'idée du bien que la raison veut ren-

Elles ont toujours été vraies, les vérités que je vous ai dites, mais elles n'ont pas toujours été reconnues ; ou, pour mieux dire, elles ne l'ont jamais été complètement jusqu'à ce jour en aucun lieu de la terre [1].

Au moment même où je vous parle, la plupart

---

contrer dans tout acte, mais particulièrement dans ceux qui sont d'intérêt commun (idée donnée en opposition avec la conduite possible de chacun) ; au droit de défense des uns, né de l'expérience des déviations dangereuses des autres ; à la nécessité de procurer par préceptes, n'importe comment sanctionnés, par la contrainte au besoin, certains actes positifs ou négatifs individuels qui ne s'offrent pas spontanément ; enfin au désir d'atteindre, grâce à une action collective forcée, des fins communes qu'on voit ne se point obtenir par une harmonie naturelle des efforts produits indépendamment les uns des autres. » (*Science de la Morale*, II, p. 199.)

[1]. « Le plus grand progrès que l'homme ait pu faire dans sa vie sociale a été de soumettre sa conduite à la dictée de la raison délibérée en commun. Anciens ou modernes, il s'en faut que tous l'aient acompli ; mais pour ceux qui en ont été dignes, ce nom de progrès convient, est l'expression d'un fait réel, quoi qu'on puisse penser de l'origine et du premier état de l'agent raisonnable et moral. En effet, la raison elle-même a dû exister sous une forme instinctive et pour ainsi dire implicite dans les sentiments, les pensées et les actes, avant d'être formellement exprimée et régulièrement délibérée dans les consciences et dans leurs rapports mutuels. La coutume en tout a certainement précédé les lois et les gouvernements systématiques. C'est à la suite des méfaits contre la coutume et contre la morale, deux choses nécessairement confondues en l'état initial d'un être doué d'une constitution éthique naturelle, que le besoin de soumettre la vie à des prescriptions supérieures à l'expérience a été senti. Le premier effet de ce besoin éprouvé fut un gouvernement quelconque. » (*Science de la Morale*, II, p. 198.)

des hommes et des nations gémissent sous la tyrannie ; la liberté est opprimée, le travail est esclave, une partie du genre humain exploite odieusement l'autre partie comme un troupeau que Dieu lui aurait livré, et les saintes lois de la fraternité sont violées : l'humanité souffre [1].

Cependant, un frémissement a parcouru la terre à l'annonce de la dernière révolution de Paris. Nous touchons à la révolution du monde [2].

1. « Les grands peuples dont l'histoire remonte à l'origine des civilisations, et qui ont traversé les âges en qualité d'États, se divisent en deux branches d'esprit et de mœurs profondément opposés. Les uns, qui forment la majorité des habitants du globe, croupissent, depuis bien des siècles, dans l'impuissance de régénérer leurs anciennes conceptions de la vie ou de s'en former d'autres. Leur faible rationalité ne permet pas à leur conscience de se fixer par elle-même sur les principes du droit, et le pouvoir absolu des chefs leur est imposé. Les progrès d'ordre matériel qui dépendent de l'activité de l'esprit leur ayant été refusés, les peuples du caractère opposé, qui ont accompli ces progrès, se sentent appelés à leur faire la loi. Ces derniers sont les descendants des races libres passées du continent asiatique en Europe, et dont les classes dirigeantes ont toutes possédé, ou reçu et transmis la culture hellénique et latine, c'est-à-dire le don des applications de la raison à la science, à l'art, à la loi et au gouvernement. Leur sentiment dominant est celui de la personnalité et de la justice, ils s'y confient dans les ordres abstraits de la pensée, et ils possèdent aussi l'activité d'esprit qui les porte à la réalisation politique de leur idéal. » (*Le Personnalisme*, p. 206.)

2. La conviction que la France et, avec elle, l'humanité, touchaient au terme du progrès longtemps rêvé et placé dans un avenir prochain était très répandue parmi les esprits à cette époque des deux premiers mois de la République, en

La France a passé par bien des épreuves. Que de misères autrefois ! Que de biens gagnés, perdus et reconquis ! Mais la France marchait toujours ; et jamais elle ne se vit si avancée qu'aujourd'hui dans sa voie. Non, jamais elle ne toucha d'aussi près à la fin de toutes les luttes, à la paix dans l'égalité et la fraternité.

L'ancienne République, il y a cinquante ans, fit des efforts merveilleux pour le salut du Peuple [1].

1848. Elle réussit en effet à soulever toute l'Europe par l'espoir d'une prompte rénovation, bien vite suivi de désillusion. A la fin de ce chapitre, l'auteur fera déjà de sages réserves sur la possibilité d'un rapide progrès politique et social. Dans *Le Personnalisme* (p. 68), il a caractérisé les bons effets contenu dans l'idée du progrès mais en même temps l'illusion qui s'y rattache d'ordinaire. « La doctrine du progrès fut d'un grand secours au mouvement révolutionnaire de 1789-1795 ; car c'est un effet réel des fortes espérances de faciliter le succès des œuvres de réforme, jusqu'au point où se produisent les révoltes de la coutume et des intérêts contre les innovations. Quand vint la fatale réaction de l'esprit monarchique et catholique, il se trouva des penseurs qui ne consentaient point à abandonner les plus hautes vues d'avenir humanitaire et d'institutions de justice sociale, mais qui, répugnant aux scènes d'anarchie dont s'accompagne toujours le renversement de l'autorité, constataient l'impuissance de la liberté à créer des institutions stables. Ceux-là furent à la fois des indifférents, pour ne rien dire de plus, aux efforts des partis qui entendaient continuer la lutte au nom des principes révolutionnaires, et des novateurs tout autrement radicaux, à la recherche d'une doctrine qui permettrait la reconstruction sociale sur des fondements certains. C'est dans de telles dispositions d'esprit que Saint-Simon et Fourier se tinrent éloignés des écoles libérales. »

1. Entreprenant de présenter la défense et la justification

Elle l'affranchit des seigneurs, lui donna des droits et de la terre. Beaucoup de sang coula par la fureur de la noblesse vaincue à laquelle répondait la juste fureur du Peuple. La République ne put pas sur-

de la République, l'auteur rappelle sommairement son histoire depuis 1792 et tente une explication de la succession des régimes politiques. Il a généralisé cette tentative dans la *Nouvelle Monadologie* (p. 377). « On peut donner la précision d'une formule à une loi empirique que l'histoire tout entière confirme. L'aristocratie (qui à notre point de vue comprend la monarchie régulière comme l'une de ses formes et son couronnement) devient toujours à un certain moment, un régime organisé pour la protection des intérêts de la classe qui détient le pouvoir et la richesse.

La démocratie succède à l'aristocratie, quand les idées de droit et d'égalité naturelle se font jour et que la justice s'oppose à la coutume.

L'anarchie se produit dans la démocratie par suite de l'impuissance de la volonté générale d'appliquer la raison et de faire régner la justice en dominant les intérêts et les passions.

La tyrannie survient et s'impose, à l'expiration d'une période d'anarchie assez prolongée, parce que le besoin d'ordre et de paix civile pousse le peuple à demander à l'action despotique d'une volonté individuelle la conservation du lien social qui semble prêt à se dissoudre.

Enfin le césarisme est le régime politique d'un État où la force fait définitivement la loi, mais qui diffère beaucoup des empires sous lesquels nulle tradition n'est conservée des efforts ou des œuvres d'une antique démocratie. Des principes de droit, une certaine philosophie politique, des maximes d'utilité gouvernementale et populaire peuvent avoir place dans ce régime.

Si dans la suite des siècles, des régimes démocratiques doivent renaître, ce sera suivant une marche des choses analogue à celle qui fit sortir les cités de l'antiquité classique d'un état social où l'hérédité fondait partout le pouvoir chez des races très divisées, en guerre les unes contre les autres. »

monter toutes les résistances[1]. Le grand Napoléon[2] fit la paix avec les ennemis du Peuple, et sacrifia la République, tout en conservant une partie de nos libertés[3]. Combien j'aurais moins de

1. « Quand une société retombe de la liberté dans le despotisme, c'est ordinairement que les citoyens ont échoué dans la poursuite d'un régime de justice odieux aux plus puissants, mal compris du plus grand nombre, et dont la revendication par des hommes ardents fait craindre l'anarchie aux hommes paisibles. La paix troublée se rétablit par le retour à la coutume sous l'autorité d'un seul. » (*Le Personnalisme*, p. 154.)

2. Cette formule est de style courant depuis le temps de la formation d'une légende napoléonienne sous la Restauration et le gouvernement de Louis-Philippe. Malgré les réserves que fait plus bas l'auteur, l'entraînement populaire provoqué par cette légende était encore assez général en 1848 pour rendre possible le second empire. Cet entraînement a sa loi psychologique : il se montre chez les âmes enthousiastes, sans critique, de moralité exclusivement passionnelle. « Au plus haut degré, c'est un ravissement qui, parti de l'admiration, s'élève à l'adoration ; au plus bas, une fougue aveugle ajoutée à l'instinct des animaux domesticables qui suivent naturellement des chefs. Nous pouvons nous faire une idée de cette adoration, au sens propre du mot, en remontant à une époque et chez un peuple où régnait une sorte d'instinct religieux de divinisation. Les prédécesseurs du roi Ména en Egypte, et Ména lui-même, auteur de la première dynastie, quatre mille ans avant notre ère, en furent les objets. Tout près de nous le dévouement napoléonien des soldats de la Grande Armée nous montre un exemple du même sentiment réduit à sa nudité psychologique. » (*Personnalisme*, p. 145.)

3. Des libertés politiques, aucune ne subsista sous le premier empire. Quant aux libertés civiles, le code napoléonien est une déchéance sur tous les points où il modifia le code de la Révolution. « Le caractère routinier des lois civiles est presque un scandale en France ; on y voit toujours les jurisconsultes se porter les premiers à la défense de celles des dispositions

regrets à l'appeler grand s'il avait aimé l'égalité, s'il avait été bon républicain [1] ! Mais il épuisa la patrie pour satisfaire sa propre ambition ; il l'épuisa d'hommes et d'argent, et l'étranger nous ramena les rois [2]. Nous étions habitués à l'obéissance ; le

du code napoléonien où se reconnaît l'empreinte profonde de l'esprit rétrograde et des idées brutales, sur la femme, sur la famille et sur les mœurs, de l'homme néfaste qui en inspira les articles. » (*Philosophie analytique de l'histoire* IV, p. 635.)

1. Napoléon a renouvelé et aggravé deux grands crimes de Louis XIV. Le premier est d'avoir par la violence, restauré le soi-disant *pouvoir temporel;* le second est d'avoir fait de la France un épouvantail pour l'Europe et d'avoir amassé contre elle des haines séculaires. « Un grand cas historique, analogue, malgré beaucoup de différences trompeuses, au cas des prétentions dominatrices du Grand Roi, est celui du Grand Empereur aventurier qui commença le xix° siècle, et changea totalement ce qu'on aurait cru devoir en être le cours. Le catholicisme venait de traverser quelques années de persécution, qui lui avaient rendu une infiniment petite partie des maux dont il avait accablé pendant quinze cents ans les hérétiques. Napoléon, traitant avec le Pape, reconstruisit l'alliance des deux pouvoirs, ce crime contre la vérité et la conscience. » (*Personnalisme*, p. 191.)

2. Le plus grand mal produit par cette ambition militaire fut et resta longtemps l'hostilité du monde contre la France. Cf. la conclusion de notre *Etude psychologique sur Lafayette*, en tête de la *Correspondance inédite*, in-8°, Delagrave, 1903. « La guerre déchaînée en Europe, à la fin de la Révolution, dans des proportions auparavant inconnues, avait cherché d'abord, du côté de la France, sa justification dans le droit de défense ; plus tard, en s'étendant, elle a pris son prétexte dans le désir d'affranchir les peuples, de réaliser la fraternité des nations ; plus tard encore, dans l'œuvre douteuse de leur procurer l'unité d'administration et de législation ; et enfin son but déclaré, dans la gloire et la prépotence de la France, sous

Peuple se courba donc sous le joug. Pour l'apparence d'un peu de liberté, et grâce aux bienfaits qui restaient de l'ancienne République, car on n'avait pas pu nous les retirer tous, le Peuple parut oublier l'égalité, la fraternité sous Louis-Philippe, comme sous Charles X. Mais la mémoire restait au fond de son âme ; et quand il eut vu tomber deux masques de rois sous lesquels se montrèrent deux tyrans, il se dit enfin : Ne nous donnons plus ; gardons-nous, soyons nos maîtres. La République est notre vieille mère ; elle seule ne nous trahira pas [1].

son empereur, merveilleux capitaine de fortune, tyran des princes et dictateur des nations. Elle s'est terminée après avoir semé des milliers et des milliers de cadavres sur les champs de bataille, par la haine enracinée des hommes de race germanique contre la France et contre l'esprit français, et par la conviction assez généralement établie en Europe, que le peuple qui a tenté deux fois, — sous le Grand Roi et sous le Grand Empereur, — l'établissement à son profit de la monarchie universelle, ce peuple essentiellement belliqueux, est l'obstacle permanent au maintien d'une paix durable sur le continent. » (*Philosophie analytique de l'histoire*, III, p. 645.)

1. A partir d'ici, la première édition contenait une fin du chapitre composée en vue des élections prochaines à la Constituante. Nous donnons cette fin en appendice au chapitre XI. — L'optimisme témoigné dans la dernière phrase fut cruellement désillusionné. « La monarchie restaurée après la Terreur, en dépit de quelques coups d'état républicains, a duré, tant impériale que royale, près d'un demi-siècle, et puis de nouveau vingt ans, d'une perverse et violente reprise, non sans être troublée ou toujours menacée par les conspirations et les émeutes populaires. En tout, à travers dix révolutions que l'on peut compter, la liberté a vu son principe plusieurs

L'ÉLÈVE [1]

Vous avez tellement élevé mes idées en me parlant de la République et de la morale républicaine que je crois sortir des ténèbres et voir le jour pour la première fois. Je ne vivais que dans mon village, et voilà que je vis dans la France. La République me fait deux fois Français. Mais par quelle erreur ai-je entendu dire si souvent jusqu'ici que la République était le gouvernement de quelques monstres altérés de sang [2] ?

fois victorieux, constamment défendu par des sectes républicaines d'hommes héroïques, animés de l'esprit révolutionnaire, étrangers à l'esprit de gouvernement. Mais, le droit démocratique, en ses succès intermittents, a toujours été tenu en échec par la scission d'une partie très importante de la nation, menacé par les intrigues des descendants des anciens porteurs de couronnes ou de leurs partisans, affaibli par le manque de justice et de notions politiques du peuple, qui prend volontiers le droit de chacun pour la libre faculté de supprimer le droit d'autrui, et finalement compromis par l'ignorance et la perversité des politiciens de la presse et des réunions populaires. » (*Philosophie analytique de l'histoire*, III, p. 664.)

1. Ici commençait, dans la 1re édition, le chapitre XII, sous ce titre : *Des réformes que la Constituante pourrait faire*. C'est dans ce dernier chapitre que nous trouverons les additions les plus nombreuses et les remaniements les plus importants.

2. Cette terreur de la République et ses effets sont analysés par un des hommes d'alors, Marc Dufraisse, dans une lettre publiée en 1869 dans l'*Emancipation* de Toulouse, et reproduite, le 5 avril 1884, par la *Critique philosophique*. « En 1848, dit cette lettre, le souvenir des crimes de la Révolution pesait encore sur la génération présente. Près d'un demi-siècle

L'INSTITUTEUR

La République a eu tant d'ennemis quand elle existait, et tous les pouvoirs sous lesquels nous avons fléchi, depuis un demi-siècle qu'elle n'est plus, ont eu un intérêt si grand à la calomnier, qu'on a, presque d'un commun accord, jeté le voile sur ses grandeurs et sur ses vertus. On a caché au Peuple ce que la République a fait pour le Peuple[1], et on a étalé sous ses yeux, pour la lui faire haïr, des violences auxquelles elle fut provoquée par

durant, l'histoire de la première République avait été falsifiée par la rancune des vaincus, dont la haine fut d'une fécondité inépuisable ; et la tradition orale, propageant partout des récits fabuleux, mais effrayants, la légende populaire avait inventé des contes à donner la chair de poule et à faire mourir de peur. Certes, tout le monde ne croyait pas que la Révolution ne fut autre chose qu'un long crime ; mais, pour le plus grand nombre encore, à l'heure de février 1848, la République c'était la dictature, la terreur et l'échafaud. » (*Critique philosophique*, XXV, p. 155.)

1. Le Précis de l'*Histoire de la Révolution française de 1789 à 1814* par Mignet, datait de 1824 ; l'*Histoire de la Révolution*, par Thiers, de 1827. Ces deux ouvrages étaient faits pour plaire à la bourgeoisie. Louis Blanc ne commença qu'en 1847 son *Histoire de la Révolution* ; celle de Michelet, commencée la même année, fut achevée en 1853. Quinet publia en 1845 *Le Christianisme et la Révolution française* ; c'est seulement en 1855, dans la *Revue des Deux Mondes*, que parut son célèbre article sur la *Philosophie de la Révolution française*, véritable déclaration de guerre à l'histoire officielle. L'ouvrage de Eugène Despois, sous le titre ironique de *Vandalisme révolutionnaire*, énumère les créations artistiques, scientifiques et pédagogiques de la Convention.

l'audace de beaucoup de traîtres et par l'universelle coalition des nobles et des rois[1].

L'ÉLÈVE

Mais pourquoi la République exerça-t-elle tant de cruautés ?

L'INSTITUTEUR

La République a été si peu cruelle qu'elle n'a jamais fait souffrir ceux qu'elle mettait à mort. La

---

[1]. « La solidarité d'un passé qui n'est point à elle, qu'elle ne renouvellera jamais, dit encore Marc Dufraisse à propos de la République de 1848, la responsabilité des temps révolutionnaires pesait sur la République nouvelle et l'étouffait dans son berceau. Elle subissait, innocente, les conséquences iniques et meurtrières du dogme de la réversibilité des fautes, l'ingratitude des fils ayant oublié les bienfaits de la Révolution accomplie par les pères pour ne se rappeler que ses colères provoquées, légitimes et ses emportements et ses rigueurs. Des temps presque ignorés de l'affreuse mêlée, ils ne gardaient plus que le souvenir du despotisme révolutionnaire et la mémoire du sang versé. Ce ne fut pas d'abord notre faute ; car nous avions dit mille fois que, si nous acceptions le riche héritage de la Révolution française, ce n'était que sous le bénéfice d'un inventaire et de la répudiation de ses violences inutiles. La République venue, nous le répétions avec une sincérité que l'épreuve a justifiée, une loyauté que l'histoire honorera, une probité républicaine que l'avenir récompensera. Nous échouâmes alors contre l'incrédulité de la crainte, l'effroi se persuadant à lui-même que, dans la succession qui venait de leur échoir, les républicains recueillaient, avec une prédilection sauvage, l'horrible instrument de mort qu'ils avaient pourtant brisé. On le crut : 93 ne fut plus derrière, il parut devant ; la France eut peur. Or, comment fonder la République au sein d'une génération qui tremblait à ce nom seul ? » (*Critique philosophique*, XXV, p. 155.)

roue, les bûchers et les autres supplices étaient une invention des rois et des prêtres d'autrefois. La République ne s'en est jamais servie, et même elle voulait abolir la peine de mort aussitôt que la concorde aurait été rétablie [1]. Si elle a condamné beaucoup d'hommes, et elle n'en a pas tant condamné qu'on l'a dit, elle a fait en cela pour le salut du Peuple ce que les rois ont toujours fait pour le salut des rois et l'Église pour le salut de l'Église [2].

1. C'est un grave cas de conscience que d'accepter ou rejeter en bloc la Révolution, ses actes et leurs conséquences. L'auteur se borne ici à plaider les circonstances atténuantes en comparant les violences de l'ancien régime avec celles de la période la plus sanglante mais la plus héroïque de la Révolution. C'est un des effets extrêmes de la solidarité historique que la perversité des uns entraîne par réaction la violence des autres. Elle l'entraîne et l'explique et en grande partie la justifie dans la mesure où est engagé le droit de la défense, principe essentiel de l'état de guerre. Les règles pratiques déduites de ce principe sont celles des réformes : 1° conception de l'idéal de justice fermement maintenue en face des faits de perversion ; 2° substitution de la controverse au conflit brutal des volontés opposées ; 3° choix des moyens les plus efficaces, les moins injustes et les plus propres à rappeler le règne de la paix ; 4° élimination de la violence à cause des violences en retour qu'on ne manque pas de provoquer.

2. Si jamais le salut du peuple, ressource extrême de la défense, put être légitimement invoqué en justification de la violence employée contre la violence, ce fut dans cette période critique où les chefs de la Révolution eurent à la défendre, et la France avec elle, contre toute l'Europe soulevée et coalisée pour sa destruction, en même temps que contre les insurrections à l'intérieur provoquées sur tout le territoire par les forces d'ancien régime. Pouvait-on refuser son adhésion et son concours entier à la Convention qui assumait une

Mais, au reste, l'échafaud n'est pas à craindre maintenant, parce que les hommes sont plus doux et que la République n'a pas autant d'ennemis, ni aussi méchants ni aussi puissants qu'elle en avait en ce temps-là.

Pour vous prouver que les premières pensées d'une République en France sont toujours des pensées d'humanité, je vous dirai que le gouvernement provisoire [constitué après la fuite du roi Louis-Philippe,] a pris les trois mesures suivantes : il a déclaré qu'on ne condamnerait plus personne à mort pour des causes politiques ; il a ordonné qu'un sursis à toutes les exécutions capitales dans toute la France, jusqu'à ce que l'Assemblée nationale eût prononcé sur la peine que méritent les plus grands criminels, et il a aboli la prison pour dettes ou contrainte par corps [qui, dans l'état actuel du crédit, ne profite qu'à l'usure.]

Ce sera un principe de la République que dans les lois pénales on doit se proposer de corriger les malfaiteurs et non pas seulement de les punir par la souffrance, encore moins de les dégrader au

telle œuvre? Pouvait-on l'accorder à ses actes terrifiants à l'intérieur? C'est ce cas de conscience qui s'est posé, au milieu même des événements, pour un homme isolé brusquement pendant la tourmente révolutionnaire et qui aboutit à résoudre le débat en faveur de la Convention. C'est là l'intérêt des *Lettres de prison de Lafayette* dont nous nous sommes permis de rappeler, plus haut, la récente publication.

point de les rendres pires qu'ils n'étaient auparavant[1].

L'ÉLÈVE

Il vous reste à m'expliquer pourquoi la République a persécuté l'Église.

L'INSTITUTEUR

La République établissait dans la société la morale de Jésus-Christ[2]; de plus, elle voulait une parfaite tolérance de toutes les religions dans l'État et une entière liberté des cultes. Ainsi, jamais elle n'aurait persécuté l'Église si l'Église était toujours restée ce qu'elle [paraissait[3]] dans les premiers temps de la Révolution et ce qu'elle [devrait être][4] maintenant, la fidèle alliée de la liberté, de l'égalité et de la fraternité contre les rois. Mais le clergé n'avait pas toujours servi la cause du Peuple sous

---

1. Le chapitre XCI de la *Science de la Morale* fait une critique approfondie des idées générales de la peine et de la punition. Il envisage celle-ci comme exemple, comme expiation, comme moyen d'amélioration du condamné et, après avoir conclu contre la peine de mort, étudie la question de la réhabilitation des condamnés. C'est un traité complet du droit de punir.

2. Nous avons déjà signalé le caractère illusoire de cette assimilation à laquelle n'a pas peu contribué le livre de Quinet, *Le Christianisme et la Révolution*. Cf. pp. 59, 81, 173.

3. 1º éd. « était ».

4. 1º éd. « est sans doute ».

l'ancien régime : il y avait contre lui de mauvais souvenirs. Avec cela des malentendus se formèrent, et on vit commencer une lutte aveugle, déplorable (puisse-t-elle ne jamais se renouveler!)[1] entre la religion de Jésus-Christ et la politique vraiment chrétienne des républicains[2].

L'ÉLÈVE

Me voilà délivré d'un reste d'effroi qui me saisissait encore au souvenir de cette ancienne République dont on m'a entretenu dans mon enfance. Désormais si quelqu'un me parle des excès que les républicains ont autrefois commis, je dirai : « Autrefois aussi des prêtres et des rois ont outragé, violé l'humanité ; il s'est fait beaucoup de mal au nom de la religion et de la monarchie, même à des époques de paix, comme il s'en est fait au nom de la République et pour sauver le Peuple en un temps de guerre terrible et de bouleversement universel. Que le mal retombe sur ses auteurs ; mais que le bien leur soit aussi compté : c'est justice. Quant à la République, je la verrai toujours dans la sphère sereine où vous me l'avez montrée, avec la patrie,

---

1. 1ᵉ éd. « et qui ne devra point se renouveler ».

2. Sur cette opposition entre le christianisme, sous la forme que lui donnent historiquement certaines églises, et la « politique chrétienne des républicains » ; cf. les passages cités plus haut, *Préface*, p. 59; p. 81 et p. 173.

avec la religion elle-même [1], au-dessus des erreurs et des crimes des hommes.

L'INSTITUTEUR

Voilà de nobles sentiments, et vous m'avez compris. Maintenant je voudrais vous donner une idée de tout ce que peut faire pour nous la République [et de tout ce que nous devons demander aux assemblées de nos représentants [2]]. Non que j'aie à revenir sur ce que je vous ai déjà dit du gouvernement républicain, de l'égalité, de la liberté [et des institutions fraternelles [3]]. Vous pouvez, dès maintenant, vous représenter les principaux éléments de cet ordre nouveau [4].

1. La République n'est solidaire d'aucune religion ni même de la religion en général, qui est exclusivement affaire de conscience individuelle et, à ce titre, n'a d'autre droit à revendiquer dans l'État que la liberté sous les réserves communes dans l'état social. Mais la République n'est pas fondée à se désintéresser des besoins moraux de ses membres; elle représente la justice dans la société et la raison délibérée en commun sous le nom de loi; elle a donc pour devoir de fonder un enseignement de justice et de raison et pour cela d'affirmer une morale d'État sans laquelle la République n'aurait aucun titre à se dire préférable à tout autre régime.

2. 1º éd. « et particulièrement cette Assemblée Constituante où nous allons envoyer nos représentants ».

3. 1º éd. « enfin de l'organisation du travail ».

4. A partir d'ici, la 1re édition contenait, jusqu'à la fin du *Manuel*, une autre rédaction que nous reproduisons en appendice de ce chapitre XI. Un de ces passages de la 1re édition, relatif à la famille et au divorce, a été cité comme scandaleux par le représentant du peuple Bonjean.

[Quant aux applications et aux détails, il n'est pas nécessaire de vous rendre si savant. Moi-même j'attends les grands conciles du Peuple et j'espère apprendre à leur école beaucoup de choses que j'ignore. L'œuvre de la constitution définitive de la France sera longue peut-être et peut-être aussi bien troublée [1]. Prions Dieu qu'il nous donne l'esprit de paix toujours, qu'il nous préserve de l'égoïsme et de la trahison et nous inspire la vertu de choisir pour nos représentants des hommes comme nous, qui aient véritablement nos sentiments et partagent notre volonté [2].

1. L'histoire a montré des changements considérables dus à l'action d'une minorité convaincue et ardente, mais les progrès de l'ordre politique et économique sont d'autant plus longs qu'ils ont à compter avec la nature des intérêts engagés et avec le paroxysme des passions que ne règle point l'arrêt d'une justice reconnue de tous les partis. Cf. *Science de la Morale*, II, 180.

2. Cinquante ans après le *Manuel*, l'auteur affirmait encore sa confiance dans une assemblée parlementaire pour obtenir une solution acceptable du problème politique et social, et sa défiance à l'égard de la méthode dite révolutionnaire. « La seule voie raisonnable ouverte aux socialistes, et qu'ils suivent en Allemagne, est celle qui leur permettrait de faire entrer dans le Parlement une majorité d'hommes voués à leur cause et capables d'acquérir l'esprit de légalité et de gouvernement. Il faudrait aussi que ces hommes eussent la bonne inspiration de renoncer, en approchant du but, à la partie chimérique des plans de leurs guides actuels.

Cette voie du progrès politique est ouverte aux socialistes par la constitution actuelle de la France, autant qu'aucun régime imaginable puisse le leur promettre. Mais leur alliance

Je terminerai en vous exposant brièvement quelques mesures, les unes définitives, les autres transitoires qui peuvent, si nous le voulons, nous conduire à l'ordre de la fraternité.]

APPENDICE I

Fin du chapitre xi dans la 1re édition.

(Cf. p. 230, note 1.)

Ainsi tous les pouvoirs, toutes les politiques croulèrent en un seul jour comme un échafaudage pourri.

La France a reçu pour ses chefs d'un moment quelques hommes justes, que le peuple de Paris s'est donnés dans sa victoire. Ces hommes ont dit à la France : Vous êtes une République, c'est-à-dire,

avec le parti qui n'est que révolutionnaire avance beaucoup moins leur cause, en ce qu'elle aurait de pratique, que ne ferait une attitude conciliante vis-à-vis des gouvernants de fait, comme celle que les phalanstériens observèrent avant 1848, et qu'ils eurent à se repentir, après, d'avoir abandonnée. La méthode révolutionnaire doit plus probablement, si elle a une issue, aboutir à un bouleversement qui, en inquiétant tous les intérêts et produisant l'insécurité générale, — après que l'ardente compétition des partis, l'indiscipline et l'utopie, les pouvoirs instables, les décrets improvisés, inexécutables, et les journées de manifestations ou d'insurrections auraient fait évanouir toute espérance de progrès régulier par les voies démocratiques — viendrait, c'est la loi, prendre fin dans le césarisme ». (*Philosophie analytique de l'histoire*, IV, p. 638.)

vous êtes à vous-mêmes, vous vous gouvernez, vous vous gouvernerez ; ainsi l'entend Paris, qui est la tête et le cœur de la patrie ; ainsi le veut la raison, parce que le temps de la liberté, de l'égalité, de la fraternité est venu, et que sans la République ces trois choses n'existent point, ou ne sont que de vaines paroles.

Ces hommes, sachant ce que c'est qu'une République et comment une grande nation se gouverne, ont dit à la France : Que tous les citoyens âgés de vingt et un ans, qui résident au moins depuis six mois sur quelque point du territoire français, depuis le Rhin jusqu'aux Pyrénées, depuis l'Océan jusqu'aux Alpes, se rassemblent tous dans les chefs-lieux de leurs cantons (on n'exclura que les fous et les condamnés). Que chacun écrive ou se fasse écrire sur une liste, les noms des citoyens honnêtes, éclairés, aimant le peuple, en qui il aura confiance, et qu'il voudrait choisir pour ses représentants. Qu'il porte autant de noms sur cette liste qu'on aura calculé qu'il en faut selon la population de son département. Ce calcul a déjà été établi de manière que la France entière ait neuf cents représentants, et qu'il y en ait un pour chaque groupe de quarante mille âmes de population. Toutes les listes seront portées au chef-lieu de département ; on les lira, on les cpmparera, et les citoyens, en nombre voulu, qui auront obtenu le plus de suffrages, pourvu que ce soit au moins deux mille, iront à Paris avec ceux des autres départements pour y représenter la France.

C'est dans le mois d'avril 1848 qu'aura lieu ce grand événement de la vie de la France. Le citoyen qui ne s'y rendrait point n'aimerait pas sa patrie; et même il serait indifférent à son propre bien, car les représentants auront plein pouvoir sur toutes choses et prendront beaucoup de mesures qui intéressent la fortune et la vie de tout le monde. Et le citoyen qui, allant voter, ne chercherait pas dans sa conscience quels sont les meilleurs, les plus dignes, les plus amis du peuple, parmi les candidats qu'il connaît ou dont il a entendu parler, afin de les mettre sur sa liste, mais qui se laisserait entraîner par son intérêt du moment, ou même par celui de sa commune ou de son canton, à nommer d'autres représentants que ceux qui méritent le plus de l'être, ce citoyen trahirait la grande patrie, le Peuple tout entier, dont le salut passe et domine toutes choses.

Bientôt après l'assemblée des représentants, l'Assemblée Constituante se réunira. Je la nomme Constituante, quelque soit le nom qu'il lui plaira de se donner à elle-même, parce qu'elle établira tous les pouvoirs et fera toutes les lois dont les autres lois sortiront à l'avenir.

L'Assemblée Constituante décidera quelles sortes

d'assemblées feront la loi après elle, et comment ces assemblées seront nommées par le Peuple; elle décidera du gouvernement ou pouvoir exécutif, et de la manière dont ce pouvoir devra sortir, soit du Peuple lui-même, soit des assemblées législatives. Elle règlera la justice et les tribunaux; elle organisera l'enseignement des citoyens par la République; enfin elle portera les lois fondamentales qui devront régir l'impôt, le travail et le commerce.

L'Assemblée Constituante nous fera dans notre vieille patrie comme une France nouvelle. Et vive cette France éternellement rajeunie par la sève de ses enfants! Vive la fraternité des enfants de la France!

APPENDICE II

Fin du *Manuel* dans la 1re édition.

(Cf. p. 231, note 1, et p. 238, note 4)

Et quant aux applications et au détail, j'attendrai que la Constitution de la France soit faite pour vous l'expliquer. Mais en dehors de l'ordre politique que l'Assemblée va créer, il existe un ensemble de lois qui nous régissent et dans lesquelles il s'en faut que tout soit à refaire à neuf. La Révolution qui a emporté les rois, les pairs et les députés, respecte la famille, le mariage, les testaments et les tribunaux. Et cependant il se trouve aussi dans ces lois civiles quelques dispositaires qui pourraient s'accorder mieux avec les principes de justice et de fraternité dont les législateurs doivent à l'avenir être très pénétrés. Les lois sur l'impôt et sur le recrutement de l'armée, qui nous touchent de si près, sont également sujettes à des réformes.

Ici, vous comprenez que je ne puis vous dire rien de certain : tout dépendra du choix que nous ferons de nos représentants. Écoutez cependant ce que, dans ma conscience, le Peuple a droit de réclamer. Écoutez ce que l'Assemblée pourrait faire.

Vous savez qu'il faut être riche aujourd'hui pour réclamer son droit devant les tribunaux. La justice pourrait épargner tous les frais aux citoyens qui n'ont que le nécessaire. D'autre part, les magistrats offriraient peut-être plus de garanties si l'élection populaire avait une part dans la constitution des tribunaux ; et il y aurait plus d'équité dans les décisions si le jury pouvait être appelé quelquefois à décider sur le civil comme sur le criminel. Recommandons ces vœux à nos représentants.

Pour ce qui est des lois sur le mariage et sur les testaments, certes l'Assemblée n'y touchera jamais sans beaucoup de réserves et de très légitimes scrupules ; mais elle pourrait chercher si le régime républicain de l'égalité et de la liberté ne doit pas ajouter quelque chose au droit de la femme dans la famille ; si, dans l'intérêt du mariage luimême, il n'est pas bon que le divorce soit rétabli comme au temps de l'empereur, enfin si l'impôt qui frappe la transmission des biens par héritage ne pourrait pas se régler plus équitablement dans l'intérêt commun de la République et des familles.

Je passe à deux questions qui vous sont plus familières, quoique assurément on ne puisse pas dire qu'elles vous intéressent davantage.

Vous savez combien le service militaire pèse aujourd'hui sur le pauvre; vous savez qu'il est facile au riche de se décharger sur lui de la part la plus lourde de ce fardeau. Or, tous les citoyens pourraient être assujettis, sauf de rares exceptions, à ce service, le premier, le plus grand, le plus noble de tous, en même temps que le plus dur. Cette dette payée par tous serait plus légère à chacun, et la patrie devrait la même reconnaissance à tous ses enfants.

Vous savez aussi que certains impôts frappent les objets les plus nécessaires à la vie, atteignent ainsi jusqu'à la substance du pauvre et sont insensibles au riche. Il en est d'autres qui font acheter l'air et la lumière aux masures comme aux palais, d'autres encore qui imposent aux plus petits champs et aux plus pauvres chaumières les mêmes sacrifices en proportion qu'aux plus vastes propriétés. L'Assemblée pourrait changer tout cela. Elle pourrait décréter que chaque citoyen doit à la République une partie de son revenu quel qu'il soit, mais que la richesse lui doit plus que l'aisance, et l'aisance plus que la pauvreté, et que la part de l'impôt doit s'élever plus rapidement que la fortune. C'est du moins ce que la fraternité commande.

Il dépend de nous d'obtenir ces bienfaits. Ajoutez-y les économies qu'un gouvernement républicain saura faire sur les dépenses, car il n'y a plus de roi ni de cour à payer. Des milliers de places que la faveur donnait seront supprimées ou réduites à une juste rétribution, et l'administration de la République gagnera encore à être débarrassée de beaucoup de fonctionnaires qui ne travaillent point et qui entravent le travail des autres. Telles sont mes espérances.

L'ÉLÈVE

Si toutes ces choses se font et si la République assure encore au peuple du travail, un juste salaire et de l'instruction ; si pour le règlement du commerce et de l'industrie, elle le préserve du chômage, de l'excès de la concurrence et du contre-coup des faillites des entrepreneurs ; si elle procure du crédit aux travailleurs, et si, de plus, elle régénère partout l'agriculture en créant des moyens de rendre le sol fécond, alors donc la France sera vraiment la terre promise. Mais, est-ce bien possible, et dois-je vous croire ?

L'INSTITUTEUR

Tout est possible si nous choisissons pour nos représentants des hommes d'un grand cœur et d'une forte intelligence ; mais nous obtiendrons beaucoup des biens que je vous ai annoncés si nous trouvons seulement des gens de bonne volonté et des républicains sincères [1].

---

[1]. Le chapitre XII, qui va suivre, est le développement, dans la seconde édition, de ces quatre pages de l'appendice II, qui terminait le *Manuel* dans la première édition.

CHAPITRE XII

DES MOYENS IMMÉDIATS DU SALUT DU PEUPLE ET DE L'ÉTABLISSEMENT DE LA FRATERNITÉ

L'INSTITUTEUR

Le suffrage universel doit être et sera l'instrument de toutes les réformes sociales. Le suffrage universel soutenu, dirigé par la presse libre et par de nombreuses sociétés populaires, produira quelque jour la représentation du peuple éclairé, instruit de son vrai bien[1]. Ce jour-là, la France sera sauvée.

---

1. Sur le principe du suffrage en tant que loi des majorités, cf. chap. IV, p. 134, n. 1. Sur le droit de *toute* personne adulte et non déchue pour fautes individuelles à jouir de ce premier des droits politiques, cf. chap. III, p. 123, n. 2. L'auteur a refondu et reporté à la fin du chapitre XII un passage sur les droits de la femme dont le représentant Bonjean avait fait scandale à la tribune de la Constituante. Nous retrouvons ce passage en appendice du chapitre XI, p. 244. La *Nouvelle Monadologie* reprend ce sujet; nous en détacherons ce qui est relatif aux droits civils et politiques de la femme. « Les lois civiles des nations qui ont conservé plus ou moins les traditions romaines font à la femme une condition subalterne où ses obligations ne reçoivent pas dans ses droits une compensation vraie. Sa capacité légale est mutilée, ses droits sont sacrifiés ou à l'intérêt de ses enfants à venir, ou aux pouvoirs légaux de son mari dont les actes, soustraits à son

XII. DES MOYENS IMMÉDIATS DU SALUT DU PEUPLE

Ainsi la République politique, ou forme républicaine de gouvernement, quoique fort désirable pour elle-même assurément, est avant toutes choses un moyen, le moyen d'un bien supérieur à elle[1]. Le

contrôle, peuvent ruiner la communauté. Il se voit trop, la remarque est banale, que les hommes ont fait la loi. Et ils ne l'ont pas faite en cela dans l'intérêt commun, dans celui de la famille ; car l'esprit d'économie et de conservation, particulièrement observable chez la femme, son attachement à ses enfants, et, dans beaucoup de cas, son aptitude réelle à la gestion d'affaires d'intérêts, sont des qualités qui rendraient la diminution de la puissance maritale avantageuse en bornant l'esprit de spéculation et l'aveugle passion de s'enrichir.

Le refus des droits politiques à la femme est moins injustifiable, au point de vue du droit, car il est difficile de contester l'infirmité relative de ce sexe en matière de généralisation et d'invention, d'indépendance de la raison par rapport aux passions, de capacité législative par conséquent. Les penchants superstitieux et la facilité à subir des influences de prêtres sont des dangers en politique. Mais le tempérament irrationnel de la femme n'est pas un fait assez universel pour être mis sur le compte de la nature, et non pas plutôt regardé comme un effet, peut-être héréditaire, de l'éloignement constant où elle a été tenue des affaires publiques, et de son éducation. La société de guerre a dû l'éloigner de ses conseils, comme de ses entreprises; cette même société, par l'état demi-servile où elle la réduisait, par le manque de protection, par la crainte de l'abandon a fait d'elle en bien des cas l'être rusé, artificiel et pervers, de conscience infirme, que dans tous les temps nous peint la satire. Cet être est pourtant celui en qui l'homme a vu, avec d'autres yeux, la mère et l'amante, l'encouragement ou la consolation, la joie de sa vie, la « compagne des bons et mauvais jours » ; et il est l'idéal de la beauté, l'objet de l'amour, le principe conservateur de l'humanité. » (*Nouvelle Monadologie*, p. 396.)

1. L'expression dépasse de beaucoup la pensée de l'auteur.

but, le vrai but qu'il faut atteindre est la **République sociale**. Et voici ce que j'entends par ce mot : j'entends *la Chose de tous, par tous* et *pour tous*, non pas seulement en matière de gouvernement et de droits politiques, mais aussi en matière de vie, si je puis ainsi parler, et dans les

Cette formule paradoxale se ressent de l'influence de Proudhon pour qui « la Révolution est au-dessus de la République ». On entend mieux la vérité impliquée sous ce paradoxe en disant que la République est non un simple moyen, mais le but social lui-même qui est la justice, c'est-à-dire la constitution de l'autorité légitime. Or, ce qui rend une autorité légitime c'est qu'elle réalise la justice, et la République n'est fidèle à son principe que si elle le pousse jusqu'à l'exécution des réformes sociales. Celles-ci sont les conséquences légitimement attendues et exigibles de la République. A renverser les termes on en vient logiquement à dire que « la Révolution n'est pas liée à une forme politique ; qu'elle peut s'accomplir par des voies différentes et même opposées ; qu'elle peut trouver un organe transitoire, fort précieux, dans un dictateur, dans un César, dans un prince. On ne doit pas oublier que dans la pensée de Proudhon, asservie, comme celle de ses contemporains, aux doctrines de déterminisme et d'optimisme historique, le mot révolution prend ordinairement le sens d'un mouvement nécessaire qui emporte plus ou moins rapidement le monde vers un idéal d'égalité économique. Les gouvernements, disait Proudhon, ne peuvent exercer sur ce mouvement économique nécessaire qu'une action accélératrice ou retardatrice, et c'est à cette action que se mesure leur légitimité. Quand on adopte ce point de vue, on se met facilement dans l'esprit qu'un César peut, en certain temps, être aussi légitime que la République, et même doit, à l'occasion, être préféré à la République, quand il paraît capable de nous mener plus vite et plus loin que la République sur la route de la Révolution. » (*Critique philosophique*, X, p. 178.)

relations mutuelles de travail, d'échange et de propriété[1].

Vous savez par mon exposition quel est l'état social, quelles sont les institutions vraiment nouvelles que l'avenir nous réserve. Mais il est tout un ordre de réformes immédiatement possibles qu'il me reste à vous faire connaître et qui touchent nos institutions anciennes.

Ces réformes concernent l'impôt, le service militaire, l'enseignement, la distribution sociale de la justice avec un système républicain de récompenses

---

[1]. La révolution politique et juridique, c'est-à-dire la pleine liberté et autonomie de tous les citoyens est le but suprême de toutes les réformes et institutions garantistes. On peut, à la rigueur, dire que la République est un moyen pour le socialisme ; mais il faut entendre que ce moyen est surtout négatif, c'est-à-dire qu'il consiste à écarter les obstacles législatifs et administratifs que peuvent rencontrer les initiatives de combinaisons sociétaires, à écarter surtout cet obstacle essentiel du capital exclusivement possédé par les uns et refusé aux autres. « Ceux qui mettent le socialisme au-dessus de la République oublient qu'ils subordonnent ainsi le droit qui protège toutes les idées, tous les systèmes, le droit qui sauvegarde l'avenir pour toutes les expériences, en leur imposant des relations de paix, à tel système particulier, où ils voient le bonheur public. Il faut prendre garde que la République est une et que le socialisme n'est pas un. Il y a plusieurs systèmes socialistes. La République est le droit commun, le droit de chacun de ces systèmes contre les autres. La subordination des systèmes à la République, pour qui s'arrête à y réfléchir sérieusement, se justifie par les mêmes raisons, se fonde sur les mêmes principes que la subordination des Églises à l'État. » (*Critique philosophique*, X, p. 183.)

et de peines, enfin quelques points de l'ordre moral et matériel de la famille[1].

L'impôt, tel qu'il est maintenant établi, a tout le caractère d'une exploitation du Peuple, tant parce qu'il frappe les objets indispensables à la vie, et de la sorte s'applique par tête d'homme au lieu d'être proportionnel aux ressources de chacun[2], que par ce que toute une classe de riches en est à peu près exempte. Je veux parler des capitalistes, créanciers des particuliers ou de l'État. Mais fût-il vraiment universel et proportionnel, l'impôt ne serait encore

---

[1]. C'est le plan des cinq réformes étudiées dans ce chapitre XII et dont la première édition contenait à peine l'indication : 1° l'impôt, p. 252-273; 282-287; 2° l'enseignement des sciences et des arts, p. 274-280; 3° le service militaire, p. 287-289; 4° l'organisation judiciaire, p. 289-294; 5° la famille, p. 294-295.

[2]. L'impôt étant la part contributive de chaque personne aux dépenses d'objet commun et qui leur sont profitables à toutes, doit comporter deux parts : « Il doit être proportionnel pour chacun aux risques calculés contre lesquels la société l'assure, et augmenté d'une part de capitation égale pour tous, afin de pourvoir aux frais généraux de l'organisation des garanties matérielles. La part proportionnelle est mathématiquement indiquée par l'équation entre les risques payant prime et les pertes effectives remboursées. La part personnelle égale de chaque associé se déduit, au contraire, de l'intérêt égal et indivisible qui est le sien dans l'établissement social et dans les moyens d'y pourvoir; on ne rendrait pas celle-ci proportionnelle comme la première sans substituer, par une sorte de matérialisme irrationnel, immoral, la considération des biens à celle des personnes, en un sujet que domine le concept de l'association des êtres raisonnables égaux. » (*Science de la Morale*, II, p. 169.)

pas juste tant qu'il atteindrait la substance même du pauvre et ne toucherait que le superflu du riche, qu'il taxerait l'air et la lumière, imposerait aux plus petits champs et aux moindres chaumières les mêmes sacrifices qu'aux plus vastes propriétés[1]. La République ne saurait ne point poser en principe que chaque citoyen lui doit une partie de son revenu quel qu'il soit, mais que la richesse lui doit plus que l'aisance et l'aisance plus que la pauvreté. Ainsi

1. La proportionnalité de l'impôt est l'hypothèse fondamentale qui déclare personnelle, égale pour tous les associés, la contribution sociale, savoir celle que la raison réclame d'eux afin de subvenir aux frais communs de la société et de réaliser les avantages matériels et moraux d'une poursuite commune du bien commun, en tout ce qui est moralement et économiquement possible. « Mais cette capitation égale suppose évidemment chacun pourvu de biens suffisants, ayant du moins le revenu net de son travail et pouvant de cela seul s'acquitter, devenir par ce devoir rempli agent réel de l'établissement social. L'hypothèse est naturelle, supposé que la justice règne dans la distribution de fait et dans les usages de la propriété, dans la rétribution du travail. Naturellement aussi on la trouve inadmissible, en l'état de choses donné par le règlement arbitraire des salaires, des loyers et des valeurs du travail et de ses produits, et lorsque tant d'hommes n'ont part ni à la propriété ni aux moyens de l'atteindre. L'impôt se prend alors où il peut se prendre, sur les capitaux, sur les revenus présumés, sur les transactions. On voudrait pouvoir ne le plus réclamer directement des personnes. L'un des fondements de l'idée sociale s'efface, et la société où s'offre ainsi défigurée la notion rationnelle des contributions est la même qui, entraînée par les passions de ses membres et de ses chefs à des dépenses improductives énormes, ne sait bientôt plus où saisir la richesse publique pour la dissiper. » (*Science de la Morale*, II, 173.)

la part de l'impôt pour chaque contribuable s'élèverait plus rapidement que la part de sa fortune. C'est l'esprit de l'impôt dit *progressif* qui doit être le véritable impôt républicain aussi longtemps qu'il y aura de grands revenus dans l'État et que la propriété ne sera point très divisée [1]. Si un jour l'usure est abolie et le commerce organisé, si l'égalité règne, alors seulement l'impôt pourra sans injustice

---

1. L'impôt personnel et proportionnel doit être consacré à l'entretien des services publics ; l'impôt progressif sur le revenu est destiné à un effet social de rétablissement du droit en faveur de ceux que la solidarité historique en a exclus. Puisqu'il s'agit de rendre une société possible, dans laquelle l'accession au capital ou instrument de travail serait donnée à tous, il faut d'abord trouver un moyen d'empêcher que l'accumulation des capitaux actuellement acquis vienne à dépasser, dans les mêmes mains, une mesure jugée convenable à raison de la privation corrélative d'autrui. « L'impôt progressif obtient ce résultat au degré voulu, selon la progression qu'on adopte pour imposer les fractions dans lesquelles un capital particulier quelconque peut être censé divisé. Il s'agit, sous un autre point de vue, de réclamer des membres de la société de justes dons pour favoriser l'accession au capital de ceux d'entre eux à qui elle est refusée par le fait : l'impôt progressif, portant sur le capital individuel, et en raison croissante avec ce même capital croissant, est le mode logique et naturel de mesurer ces dons. Enfin, il s'agit aussi d'obvier à la fausse élévation de certains hommes et au fatal abaissement des autres, dans une société où la richesse trop inégalement répartie, fausse les pouvoirs, corrompt l'autorité et donne à la liberté toutes sortes d'applications immorales : l'impôt progressif résout encore ce problème, et la solution ne porte aucune atteinte au libre usage des facultés économiques ni à la puissance de disposer et de contracter. » (*Science de la Morale*, II, p. 52.)

frapper tous les produits quels qu'ils soient, en raison de leur valeur, sans distinction de personnes et de revenus.

L'ÉLÈVE

N'a-t-on pas proposé d'exempter de l'impôt tous les citoyens dont le revenu ne dépasse point une certaine somme? Je ne sais si je me trompe, mais cette idée me semble républicaine.

L'INSTITUTEUR

Les citoyens qui ont conçu cette pensée étaient bien intentionnés, mais apparemment peu instruits. Vous savez ce que dit le proverbe : *les petits ruisseaux font les grandes rivières*, et la France n'est pas assez riche pour se passer de la multitude des dons que les petites fortunes lui peuvent faire. Joignez à cela que les progrès de l'égalité finiraient par menacer de tarir les ressources de la République. Enfin je verrais un grand danger à ce que les riches eussent seuls la peine et l'honneur de contribuer pour les dépenses de tous; car ils ne tarderaient peut-être pas à se considérer comme les propriétaires de l'État[1].

---

1. L'exemption de l'impôt de capitation n'est légitime que pour ceux qui sont incapables de gagner leur vie. Pour tout citoyen valide, le droit d'intervenir dans la gestion des affaires publiques est subordonné à la participation aux charges publiques; le paiement de la capitation est le gage de

L'ÉLÈVE

Que pensez-vous d'une difficulté que j'entendais élever il y a peu de temps contre l'impôt progressif? On disait que telle était la nature de cet impôt que de deux fortunes qui y auraient satisfait, la plus grande pourrait se trouver, après, la moindre des deux, ce qui est manifestement injuste.

L'INSTITUTEUR

Cette obligation révèle chez ceux qui ont osé la proposer publiquement une grande ignorance ou une grande mauvaise foi. Mais il est vrai que les financiers, quoique ceci puisse vous étonner peut-être, ne sont pas de grands arithméticiens. La routine fait ordinairement tout leur savoir. Je vous

---

la jouissance des droits politiques. Mais l'impôt progressif, avec la destination sociale indiquée plus haut, admet légitimement des dégrèvements à la base des revenus et la proportionnalité n'est plus une règle suffisante de son application. « Il est clair, en effet, qu'on ne saurait, à priori, vouloir que la contribution du revenu affecte au delà du revenu net, où que le prélèvement ait lieu, car dans le cas contraire on revendiquerait injustement pour l'utilité commune ce qui serait supposé nécessaire à la stricte conservation individuelle. Or il est constant qu'un très grand nombre de membres des sociétés de fait n'ont aucune part au revenu net général ; il faudrait donc que ceux-là fussent exonérés. Mais alors on manquerait à la règle de proportionnalité, on introduirait dans l'impôt l'idée de progression, en fixant de certains bas revenus au-dessous desquels il ne devrait pas s'appliquer. » (*Science de la Morale*, II. p. 175.)

XII. DES MOYENS IMMÉDIATS DU SALUT DU PEUPLE

dirai donc qu'il n'est rien de si aisé que de faire croître l'impôt continuellement avec les parties de la fortune, soit de manière à ce que les revenus, au delà d'une certaine limite, se trouvent dévolus entièrement à la République, soit de manière à en laisser subsister toujours quelque portion, et dans tous les cas de telle façon que le même ordre s'observe dans les fortunes avant et après l'application de l'impôt[1].

[1]. Décomposons par la pensée le revenu d'un citoyen en un certain nombre de fois 500 francs. Ce revenu peut alors s'exprimer par la formule $500\,n$, n étant un nombre indéterminé. Soit $\frac{1}{t}$ la fraction de franc que prélève l'impôt sur la première somme de 500 francs, on pourra prélever $\frac{2}{t}$ par franc sur la seconde somme, $\frac{3}{t}$ sur la troisième, etc., et la formule de l'impôt sera

$$i = \frac{500}{t}(1 + 2 + 3 + \ldots + n) = \frac{500}{t} \times \frac{n(n+1)}{2}.$$

Supposons que t soit pris $= 20$; on voit que des revenus de 500, 1 000, 1 500, 2 000 francs, etc., payeraient à l'impôt 25, 75, 150, 250 francs, etc. Un revenu de 9 500 paierait 4 750, c'est-à-dire la moitié, et un revenu de 10 000, 5 050. On voit que la vingtième somme de 500 francs est atteinte en totalité; c'est là qu'il faut arrêter l'application de la formule, en déclarant purement et simplement toutes les sommes de 500 francs, à compter de la vingtième, acquises à la République. Sans cela l'impôt croîtrait ensuite plus vite que la fortune, ce qui est absurde. On voit que la formule précédente doit être appliquée jusqu'à $n = t - 1$ seulement. En sorte qu'elle devient :

$$i = \frac{500}{t} \times \frac{(t-1)}{2} t = 500\,\frac{t-1}{2}.$$

En ce cas, le revenu maximum autorisé par la loi payerait

L'ÉLÈVE

Ne dit-on pas aussi que l'impôt progressif en diminuant l'intérêt des citoyens à s'enrichir au delà

un impôt équivalent à la moitié de ce même revenu. (Soit 4 750 pour $t = 20$, 9 750 pour $t = 40$, etc.)

Mais on peut encore procéder autrement, si l'on ne veut pas limiter rigoureusement les revenus. Il se présente pour cela de nombreuses combinaisons. Par exemple, on peut, à compter du moment où la moitié du revenu total est prélevée, frapper les nouvelles sommes successives de 500 francs d'un impôt de $\frac{1}{2} + \frac{1}{t}$ par franc pour la première, $\frac{1}{2} + \frac{2}{t}$ par franc pour la seconde, $\frac{1}{2} + \frac{3}{t}$ pour la troisième, etc., ce qui donne la formule :

$$\frac{500}{2t}\left[(t+2) + (t+4) + (t+6) + \ldots + (t+t-2)\right]$$

$= 500 \times \frac{3}{8}(t-2)$ qui, réunie à la première, fait

$$i = 500\left[\frac{1}{2}(t-1) + \frac{3}{4}(t-2)\right]$$

Cette formule s'appliquerait pour $t = 20$ jusqu'au revenu de 14 000 francs, qui se trouverait sujet ainsi à un impôt de 8 125 francs. Au delà de ce revenu, on peut continuer en prenant la fraction $\frac{2}{3}$ au lieu de $\frac{1}{2}$, puis, cette fraction épuisée, $\frac{3}{4}$ au lieu de $\frac{2}{3}$, etc., ou en faisant varier t, si on le juge convenable.

Un procédé encore assez simple consisterait à changer progressivement la valeur de t lorsque l'impôt partiel sur les sommes successives de 500 francs atteindrait les fractions $\frac{1}{2}$, $\frac{3}{4}$, $\frac{7}{8}$, $\frac{15}{16}$ etc., c'est-à-dire que l'on compterait alors par vingtième, depuis $\frac{1}{20}$ jusqu'à $\frac{1}{2}$ (je suppose $t = 20$), par quarantièmes depuis $\frac{1}{2}$ jusqu'à $\frac{3}{4}$, par quatre-vingtièmes

XII. DES MOYENS IMMÉDIATS DU SALUT DU PEUPLE

d'un certain revenu, tend par là même à diminuer le travail et la production générale ?

depuis $\frac{3}{4}$ jusqu'à $\frac{7}{8}$, etc. On aurait dans ce cas la formule suivante de l'impôt :

$$i = 500 \left(\frac{1}{t} + \frac{2}{t} + \frac{3}{t} + \ldots + \frac{t}{2t} + \frac{t+1}{2t} + \frac{t+2}{2t} + \ldots \right.$$
$$\left. + \frac{3t}{4t} + \frac{3t+2}{4t} + \frac{3t+1}{4t} + \ldots + \frac{7t}{8t} \ldots \right)$$

Ou, en faisant la somme des progressions par différence dont cette série se compose :

$$i = 500 \left(\frac{1}{4} + \frac{t}{8} + \frac{t+1}{8} + \frac{3t}{16} + \frac{3t+1}{16} + \frac{7t}{32} + \frac{7t+1}{32} + \frac{15t}{64} + \ldots \right)$$

Pour appliquer cette formule, il faut en prendre autant de fois deux termes que le nombre de sommes de 500 francs, composant le revenu que l'on considère, contient de fois $\frac{t}{2}$.

Enfin, si l'on consentait à ce que les revenus, sans se trouver réduits rigoureusement par l'impôt à une même limite fixe lorsqu'ils s'élèveraient, ne pussent point cependant dépasser une somme donnée (dans ce cas, les citoyens conserveraient un intérêt direct, quoique minime à la fin, à accroître leurs revenus), on obtiendrait une loi d'une entière continuité au moyen d'une seule progression telle que celle-ci : (R représente le revenu, i l'impôt, et on prend ce biais d'estimer ce que l'impôt laisse de chaque somme au lieu d'estimer ce qu'il prélève) :

$$R - i = 500 \left[\left(\frac{39}{40} \right) + \left(\frac{39}{40} \right)^2 + \left(\frac{39}{40} \right)^3 + \ldots \right]$$

La limite est de 19 500 francs. Elle serait de 9 500 et de 4 500 si on prenait $\frac{19}{20}$ ou $\frac{9}{10}$ pour la raison de la progression. Cette limite n'est jamais atteinte, et l'impôt respecte toujours une certaine fraction de chaque nouvelle somme de 500, quoique cette fraction devienne de plus en plus petite. (Note de l'auteur.)

L'INSTITUTEUR

Cette objection est effectivement très banale. J'y réponds en niant formellement que la production eût besoin d'être encouragée ou multipliée par de grandes fortunes individuelles dans un état de choses où le crédit se distribuerait républicainement, et où le travail tendrait à passer entre les mains des associations. Remarquez qu'une association peut avoir, doit avoir même en général, un grand revenu que chacun de ses membres est intéressé à accroître ; or, l'impôt progressif ne doit nullement s'appliquer à un tel revenu, comme il ferait à celui d'un seul particulier ; je crois encore que l'impôt ne doit pas être le même pour le célibataire et pour le père de famille, et qu'il doit même varier pour ce dernier, selon le nombre de ses enfants. Enfin il ne doit pas vous échapper que si l'impôt prélève tout le revenu au-dessus d'une certaine somme, le capital demeure sauf et qu'ainsi le père de famille est intéressé, en vue de l'avenir de ses enfants, à augmenter le plus qu'il peut ce revenu qui une fois partagé entre eux n'est plus sujet à l'impôt dans la même mesure.

L'ÉLÈVE

Vous m'avez dit, je crois, que l'impôt progressif n'était le meilleur impôt que dans une République où il reste encore de grands revenus et de vastes propriétés individuelles ; expliquez-moi votre pensée.

L'INSTITUTEUR

Tant que l'égalité n'a point fait tous les progrès qu'elle peut faire, c'est-à-dire tous ceux qui sont compatibles avec la liberté des citoyens, l'impôt progressif est bon parce qu'il a pour effet de niveler les conditions et qu'il est conforme à la loi de fraternité ; car cette loi exige que les services rendus à tous se mesurent aussi largement que possible aux ressources de chacun. Mais le jour où le citoyen, possesseur du fruit de son travail, ne serait plus en situation d'en disposer pour se procurer des revenus sans travailler lui-même, je veux dire en salariant des travailleurs ou plaçant à intérêt son capital accumulé, ce jour-là, la justice exigerait, non moins que le soin de la liberté commune, que tous les revenus fussent égaux devant l'impôt. Alors sur toute valeur créée par le travail, la République devra prélever sa part, suivant l'étendue des besoins communs. Alors elle n'aura point égard au profit plus ou moins considérable que l'intelligence ou l'assiduité de chaque citoyen ont pu obtenir dans la production de cette valeur.

Vous voyez que l'impôt progressif est un moyen de transition du régime de l'inégalité à celui de l'égalité, et c'est à ce titre qu'il devrait être appliqué dans la République [1].

L'ÉLÈVE

Pensez-vous que la mesure par laquelle on établirait l'impôt progressif fût suffisante pour la transition dont vous parlez ?

L'INSTITUTEUR

Je pense qu'elle suffirait, au moins quant au régime de l'impôt et sans préjudice des réformes d'une autre nature dont je vous ai entretenu. Mais il me paraît que pour faire face aux nécessités des premières années, l'impôt progressif sur le revenu devrait atteindre une fraction très notable de ce revenu entre les mains des citoyens qui jouissent d'un superflu réel [2]. Plus tard une marche régulière

---

[1]. « Il y a des réformes relativement faciles, parce qu'elles tiennent spécialement à l'ordre politique, malgré leur importance sociale, et sur lesquelles un esprit public démocratique, plus réformateur, moins révolutionnaire, aurait porté depuis longtemps l'effort de l'opinion. Ce sont celles qui tendent à l'égalité des conditions, dans une mesure légitime et pratique, par la voie de la législation financière. En proposant d'appliquer, ainsi qu'on y est conduit peu à peu, le principe de la progression à l'assiette de l'impôt, mais toujours d'une manière insuffisante et arbitraire, selon qu'on y est poussé par la détresse d'un budget que les dépenses militaires, ajoutées à une dette publique excessive, écrasent et vont bientôt rendre intolérable, on n'ose avouer le but auquel il faut tendre. » (*Philosophie analytique de l'histoire*, IV, p. 634.)

[2]. « La contribution progressive des capitaux destinée à

XII. DES MOYENS IMMÉDIATS DU SALUT DU PEUPLE 263

des choses permettrait de réduire l'impôt à des proportions naturelles. Peut-être même il faudrait que cet impôt extraordinaire, afin que la rentrée en fût plus assurée, portât pour une part sur les créances de toute espèce qui existent dans la République, et que les débiteurs fussent autorisés à s'en réserver quelque fraction à titre de don fait au travail par la propriété, dans l'intérêt commun. Une mesure analogue a été repoussée à la presque unanimité par l'Assemblée nationale [1] ; mais il n'est

former le fonds du droit au travail, plus que cela, ouvertement appelée à niveler la propriété et à rendre l'appel à ce droit de moins en moins utile et fréquent nous revient ici nécessairement. Tant que ce moyen ou d'autres aussi efficaces et de nature plus fatale n'auront pas amené les membres de la société à une certaine égalité de conditions, il ne faut pas espérer l'établissement d'une contribution unique et rationnelle. Mais les impôts continueront à revêtir mille formes diverses, formes de guerre, dont les plus directes n'atteindront les capitaux ou les revenus que contraints et impossibles à dissimuler, et dont les meilleures passeront pour être celles qui ne s'adressent aux personnes qu'à leur insu et s'attaquent arbitrairement à des parties de la circulation qu'elles vicient. » (*Science de la Morale*, II, p. 176.)

1. Proudhon avait distribué le 31 mars 1848 sa brochure sur *l'organisation du crédit* qu'il regardait comme la « solution du problème social » promise à la fin de son *Système des contradictions économiques*. Élu à la Constituante, il présenta à ses collègues sa fameuse proposition de loi relative à l'impôt du tiers sur le revenu « c'est-à-dire la partie préparatoire de cette solution en ce qui touche les revenus de tous les biens meubles et immeubles, la rente, les salaires, traitements, pensions, etc., payables par l'Etat. Il n'y apportait que quelques modifications de détail, ou motivées par les circons-

point défendu d'espérer qu'une autre assemblée l'adoptera lorsque les circonstances où nous nous trouvons seront mieux appréciées, surtout si son auteur l'élabore et la mûrit dans l'intervalle. Il serait urgent que les travailleurs, petits propriétaires des campagnes, fussent soulagés du fardeau de la dette qui les écrase. Le travail industriel reprendrait aussi la plus grande activité par l'effet de cette sorte de crédit gratuit et à perpétuité fait aux travailleurs par les capitalistes.

L'ÉLÈVE

Mais cette mesure n'aurait-elle point le caractère d'une spoliation ?

L'INSTITUTEUR

La République fait de l'impôt qu'elle perçoit

tances; il stipulait le partage de ce tiers, déduit des revenus, entre les débiteurs intéressés et l'État ; et il y joignait un certain nombre de mesures de réduction d'impôts ; des projets de fondations de banques ou comptoirs d'escompte, des garanties pour les entrepreneurs et fabricants inquiets du placement de leurs produits, enfin une prorogation de paiement des loyers arrivés à termes. C'était au lendemain de la terrible insurrection de Juin, dont on accusait, quoique à tort, le socialisme, et de la répression terrible qui s'en était suivie, c'était aux premiers moments de la grande réaction conservatrice dont l'issue fatale pouvait déjà se prévoir, que Proudhon déposait (11 juillet 1848) ce projet de loi, preuve de sa forte conviction et de son grand courage, mais défi lancé aux idées de justice de la presque unanimité de la nation. » (*Philosophie analytique de l'histoire*, IV, p. 222.)

l'usage qu'elle juge convenable. Or si l'impôt sur le revenu était une spoliation, que serait donc l'impôt sur le travail, a dit l'auteur de la proposition dont nous parlons? Un assassinat[1]! Mais rassurez-vous, l'assemblée des mandataires de la nation ne saurait être spoliatrice, et il lui appartient de décréter les sacrifices que les diverses classes de citoyens doivent faire dans chaque circonstance pour le salut de tous. Or, la loi souveraine des consciences, la Justice unie à l'Amour, ne lui permet point d'oublier que *richesse oblige*. Le caractère des temps qui s'ouvrent pour nous consiste essentiellement en ce que le Bien de ceux qui souffrent n'est plus livré à la merci du caprice individuel, sous les noms de charité et d'aumône, mais imposé comme devoir à la République, au Peuple tout entier. Ce devoir doit être confirmé par les représentants du Peuple et accompli par l'exécution de leurs décrets.

L'ÉLÈVE

Un mot dans les explications que vous me donniez naguère a arrêté mon attention et me cause quelque trouble, je l'avoue. Vous parliez de *niveler les conditions*. Mais alors que devient le luxe, et que deviennent ceux que le luxe fait vivre ? Car on

---

1. Proposition du représentant du Peuple Proudhon, développée dans la séance du 31 juillet 1848 à l'Assemblée nationale. (Note de l'auteur.)

l'a souvent remarqué avant moi, les grands revenus dépensés fastueusement servent du moins à l'entretien des travailleurs.

L'INSTITUTEUR

Je suis bien aise que vous m'ayez fait cette observation parce que je rencontre ainsi l'un de ces préjugés malheureusement trop justifiés dans l'ordre ancien des sociétés et qu'il importe que j'éloigne de votre esprit. Il est vrai que le luxe des grands est le gagne-pain des petits, comme on parlait autrefois[1]. Mais faudrait-il que l'ouvrier mourût de

---

1. Le luxe, si souvent réprouvé par les anciens moralistes, n'est pas dans la facilité de certaines satisfactions matérielles et encore moins dans les effets personnels favorables du développement de l'industrie et du commerce ; il est dans l'oisiveté obtenue sans travail personnel, dans le surcroît des dépenses improductives sur les dépenses productives. Dans la société antique, ces conditions du luxe étaient au maximum d'immoralité puisque l'oisiveté était fondée sur l'esclavage. « L'avantage de la situation est grandement en faveur des modernes, comparés aux anciens, puisqu'il est très certain que nous ne souffrons pas à proprement parler de la plaie de l'esclavage, et que, d'une autre part, s'il est vrai que trop de gens chez nous placent l'idéal de la famille dans la faculté procurée aux enfants de « se passer de travailler », il est vrai aussi que le travail est de plus en plus en honneur et qu'on ne vit jamais sociétés si laborieuses que celles des premiers États de l'Europe. Mais on est obligé d'ajouter que la grande question de l'esclavage et du servage résolue en laisse subsister une autre que j'énoncerai brièvement ainsi : Obtenir un certain degré de sécurité, des garanties pour la vie des travailleurs soustraits à tous les genres de servage et de vasselage ; assurer la liberté et l'équité des débats auxquels donne

faim si le luxe cessait ses commandes? Oui, sans le droit au travail; avec le droit au travail, non. Aucune réforme économique ne peut s'accomplir dans la société, et Dieu sait si de telles réformes sont nécessaires, sans le déplacement d'un grand nombre d'existences de travailleurs. Jusqu'à ce jour l'ouvrier que le progrès obligeait à changer d'état, se voyait tenu à des prodiges de talent et de volonté ou forcé d'avoir ce qu'on appelle du bonheur, faute de quoi, ne pouvant se refaire une place dans le grand atelier de la Terre, il payait de sa vie l'utilité des races futures. Aujourd'hui commence à prévaloir un principe nouveau. Les hommes de cœur qui veulent créer la providence sociale reconnaissent hautement et le Droit au travail pour tous et le Droit à l'indemnité pour quiconque est *déclassé* par l'effet de réformes sociales [1].

lieu le règlement des parts du travail et du capital dans le fruit commun des entreprises. » (*Critique philosophique*, VIII, p. 254.)

1. « Il est vrai, comme on l'a toujours fait observer dans la discussion de la loi d'airain, que les conditions matérielles de la vie humaine étant considérablement améliorées à la suite des progrès de l'agriculture et de l'industrie, les habitudes contractées par l'ouvrier forcent le capital à se dépenser en salaires au delà de ce qui eût été nécessaire à d'autres époques, où le minimum de vie s'établissait à un taux plus bas; mais un fait si naturel ne touche pas le point essentiel de la question. Ce point est le manque de garanties pour la classe des travailleurs, avec, en regard, les accumulations excessives de capitaux dans certaines mains, et la spéculation effrénée menant aux fortunes rapides et scandaleuses. » (*Philosophie analytique de l'histoire*, IV, p. 598.)

Est-ce donc alors que la société, si le luxe recevait quelque atteinte, se trouverait plus pauvre qu'auparavant pour assurer le travail, la vie des ouvriers? C'est tout le contraire qui aurait lieu, parce que la vraie richesse de la République augmenterait. D'une part, en effet, l'ouvrier passerait d'un travail de luxe à un travail utile et véritablement productif; d'autre part l'oisif qui autrefois commanditait ce travail de luxe, tournerait lui-même ses ressources amoindries vers quelque direction plus utile [1].

Certes je n'entends point ici déclamer contre le

---

1. La morale fournit une règle rationnelle sur l'usage des richesses acquises légitimement par le travail : c'est que la dépense improductive, qui est inévitable en de certaines limites, n'arrive jamais à excéder la dépense productive; à partir de cette limite la consommation cesse d'être normale et devient luxe. Cela est vrai du luxe des sociétés comme de celui des personnes. « Dans les sociétés telles que nous les connaissons, le devoir serait violé d'une manière générale, du moment que l'emploi des excédents se ferait sans tenir compte, ni de l'augmentation des biens matériels stables et productifs que chaque associé doit se proposer d'obtenir pour tous, ni des garanties à préparer pour les membres à venir. Et si de la vue de l'ensemble nous passons à la considération des droits des personnes, nous trouverons que la consommation improductive, toujours inévitable en une certaine proportion, peut difficilement se délimiter en formant la part convenable des justes jouissances de tout ordre, mais qu'il n'y a pas moins lieu à appréciation consciencieuse et que chaque personne est moralement obligée de conserver son revenu net et d'en procurer la consommation reproductive dans une certaine mesure. » (*Science de la Morale*, II, p. 92.)

luxe. Il y a d'abord ce luxe collectif qu'un grand peuple déploie en palais, musées, théâtres, bibliothèques, jardins publics ; celui-là, loin de le proscrire, je voudrais autant que possible l'étendre à toute les communes de France. Le luxe des communautés, des associations, me paraît précieux encore, comme lien de fraternité, et parce que tout ce qui se partage se sanctifie. Le luxe même des particuliers, s'il n'est que le développement de l'aisance par l'art, jusqu'à l'extrême limite du caprice et de la fantaisie, n'est pas un crime à mes yeux ; cependant il me scandalise lorsque tant de citoyens sont privés du nécessaire. Dans une République, où la solidarité des hommes est reconnue, il répugne à mon cœur que le luxe se déploie avant que l'aisance soit obtenue et que les caprices des uns puissent se satisfaire, tandis que les besoins des autres crient devant la Providence [1]. Et je frémis

1. Relevant ce contraste d'après le *Système des contradictions économiques* de Proudhon, Renouvier en résume le principe dans les formules suivantes : « Le travail doit laisser au producteur un excédant » ; c'est une vérité généralement admise par les économistes ; sans elle la formation des richesses et la capitalisation seraient inexplicables. Mais que se passe-t-il en réalité ? « Il existe dans la société des états qui profitent, et d'autres qui dépérissent ; des travailleurs à double, triple, centuple salaire, et d'autres en déficit, partout enfin des gens qui jouissent et d'autres qui souffrent, et, par une division monstrueuse des facultés industrielles, des individus qui consomment et qui ne produisent pas . » La loi de répartition devrait amener l'égalité d'enrichisse-

quand je songe à ces nations, — l'Angleterre nous en est un fréquent exemple, — qui font consister leur richesse et leur propriété dans le parfait *comfort* de quelques milliers de familles, commandant le travail à des millions d'hommes réduits au strict nécessaire et vendant à leur profit les produits de ces hommes sur tous les marchés du monde[1].

Comment les moralistes ne remarquent-ils pas cette loi providentielle qui veut que l'homme se dégrade lorsqu'il jouit seul ? Nous voyons cependant la plupart des gens riches, ceux qui ne travaillent point, s'amollir dans le luxe, s'avilir par la

---

ment des individus, proportionnel à l'enrichissement social ; mais les faits montrent le luxe d'un côté, la misère de l'autre. Quand les économistes, dit Proudhon, opposent aux plaintes des travailleurs « l'accroissement progressif de la fortune publique et les adoucissements apportés à la condition des classes mêmes les plus malheureuses, ils proclament sans s'en douter une vérité qui est la condamnation de leurs théories ». Il eût été plus juste de dire que les déclarations des économistes, s'ils en avaient bien vu la portée, les auraient obligés de condamner des mœurs commerciales auxquelles ils donnent leur assentiment en qualité de faits, attendu le caractère empirique de leur science prétendue. » (*Philosophie analytique de l'histoire*, VI, p. 558.)

1. Le contraste entre l'extrême misère et l'extrême luxe n'est peut-être nulle part plus choquant qu'en Angleterre où une superficie d'environ 16 millions de kilomètres carrés n'a que 30.000 propriétaires sur une population de 32.000.000. De plus sur les 30.000 propriétaires 150 possèdent la moitié du sol le reste appartenant à 29 850 personnes. (Cf. *Revue des Deux Mondes*, 15 septembre 1882.)

XII. DES MOYENS IMMÉDIATS DU SALUT DU PEUPLE

débauche, et se consumer dans l'ennui : juste punition de ce qu'ils ont pris le raffinement de leur vie dans l'exploitation de leurs frères. Mais que dis-je ? Les moralistes ont condamné ce luxe dans tous les temps : ils ont fait voir que la santé de l'âme et du corps, celle de l'État comme celle des particuliers, les bonnes mœurs, le travail, les joies pures de la famille n'étaient pas moins incompatibles avec les fausses grandeurs du luxe qu'avec les abaissements de la misère. L'égalité est une loi morale : niveler c'est moraliser [1]; mais l'aristocratie, mais la fureur de dominer ou de jouir sans partage, ont engendré tous les vices.

Et en vérité il fallait un âge de corruption comme le nôtre, un âge où l'égoïsme et l'aveuglement semblent inséparables de la puissance et de la propriété, pour que l'on vît des prêtres, oui, des prêtres ou des hommes qui parlent en leur

---

[1]. Il y a une vérité sous cette formule paradoxale : la justice dans une société réclame qu'aucun de ses membres ne soit laissé au-dessous du niveau indiquant le minimum des conditions de l'existence ; il est immoral que, faute de posséder l'instrument du travail, un être humain soit condamné à mourir de faim ; le ramener au niveau commun c'est donc redresser une injustice et moraliser l'État. D'autre part, appliquer la progression dans l'impôt sur le revenu, c'est-à-dire diminuer l'écart entre l'extrême richesse et l'extrême misère, c'est encore niveler et moraliser. Mais il n'y a aucun intérêt moral attaché à la parfaite égalité des fortunes ; et c'est en cela que consiste le paradoxe.

nom¹, et des philosophes, de ceux² que le roi déchu salariait, et que la République encore salarie, se ranger avec les grands propriétaires, avec les grands industriels, avec les économistes instruits à l'école de l'Angleterre³, parmi les défenseurs de ce luxe qui fait vivre misérablement cent pauvres avec le prix des splendeurs d'un riche.

Mais ce n'était pas encore assez; nous avons vu des réformateurs et jusqu'à des orateurs du Peuple, sacrifier au veau d'or en espérance, pro-

1. L'*Univers* était devenu avec Louis Veuillot, depuis 1843, le journal des prêtres et de la réaction cléricale contre les idées démocratiques et sociales.

2. L'université fut dominée, de 1830 à 1848, par de véritables tyrans de l'intelligence qui furent justement flétris par J. Ferrari, universitaire lui-même et chassé de sa chaire par le ministère Villemain, sur l'injonction des prêtres. Son livre, daté de 1849, a pour titre : *Les philosophes salariés.* « La France, disait-il, subit en ce moment le double joug des prêtres salariés et des philosophes de gouvernement. La vieille monarchie avait deux instruments à son service : les capucins pour la canaille et les jésuites pour les personnes de qualité; aujourd'hui on entretient les prêtres pour le peuple et les éclectiques pour les riches. » Le ton de ce passage indique des jugements passionnés; mais la passion avait sa raison d'être.

3. L'Angleterre est la terre classique de la prétendue science économique dont le fondateur est Adam Smith dans son livre *Recherches sur la nature et les causes de la richesse des nations*, 1776. On appelle en particulier école anglaise ou école de Manchester les doctrines économiques répandues par Richard Cobden (1804-1865), gros industriel de Manchester, propagandiste du libre échange et fondateur (en 1838) de la ligue contre la loi sur le blé.

mettre à la pauvre humanité, tant la convoitise avait allumé les âmes, une intarissable moisson de plaisirs impossibles et qui seraient la fin de la vertu sur la terre[1]. Ah! cessons d'halluciner les malheureux avec l'apparence trompeuse de tant de jouissances qui ne rendirent jamais plus heureux ceux qui les ont possédées. Donnons-leur l'ambition du bien-être, et c'est assez ; répétons-leur ce dont nous ne serons jamais assez pénétrés, que le bonheur s'obtient moins sûrement à la recherche des plaisirs qu'à celle du bien de nos semblables[2].

1. « La plus grossière des illusions nées de la doctrine du progrès est la confiance que l'on a fini par donner au peuple en un millénium de civilisation matérielle comme idéal de félicité. La foi populaire n'attend pas l'événement pour introduire une revendication de part égale pour tous à ce qu'il y a déjà de richesse acquise. Les questions de justice et de liberté, qui priment tout et dont dépendent la possibilité d'un ordre social quelconque et le bonheur que des hommes unis et sages peuvent y trouver, s'effacent pour l'imagination devant le brutal concept de la production abondante et de tous les besoins satisfaits, de toutes les jouissances obtenues, au prix d'une quantité de travail toujours décroissante. Mais à considérer les faits, le travail humain n'a pas diminué, il a augmenté ; les machines n'ont pas soulagé le travailleur, elles l'abrutissent et ruinent sa santé dans les plus importantes industries ; les grandes facilités procurées à la vie humaine en matière de communication ne sont pas, quelque hautement qu'on les apprécie, des moyens de bonheur, comparativement au passé, lorsque les nouvelles habitudes sont prises. » (*Nouvelle Monadologie*, p. 421.)

2. « Comme il y a l'*art pour l'art*, il y a le *plaisir pour le plaisir*, qui est plus profondément démoralisant. La richesse et le luxe n'inspiraient point l'envie, quand ils étaient le

L'ÉLÈVE

Je n'ai plus maintenant qu'une difficulté à vous présenter. Dites-moi si les arts et les sciences ne dépériront pas comme le luxe dans un État où personne ne jouira de ces loisirs qui leur ont autrefois donné naissance et, depuis, n'ont cessé de les entretenir. Est-ce encore là une perte dont il vous soit aisé de vous consoler?

L'INSTITUTEUR

La science est utile aux progrès du bien-être, indispensable au développement de l'industrie

privilège d'une classe très réduite de gouvernants dont le prestige se liait à la foi qu'on avait dans les services rendus par eux à la société. Mais ils sont odieux quand ils ne paraissent plus les attributs d'un mérite supérieur. La société se partage alors entre une masse de jouisseurs sans mérite et une masse plus grande de travailleurs serviles et fiers, tenus dans la misère, imitateurs envieux des mœurs des autres, qu'ils appellent les *heureux*. L'œuvre forcée des travailleurs salariés fait que la somme de la production matérielle est grande et revêt, grâce à l'invention des machines et au développement du commerce, les apparences d'un progrès adéquat aux besoins de tous. Il semble que le comble de la civilisation soit près d'être atteint. La richesse, le plaisir, le bonheur, assemblage de tous les plaisirs, en sont l'essence : voilà l'idée qu'on s'en fait des deux côtés, du côté des bien lotis et de celui des dénués. Il ne resterait plus, selon ces derniers, qu'à obtenir part égale à ce bonheur. Mais alors c'est une autre affaire ; la civilisation comme ils la comprennent n'apporte pas la justice dans ses flancs, et s'éloigne de plus en plus du bonheur qu'elle prend pour but. » (*Nouvelle Monadologie*, p. 428.)

humaine[1]. Même dans ses applications les plus abstraites et en apparence les plus éloignées de toute utilité matérielle, l'esprit scientifique est précieux[2]. Il faut y voir un déploiement naturel et légitime de l'intelligence, une satisfaction donnée à la noble curiosité qui nous porte à nous enquérir des

---

1. « Ne vous laissez pas dire que les sciences et les savants sont un luxe inutile, comme s'il n'y avait d'utile au monde que ce qui sert à satisfaire aux besoins du corps. De manière ou d'autre, des sociétés humaines pourvoient grossièrement à leurs besoins matériels sans le secours des arts perfectionnés qui naissent des sciences ; mais sans les sciences, l'esprit des populations misérables est croupissant dans l'esclavage de l'ignorance et exposé aux illusions les plus dégradantes sur les choses de la nature et de la vie.

Toutes les grandes industries qui ont facilité la nourriture, le vêtement, le logement et les communications des hommes et qui ont permis à une terre de nourrir dix fois et cent fois plus d'habitants que ce ne serait possible autrement, sont nées des découvertes scientifiques. » (*Petit Traité*, p. 108.)

2. « La principale différence entre une peuplade sauvage et une nation civilisée, quant à l'estime que nous devons faire de l'une ou de l'autre, consiste en ce que dans celle-là les hommes ne savent rien, ont l'esprit livré à toutes les illusions, en proie à toutes les superstitions et nourris de toutes les sottises de gens qui n'ont point la manière de se servir de leur raison. Au contraire, les hommes qui ont créé les sciences, et ceux auxquels ils en ont transmis les résultats et les méthodes, n'ont pas seulement des connaissances en plus et des moyens d'en acquérir de nouvelles, mais, ce qui est bien autrement important, ils ont la raison instruite, exercée, prémunie contre mille erreurs, capable de démêler la vérité ou de rester sagement dans le doute, là où elle n'aperçoit pas de motifs suffisants de prononcer. En un mot les sciences nous préservent des superstitions et du fanatisme : service inestimable. » (*Petit Traité*, p. 109.)

vues de Dieu et des lois de la nature [1]. D'ailleurs il n'est jamais possible de reconnaître la parfaite inutilité d'une recherche physique en mathématique [2]. Telle découverte qui d'abord paraissait futile

---

1. Les services rendus par les sciences et la diffusion de l'esprit scientifique sont considérables; mais l'illusion contemporaine est énorme qui amplifie la fonction des sciences jusqu'à leur remettre le soin de tout découvrir et de faire sortir de ces découvertes non seulement la règle de la conduite, mais encore le bonheur de l'humanité. La science est essentiellement et absolument incapable de fonder quoi que ce soit qui ressemble à une morale et, attendre d'elle ce résultat, c'est faire trop beau jeu aux sophistes effrontés qui, au profit de la théocratie, proclament de temps en temps la « banqueroute de la science ». Il faut aux passions et à la moralité d'autres règlements que n'en peut suggérer la connaissance des lois empiriques des phénomènes. Une action sur les sentiments, capable de dominer les impressions venues de l'expérience du mal et de balancer la poussée des intérêts égoïstes, est l'unique moyen de préparer les esprits et les cœurs à un régime des mœurs un peu moins bas que celui qui règne. Cf. *Nouvelle Monadologie* p. 420.

2. « Toute connaissance est utile ou le sera demain. Toute connaissance est le chemin d'une autre et d'une infinité d'autres et celles qui ne sont pas utiles aux individus pris séparément le sont à tout le monde, aux nations et à leurs progrès et cela souvent, de la manière la plus impossible à prévoir. » (*Petit Traité*, p. 87.)

« L'optimisme du savant abuse des services réels et vraiment inappréciables rendus à l'humanité par l'esprit scientifique, pour faire honneur à la Science des progrès moraux en liberté et en raison dont cet esprit lui-même a dépendu pour naître et se conserver plus ou moins selon les époques. L'ardeur de la découverte, la curiosité dans le sens élevé du mot, puis l'empire sur les forces de la nature, acquis par la connaissance de « ses secrets », sont une gloire de l'homme. L'esprit scientifique, qui est le sentiment de la méthode rationa eu les suites les plus heureuses, et il ne faut pas oublier qu'une génération ne travaille point pour elle seule, mais aussi pour celles qui doivent la suivre [1].

nelle applicable à cet objet, a servi et sert toujours, par son extension, dans le monde, à combattre les superstitions, la crédulité, les hypothèses arbitraires et passionnées de l'ignorance, il leur oppose des vérités. Mais cet esprit lui-même a un fondement moral. Il n'est pas la cause, il est l'effet de la liberté et de la vie morale dont la liberté est la source. Cette vie morale, dont nous jouissons, la science ne nous l'a pas donnée; elle a de nombreuses origines, qui sont celles de la civilisation moderne. » (*Nouvelle Monadologie*, p. 419.)

1. Un des plus grands bienfaits du criticisme, s'il était mieux connu, serait de nous guérir de la superstition d'une nouvelle idole, la Science, et de ses prétentions à atteindre l'absolu du vrai et du bien. La réaction de la raison contre cette illusion commence avec les *Essais de critique générale* de Ch. Renouvier, *Logique* (1854); *Psychologie* (1859); *Principes de la nature* (1864); *Introduction à la philosophie analytique de l'histoire* (1864). Elle se poursuit dans la *Science de la Morale* (1869). Nous en citerons une conclusion prise dans le *Personnalisme* (1903).

« La science ne commande pas. Il n'existe aucun rapport entre l'ordre social, impliquant la justice et les mœurs, et l'ordre scientifique, dont les découvertes sont exclusivement instrumentales, prêtes à tout emploi, et fournissent indifféremment l'instrument du bien et du mal. Telles découvertes sont utiles ou agréables, sans qu'on puisse dire, autrement que par un très bas jugement des conditions du bonheur, qu'elles sont capables d'en donner. Telles autres vont à la destruction et à la mort; et la création ou le maniement des engins sont aussi une source d'assujettissement, de misères et d'accidents mortels. Au demeurant, le progrès dans la connaissance et dans le maniement des forces naturelles est indubitable, il ne peut rien pour la justice, il s'emploie à merveille pour la violer. » (p. 203.)

Pour ce qui est de l'Art, je pense que rien n'est beau, rien n'est grand qui aussi ne soit utile. La poésie, la musique, l'architecture, la sculpture, la peinture élèvent et ravissent l'âme, favorisent la communion des cœurs, enfin gravent dans la mémoire et dans l'imagination de l'homme tous les sentiments, toutes les vérités qui le touchent. Vous voyez que je ne me consolerais pas aisément de la décadence des arts et des sciences. Mais une République peut et doit les subventionner; une République qui se connaît en éducation distingue ou fait éclore les grandes et véritables vocations [1]. S'il était vrai, ce que je nie, que des institutions d'égalité fussent un obstacle à la bonne volonté que les directeurs de l'État doivent avoir de susciter des artistes et des savants parmi tous les travailleurs de la République, je vous ferais observer que les

[1]. Le devoir d'une république est de rendre accessible à tous l'éducation libérale et non pas seulement de préparer la floraison des artistes et des savants. « L'éducation libérale ne signifie pas un certain bagage de grec et de latin, ou, ce qu'il faut pour prétendre à l'une des professions appelées libérales, mais simplement la communication de cet ensemble de sentiments et de bonnes manières qui fait que des hommes se reconnaissent égaux dans un cercle et non pas seulement devant le scrutin. Tant que cette espèce d'égalité sociale qui n'a nul rapport aux conditions et ne fait acception ni de riches ni de pauvres n'existera pas entre tous les citoyens d'une cité, entre tous les membres d'un État, on n'aura pas complètement le droit de se dire affranchi des mœurs et des institutions serviles. » (*Critique philosophique*, X, p. 212.)

XII. DES MOYENS IMMÉDIATS DU SALUT DU PEUPLE 279

fortes vocations ont coutume de se manifester d'elles-mêmes et renversent au besoin toutes les barrières qu'on tente de leur opposer. Trop souvent, sous prétexte d'encourager l'art, les riches et les rois ont patronné la fainéantise, donné des primes aux fausses vocations, favorisé le goût des petites choses et la production du médiocre ou du laid [1].

Que la République organise seulement l'instruction artistique et scientifique dans toutes ses branches; que les écoles spéciales soient d'une entrée difficile et en outre fréquemment épurées ;

---

1. Le plus grand mal n'est pas là, mais dans le partage de la nation en deux classes dont l'une, en tous les progrès qu'elle peut faire, est obligée de traîner l'autre comme un poids mort.

« Celle-ci, trente ou quarante fois plus nombreuse que la première, en est tenue éloignée par la culture générale de l'esprit, par le langage, par les mœurs sociales, souvent aussi par les croyances, et en un mot, n'appartient pas à la même société et n'y est pas reçue. Si la société polie venait à disparaître, le peuple tomberait, par ce fait même, dans la barbarie : aucun clergé au monde ne l'empêcherait de faire cette chute, au moins en tant que clergé et comme enseignant un catéchisme et distribuant des sacrements, car la religion n'a absolument rien de commun avec le fond d'idées, de connaissances et d'usages qui dirigent la vie civilisée. On comprend d'après cela combien il est difficile que la classe d'élite, si elle vient à changer de sentiments et de pensées, à embrasser de nouvelles vues morales ou politiques, tire sérieusement à sa suite la classe la plus nombreuse, dont les habitudes sont plus fortement enracinées et souvent se rattachent à des croyances de l'espèce la plus résistante. » (*Critique philosophique*, X, p. 211.)

que les élèves qu'on y forme n'aient rien de plus que la subsistance assurée, et puis qu'une récompense nationale soit accordée à toute belle œuvre, à toute découverte notable; on verra les sciences abstraites, aujourd'hui misérablement confondues avec l'enseignement, briller d'un éclat imprévu; on verra l'Art sous la fécondante influence des sentiments nouveaux, au soleil des fêtes républicaines, produire aux yeux du Peuple ravi ces grandes œuvres que l'humanité n'a encore contemplées qu'une fois, au temps de la République d'Athènes[1].

1. « Un même peuple a été l'initiateur des travaux de l'esprit, dans le bel usage de sa langue, dans la belle traduction des sentiments et des pensées par la parole, par la musique et par les arts plastiques; dans la connaissance et la récitation de ses annales, afin de se mieux diriger et posséder lui-même, ce qu'il a fait plus qu'aucun autre en effet, nous ayant laissé le plus parfait modèle connu d'une cité : puis, dans la recherche des vérités logiques, mathématiques et naturelles, c'est-à-dire des lois qui régissent la pensée et le monde; et enfin dans les efforts les plus libres pour se rendre compte de la nature en son ensemble et de la destinée. Ce peuple est le peuple grec, et toute nation civilisée est appelée au même exercice de l'esprit, quelque grand ou petit succès qu'elle doive en attendre, à moins qu'elle ne borne son ambition à procréer des esclaves du besoin. Mais l'homme n'est pas né seulement pour manger les fruits de la terre.

La production élevée, en fait de science et d'art, ne regardera jamais que le petit nombre, mais il ne faudrait pas qu'il en fût ainsi de la consommation. Au contraire, le peuple entier, sous un bon régime d'éducation et de gouvernement, serait convoqué, pour ainsi dire, aux jouissances de l'esprit et à la connaissance des résultats des travaux de ses grands hommes en tous genres. Ce qu'on pourrait appeler le luxe

XII. DES MOYENS IMMÉDIATS DU SALUT DU PEUPLE

Je vous ai exposé le système républicain de l'impôt, j'ai levé les objections que votre mémoire vous suggérait contre le nivellement qui en est la suite, je vous ai aussi indiqué ce qu'a de transitoire ce système, acheminement à l'ordre définitif de la richesse et du crédit. Mais il est d'autres mesures de transition que je ne vous ai pas assez fait connaître.

Vous savez que les besoins de la République deviennent tous les jours plus graves et plus urgents; les dépenses vont croissant, d'une part, les revenus diminuant de l'autre; l'impôt ne suffit plus, et l'emprunt que les *hommes d'argent* procuraient à la monarchie[1], ou n'est plus possible, ou, précipitant l'État par des conditions ruineusement usuraires, fraie le chemin à la banqueroute. Pendant ce temps le crédit des particuliers se perd, l'argent se cache ou ne se montre plus que pour des besoins indispensables; l'échange des produits

---

intellectuel de l'humanité n'aurait plus d'adversaires le jour où, tous étant capables d'y participer davantage et, moins empêchés, ils sentiraient mieux aussi à quel point c'est le bien de tous. » (*Petit Traité*, p. 112.)

1. Ce fut, par exemple, le cas de Jacques Cœur qui put prêter sur sa fortune personnelle 200.000 écus d'or au roi Charles VII et fut mis à la tête des finances de l'État; de même, Samuel Bernard (1651-1739) qui tira très souvent d'embarras Louis XIV et Louis XV. Le plus grave inconvénient de ces pratiques financières était de mettre l'État dans la poche d'un particulier.

s'arrête et le travail se meurt. Telles sont les circonstances dont la France doit à tout prix secouer l'empire, sous peine de s'abandonner elle-même. Car il lui faut aujourd'hui, sans retard, et tout son revenu possible actuel, et toutes les avances qu'elle se peut faire sur sa fortune, afin de fonder le crédit, d'organiser le travail, de créer les garanties et de multiplier la production agricole [1].

Ce serait se moquer que d'attendre les ressources nécessaires d'une réduction, même radicale, des traitements et des emplois. Déraciner la faveur, supprimer le cumul et les sinécures, niveler les salaires des administrateurs, c'est bien ; mais on doit puiser à des sources plus abondantes lorsqu'on veut étendre aussi loin que de besoin, la bienfaisante action de la République.

---

[1]. Le dernier budget du gouvernement de Louis-Philippe laissait un déficit de 652.525.000 francs. Il allait à la banqueroute d'une façon si rapide que durant les 268 derniers jours de son existence, il avait dépensé, en sus de son revenu ordinaire, plus d'un million par jour. Depuis le 1er janvier 1841 jusqu'au 1er janvier 1848, dans l'espace de sept années de paix, il avait augmenté la dette publique de 912 millions 329.328 francs et l'avait portée à 5 milliards 179.644.730 francs. Cf. *Moniteur* du 10 mars 1848. Pour faire face à la dette flottante, couvrir les dépenses courantes s'élevant à 125 millions par mois, continuer les travaux publics, secourir les ouvriers, soutenir l'industrie et le commerce, réorganiser les forces de terre et de mer, le gouvernement de la République trouva *en tout* dans les caisses de la monarchie *soixante-deux millions*. (*Moniteur*, id.)

XII. DES MOYENS IMMÉDIATS DU SALUT DU PEUPLE

C'est ici qu'il faut vaincre un préjugé fatal, dont le règne remonte au temps où l'État n'était point encore organisé : ce préjugé consiste en ceci, que les puissants doivent demander le crédit aux riches, les princes aux particuliers. Jadis, il devait en être ainsi, parce que les puissants sont des hommes, les princes sont des hommes et non des *États*. Ils travaillent donc pour eux-mêmes, ils font alliance avec des princes et des puissants d'une autre espèce, les seigneurs de la richesse, et ils leur accordent de beaux avantages, sauf à leur faire plus tard banqueroute. Mais sous la loi de l'égalité, tout cela ne se conçoit plus ; il y a contradiction à ce que la République demande le crédit à de simple citoyens[1]. Ceux-ci n'ont en effet que des revenus limités, et qui doivent le devenir de plus en plus ; mais la fortune publique n'a d'autres bornes que le nécessaire des citoyens, et elle peut puiser dans leur superflu jusqu'à concurrence des sommes nécessaires au salut de la

---

1. Le 9 mars 1848, Garnier Pagès, ministre des Finances, annonça un emprunt de 100 millions à 5 p. 100 au pair, les fonds étant alors à 77. C'était demander aux capitalistes d'acheter de l'Etat, au prix de 100 francs, une rente qu'il leur était loisible de se procurer sur l'heure au prix de 77 francs seulement. Le succès de cet appel à l'esprit public des hommes d'argent dépendait de l'exemple que donneraient les régulateurs habituels du monde financier. Aussi l'emprunt échoua-t-il ; à la fin du mois les souscriptions montaient à 500.000 francs. Cf. Louis Blanc, *La Révolution de 1848*, t. I, p. 259.

patrie ou à l'intérêt commun de tous les citoyens[1].

Vous voyez que le crédit de la République est le premier ou plutôt le seul véritable crédit qui puisse exister. La République a son revenu annuel, qui est l'impôt, avec lequel elle fait face à ses dépenses annuelles ; et, s'il faut qu'elle ait recours à son capital pour telle grande dépense d'organisation productive, elle se fait alors crédit à elle-même, c'est-à-dire que l'ensemble des citoyens crédite l'État, lequel les représente tous et les sert tous en retour de ce qu'ils ont fait pour lui.

Quel est maintenant le crédit de tous à tous ? C'est le papier-monnaie ; c'est une représentation de quelque valeur connue, fixée et susceptible de réalisation : soit l'impôt anticipé, soit telle propriété publique, soit même telle propriété particu-

[1]. « L'impôt résulte de la communauté que doivent former entre eux les citoyens pour une partie de leurs revenus, communauté qui ne s'étendant qu'à cette partie, doit les laisser, pour le reste, dans la même condition relative où ils se trouvaient antérieurement, par le jeu des lois économiques, c'est-à-dire en vertu de contrats économiques supposés libres et légitimes. L'impôt, dans sa véritable idée, est un fait solidariste et communiste. C'est le sacrifice que demandent à tous pour le bien de tous la constitution et le fonctionnement de l'État. Chacun, d'après la formule communiste, doit participer à ce sacrifice, selon ses facultés, c'est-à-dire, selon les revenus de son capital et de son travail ; chacun a le droit de profiter ensuite gratuitement, c'est-à-dire selon ses besoins, des divers services de protection et de garantie que rend l'Etat, grâce au fond commun résultant des sacrifices de tous. » (*Critique Philosophique*, XIV, p. 159.)

lière dont la valeur doit faire retour à l'État d'une manière quelconque. Les agents de la République émettent cette monnaie que tous les citoyens doivent accepter en tous échanges pour sa valeur nominale ; puis ils la détruisent au fur et à mesure de la réalisation de la valeur qu'elle représente [1]. Par exemple, supposez que la société française veuille à la fois, dès demain, faire un acte de crédit vis-à-vis d'elle-même et délivrer de l'usure les citoyens des cam-

1. Le principe de cette banque hypothécaire consiste à substituer le crédit public au crédit particulier. Sans supprimer les établissements privés de crédit, il s'agit d'en créer un de caractère national, faisant au profit de tous ce que la Banque de France est autorisée à faire au profit d'un petit nombre d'actionnaires. De la sorte, le privilège de battre monnaie par l'émission de billets retournerait à l'Etat qui n'aurait jamais dû s'en dessaisir. Louis Blanc proposait, sur les mêmes principes, en 1848, une banque d'Etat : « La vraie garantie du papier de banque est, aux yeux du public, non pas l'*encaisse* mais le *portefeuille*. Sans la confiance qu'inspire ce dernier, les billets ne circuleraient pas. Ce qui les soutient, ce n'est donc pas le crédit particulier de la banque d'émission, c'est le crédit public. Il n'y a donc pas de raison pour que l'importante fonction de battre monnaie avec du papier soit abandonnée à des particuliers, puisque la société peut se rendre ce service à elle-même par une banque nationale. Par ce moyen, non seulement la société, prise dans son ensemble, recueillerait les profits immenses qui, aujourd'hui, se concentrent en un petit nombre de mains, mais la circulation cesserait d'être vassale de la spéculation privée, toujours si égoïste. Les direteurs de la Banque nationale étant des fonctionnaires publics et n'ayant aucun intérêt à élever le taux des escomptes, le maintiendraient au niveau le plus bas possible, et l'intérêt de l'argent baisserait, par suite, dans la généralité des transactions : bienfait inappréciable pour le commerce, l'agriculture et tous les genres d'entreprises. » (*Rev. de 1848*, I, p. 265).

pagnes en leur donnant le moyen de rembourser, dans un délai donné, la dette qui les écrase, la République procédera comme il suit : elle remboursera en billets de sa banque tous les créanciers hypothécaires de France en se substituant elle-même à leurs débiteurs ; elle donnera cours forcé aux billets dont ils seront ainsi nantis : ces billets représenteront des propriétés immobilières jusqu'à concurrence de la valeur en argent pour laquelle ces propriétés sont hypothéquées. Cela fait, la République se trouvera vis-à-vis des débiteurs au lieu et place des créanciers, comme tout à l'heure elle se trouvait vis-à-vis des créanciers au lieu et place des débiteurs. Alors elle fera remise à ces derniers de la totalité ou de la plus grande partie des intérêts de leur dette, et les mettra simplement en demeure d'amortir, de se libérer par annuités vis-à-vis d'elle, soit à 4 p. 100 par an dans l'espace de vingt-cinq ans. A cette époque, tous les billets hypothécaires auront été successivement détruits, et tout papier-monnaie aurait disparu si d'autres motifs n'en avaient fait créer d'autre sur de nouveaux gages. Mais la banque hypothécaire, dont je viens de vous donner une idée sommaire, serait une institution permanente de crédit en même temps qu'un moyen d'extinction de la dette actuelle. Il ne suffit pas de comprimer quelque temps l'usure, il faut l'anéantir.

Maintenant, si je ne craignais de me laisser aller trop loin, je vous ferais le tableau des suites de cette grande mesure. Vous y verriez l'exploitation de l'homme extirpée dans l'une de ses plus odieuses racines, les capitaux désormais humiliés et affluents, la circulation activée, l'intérêt de l'argent abaissé dans une proportion considérable : d'où naîtrait pour la République une juste facilité de réduire successivement sa dette ou de la rembourser. Car l'État, maître du crédit, peut et doit emprunter à la masse des citoyens, s'emprunter à lui-même, à des conditions gratuites, les sommes qui lui sont nécessaires pour échapper par le remboursement aux conditions onéreuses de l'ancien crédit.

Je passe aux autres réformes immédiates que nous devons attendre de la République. Mais ici je serai bref, car il s'agit de questions plus simples, au premier aperçu, que celles que je viens d'examiner, dont le développement dépasserait néanmoins les bornes d'un enseignement élémentaire et succinct tel que celui-ci.

Mettons la question du service militaire en première ligne[1]. Vous savez combien ce service pèse aujourd'hui sur le pauvre, et qu'il est facile au riche de se décharger sur son prochain de toute la réalité de ce fardeau. Tous les citoyens devraient

1. Sur le service militaire, cf. les passages cités à la fin du chapitre IV, page 134, note 1 et page 135, note 1.

subvenir de leur propre corps à la défense de la République, cette *Chose de tous*[1]. Le premier, le plus grand, le plus noble des services, est en même temps le plus dur : double raison pour que tout homme valide soit tenu à cette peine et à cet honneur. Une telle dette imposée à chacun deviendrait pour chacun plus légère, et la patrie devrait la même reconnaissance à tous ses enfants. Il faudrait que l'armée proprement dite ne consistât qu'en de certains corps spéciaux, et que d'ailleurs, tous les citoyens, après avoir passé deux ans sous les drapeaux[2], formassent la réserve de la République, désormais invincible. Des mesures seraient prises pour concilier l'instruction professionnelle, dans ses diverses branches, avec l'âge, la durée et les exigences du service militaire[3]. Et il ne saurait

1. Les lois qui ont rendu ce service universellement obligatoire sont l'œuvre de la troisième République.

2. Cette réduction du service militaire, réclamée il y a cinquante-six ans par Ch. Renouvier n'est pas encore réalisée.

3. Le mal de la guerre semble être arrivé au maximum sous la forme de la charge financière qu'il impose en pleine paix. « La science fournit à l'art de détruire des instruments nouveaux d'une grande puissance et ce n'est pas elle qui se charge d'apprendre aux hommes à les laisser sans usage. On entend plutôt dire qu'elle leur rendra à la fin le service de les dégoûter de se faire du mal en leur apprenant à s'en faire de plus en plus. » (*Nouvelle Monadologie*, p. 422.) « La guerre entre les nations est une ruine pour chacune d'elles, une ruine pour la victorieuse aussi bien que pour la vaincue ; une ruine, du fait même de la guerre, et une ruine pendant la paix qui suit ou qui précède et sert à préparer les moyens de la rompre.

vous échapper quel parti l'on peut tirer d'une armée ainsi constituée soit pour l'exécution de certains grands travaux d'utilité publique, soit pour l'établissement d'un sérieux esprit d'égalité entre les citoyens.

Venons à la justice, à son organisation, à ses tribunaux, à sa procédure, à ses lois et à ses peines. La justice, telle que les aristocrates et les rois nous l'ont faite, d'accord avec les érudits, est un chaos véritable. Encore faut-il être riche pour réclamer son droit. La première réforme à faire en cette matière est d'épargner tous frais aux citoyens qui n'ont que le nécessaire : il faut que l'avocat de la République soit aussi l'avocat du pauvre [1].

La seconde est de simplifier les Codes afin que

Ainsi carnage, oisiveté, perte de temps et de travail, destruction de richesses, tout ce mal durera et même s'aggravera, en raison des perfectionnements de l'art de détruire, — un art, une industrie comme une autre, — tant que les nations civilisées ne se seront pas rangées à une appréciation plus raisonnable de leurs intérêts. A défaut d'un esprit de justice et de paix, qui prendrait la place de l'esprit de conquête, il ne faudrait à une puissante nation que l'horreur de la ruine et le sentiment du danger des rivalités sans frein, pour l'engager à changer son établissement militaire, presque tout combiné pour l'attaque, en un établissement presque tout défensif, incomparablement moins coûteux. » (*Petit Traité*, p. 132.)

1. L'assistance judiciaire a reçu un commencement d'organisation en France par une loi du 22 janvier 1851 ; mais la réforme des frais de procédure est encore une tâche proposée à la troisième république.

chacun puisse connaître en effet la loi comme il est censé la connaître, d'abréger la procédure et d'anéantir tout cet arsenal des législations anciennes où la mauvaise foi, la subtilité et la tyrannie ont coutume de puiser leurs arguments[1].

Le troisième est de donner à l'équité naturelle toute la place qu'elle peut tenir auprès de la justice savante. C'est à quoi l'on parviendra par l'institution du jury en matière civile[2].

La garantie essentielle des réformes que je réclame est dans la dissolution des corporations puissantes qui se sont fait de la justice un domaine et exploitent la société plus encore qu'elles ne la servent. Que toute magistrature soit donc dévolue à l'élection, à cette seule condition que les élus aient fait preuve d'une instruction spéciale et suffisante déterminée par la loi[3] ; et que les fonctions

1. La refonte et la simplification des codes est toujours l'objet des plus légitimes réclamations qui semblent devoir rester encore longtemps sans effet.

2. « Dans les États libres, on a reconnu que les garanties des citoyens pour obtenir justice exigent que les juges dépendent le moins possible du gouvernement, et on leur a adjoint des « jurés » pour les causes criminelles. Dans les plus libres de tous, on étend la compétence des jurés, et on appelle les citoyens eux-mêmes à désigner les juges. Au contraire, un caractère des gouvernements les plus opposés à toute liberté, c'est que le même homme y gouverne et y juge. » (*Petit Traité*, p. 125.)

3. « Pour être morale la loi est tenue de prendre le juge au milieu du peuple, soit par la voie du sort, soit au vœu et

et charges judiciaires, sans exception, en nombre fixe et réduit, au lieu d'être inféodées à l'argent et à la faveur, soient désormais attribuées au mérite et à la probité consacrés par l'option des citoyens[1].

La loi, comme répressive des crimes et des délits, doit avoir un double but : 1° la punition du coupable, car l'idée de *peine* se lie indissolublement à celles *d'expiation* et de *justice* ; 2° l'amélioration

au choix du peuple même et sans autre condition, du moins en ce qui touche la déclaration de vérité des faits donnant lieu à accusation ou à condamnation. Les travaux de l'instruction et de la procédure demandent seuls des qualités et peut-être des garanties spéciales, qui cependant n'excluent pas non plus le mode de l'élection pour la nomination du juge. Avec tout autre établissement judiciaire, il est clair que les égaux cessent d'être jugés par leurs égaux, que l'application de la loi, la connaissance des devoirs et de la violation des devoirs et jusqu'à celle de la loi morale deviennent comme des privilèges, et qu'enfin les personnes tombent dans la dépendance de quelque pouvoir différent de la vraie société, différent d'elle-même. » (*Science de la Morale*, II, p. 255.)

1. « L'ordre judiciaire devrait émaner des justiciables ; ainsi le veulent les principes ; mais il est du haut en bas la créature du pouvoir exécutif, et l'esprit de la magistrature est, comme l'esprit militaire, opposé aux tendances modernes et démocratiques, favorable à l'oligarchie, et bien plus semblable à l'esprit de caste qu'on ne croirait cela possible dans une société après tout sans castes. Et l'on ne nous accusera pas d'outrager les magistrats, si nous disons que, dans les causes politiques, la justice cesse, on peut presque dire fatalement, d'être la justice ; car nous pouvons ajouter qu'en aucun lieu, en aucun temps, l'impartialité du juge n'a été une condition facilement compatible avec la mission de défendre par des arrêts le pouvoir auquel il doit son institution. » (*Critique philosophique*, X, p. 218.)

de l'homme pour satisfaire au devoir de fraternité. Jusqu'ici les peines n'ont été que barbares ; rendons-les humaines enfin ; que la société renonce à tout esprit de vengeance : les justes, les bons, les forts ne se vengent point[1]. Abolissons la peine de mort : un juge faillible ne rend pas des arrêts irréparables ; le sang appelle le sang et ne l'étanche ni ne le con-

[1]. La société a strictement le droit de *réprimer* pour se défendre, mais non le droit de *punir* qui la fait sortir du domaine judiciaire et pénétrer dans le domaine de la conscience qui lui est interdit, surtout par voie de contrainte. Les peines ne se justifient ni comme moyen d'*expiation*, ni comme *exemple*, ni comme moyen d'*amélioration*. « Dès qu'on donne pour but à la peine l'amélioration du condamné, on rattache la peine à la morale et non au droit historique, au droit de guerre sorti du droit de défense. Dès qu'on rattache la peine à la morale, on suppose nécessairement que quelques moyens existent de rendre les hommes bons par contrainte, et que ces moyens sont légitimes. La loi morale est ainsi violée au premier chef. De même que, dans la théorie de l'exemple, on fait servir une personne d'instrument pour l'amélioration des autres, en dépassant le droit qu'elle a fourni contre elle, en invoquant toute autre chose que ce droit, de même dans la théorie de la moralisation forcée, on fait servir une personne d'instrument pour sa propre moralisation ; on le tente du moins, car ceci surpasse toutes les forces sociales. Il n'y a pas de moralité réelle possible sans autonomie, pas de peine imposée qui ne détruise l'autonomie, pas de moyen d'appliquer des peines qui ne soit une autorité extérieure et, matériellement parlant, une tyrannie, pas d'argument pour en justifier l'emploi en tant que moralisant pour celui qui les subit, si ce n'est qu'on admette et un droit de faire le mal en vue du bien comme fin et le pouvoir effectif de faire naître la bonne volonté dans l'homme en même temps qu'on paralyse l'action de la libre volonté. » (*Science de la Morale*, II, p. 288.)

jure jamais ; une société cruelle fait école de cruauté, et ce n'est pas en violant la vie, soit solennellement, soit quelque part à la dérobée, comme on fait maintenant, qu'on peut rendre la vie sacrée dans toutes les consciences [1]. Organisons la déportation, organisons la réclusion, changeons en purgatoires nos prisons qui sont des enfers [2] ; enfin, que tout crimi-

1. Il n'existe aucun argument *moralement avouable* en faveur du maintien de la peine de mort et on n'a jamais réfuté les arguments qui la font rejeter. Si, en désespoir de cause, on invoque la nécessité de la défense, il reste à dire que les crimes contre la sûreté de l'État sont les plus grands de tous et puisqu'on a renoncé à la peine de mort en ce cas, c'est qu'on a reconnu son inutilité. « Puisque la peine de mort a pu être abolie en matière politique, ceux qui tiennent l'argument de la nécessité apparente pour bon en thèse générale ont pu cependant l'abandonner et cela dans l'espèce la plus probable. Un sentiment de justice ou la douceur croissante des mœurs produisent donc cet effet de faire disparaître la vision du mal nécessaire et de gagner le consentement des plus intéressés à la faire durer. Il en sera de la répression des crimes privés comme de celle des autres pour peu que les cœurs s'élèvent encore. On cessera de croire indispensable la répression sanglante, et on ne l'aura pas plutôt reniée qu'on avouera qu'elle n'était pas même utile, mais qu'elle était nuisible et démoralisante. » (*Science de la Morale*, II, p. 306.)

2. La réclusion solitaire est légitime de la part de la société qui l'inflige ; ses membres déclarent vouloir retrancher au condamné toute communication normale avec eux, sauf les relations indispensables pour l'application de la peine et celles que la simple humanité peut y joindre librement ; ils ne font en cela que s'éloigner eux-mêmes et ils en ont le droit. D'autre part le condamné peut voir dans la nécessité de cohabiter avec ses codétenus une aggravation de peine et il peut réclamer aussi la réclusion solitaire. On sait trop ce que sont les sociétés des prisons, des espèces d'enfers que la

nel ait un travail assuré à l'expiration de sa peine, et puisse encore en de certains cas espérer la réhabilitation[1].

Pour ce qui est des lois civiles, et particulièrement en ce qui touche le mariage et le droit de tester, certes les Assemblées du Peuple n'y toucheront jamais sans beaucoup de réserve et de très légitimes scrupules. Les fondements de la famille sont inébranlablement jetés dans le cœur de

---

morale n'est point tenue de tolérer et que par conséquent elle commande d'abolir. Cf. *Science de la Morale*, II, p. 312.

1. La revision des procès peut se faire : 1° en cas d'erreur judiciaire reconnue ; 2° après la peine subie par le coupable si on le reconnaît amendé. Les seuls arguments qu'on ait pu opposer à la revision judiciaire reviennent toujours à poser l'infaillibilité hypothétique du juge comme une sorte de palladium nécessaire de l'ordre moral. « Une supposition aussi monstrueuse n'eût jamais été mise en avant, je dis même au nom de la Raison d'Etat, sans la crédulité extrême des peuples auxquels on prétendait la rendre utile ; et on voyait l'utilité pour eux dans la soumission implicite à la sagesse et à la grâce des gouvernements, que dès lors ils ne pouvaient trop croire au-dessus de l'erreur. Mais il y a une autre utilité que cette utilité de brutes : l'utilité de l'être raisonnable à qui il est bon de connaître la vérité et la justice, de se rendre compte des conditions humaines de l'une et de l'autre, en un mot de savoir que l'homme est homme dans tous les rangs, dans toutes les fonctions et que le juste n'est pas celui qui s'arroge une autorité certaine dans ses jugements, mais celui qui se reconnaissant peccable est toujours prêt à s'examiner lui-même, afin de réparer ses erreurs ou ses fautes. Telle est l'idée que des nations éclairées devraient avoir de la personne d'un juge et de la nature d'un jugement. » (*Science de la Morale*, II, p. 315.)

l'homme et du chrétien. La morale est incarnée dans le Peuple, et l'égalité ne peut que la fortifier encore, car toutes les vertus et toutes les vérités s'appuient mutuellement et se corroborent. Mais on se demandera si le régime républicain de la liberté et de l'égalité ne doit point étendre les droits de la femme et les devoirs de l'époux dans la famille, si la morale sociale et, en outre, la sainteté même du mariage n'exigent point que le divorce soit rétabli, ou bien si l'indissolubilité des vœux est civilement obligatoire[1]. Le peuple, juge de toute sainteté, décidera[2]. Mais, quoi qu'il arrive, je ne doute point que le lien paternel et la fidélité conjugale ne se resserrent et ne s'affermissent dans cette société future où tous les hommes seront des *élus*, comme aussi la propriété, fruit du travail, et le droit d'en disposer librement, ne pourront que recevoir une consécration nouvelle après l'abolition de l'usure et de toute exploitation de l'homme par l'homme.

1. Sur les relations de droit dans la famille, cf. les passages cités dans la note 1 de la page 248; et la différence entre ce texte et celui de la première édition, reproduit dans l'appendice II du chapitre XI, page 244.

2. La formule est paradoxale; elle a ceci de vrai que la perfection morale ne peut être appréciée que par une conscience morale et que le peuple, c'est-à-dire la société des personnes dans un état donné est comme un juge de dernier ressort devant lequel les consciences individuelles doivent débattre le bien fondé de leurs appréciations.

Voilà les choses que j'avais à vous enseigner. Propagez-les afin de servir la République et de la fonder dans les âmes comme je viens de m'efforcer de la fonder dans la vôtre. Ainsi nous marcherons tous à la terre promise [1].

L'ÉLÈVE

Je suis prêt à remplir tous mes devoirs de républicain pour hâter, autant qu'il dépendra de moi, la réalisation de vos espérances. Mais j'avoue que plus le tableau de tous les biens que vous me présentez me ravit, plus les regards que je jette autour de moi me découragent.

---

1. La précision des principes et des moyens indiqués dans ce *Manuel* montre qu'au milieu des vagues doctrines répandues en 1848, il s'est trouvé au moins un penseur sachant concilier un idéal très élevé avec des considérations pratiques inspirées d'une telle sagesse que plusieurs sont encore les formules revendiquées par la morale politique de nos jours. Il eût échappé au reproche, au *mea culpa* exprimé ainsi par son contemporain, Marc Dufraisse : « Si nous avions défini avec netteté ce qui était abus, marqué avec précision ce qui devait et pouvait être réformé ; si, surtout, nous avions dit comment les torts du capital envers le travail pouvaient être redressés, nous aurions servi la cause républicaine par la claire exposition des griefs légitimes autant que nous lui nuisîmes par la généralité indéfinie des agressions. Pour n'avoir pas déterminé jusqu'où allaient nos tendances, le point où elles s'arrêtaient, nous inquiétâmes tous les intérêts, ceux-là mêmes que nous ne songions pas à attaquer. Tous se crurent menacés par l'obscurité même de nos aspirations, restées indécises et flottantes. D'où sortit une ligue formidable qui nous a vaincus. » (*Critique philosophique*, XXV, p. 159.)

Que nous sommes encore loin de la fraternité, encore loin de la justice ! Et que d'ignorance partout, que de routine, que de passions déchaînées contre la vérité ! Est-ce bien la terre promise que vous m'avez fait entrevoir ? Ou n'est-ce pas plutôt cette *Utopie*, cette terre de *Nulle part* qui éblouit dit-on, les amis de l'humanité dans tous les siècles ? Êtes-vous bien sûr de ne pas imaginer des hommes et une cité qui n'ont et n'auront jamais aucune existence [1] ?

L'INSTITUTEUR

Doutez, mon enfant, si vous n'avez la grâce ou la force de croire ; mais du moins agissez selon la conscience, et soyez bon, résolu, dévoué, soyez parfait dans vos discours et dans vos actes comme si tous les autres hommes étaient semblables à vous.

[1]. La peur des utopies imaginées par toute une série de rêveurs et de philosophes n'avait jamais découragé les hommes de bonne volonté avant 1848, ni effrayé les détenteurs de la propriété, qui les trouvaient inoffensives. Platon avait donné des lois à sa *République* ; le moine Campanella avait rêvé la *Cité du soleil ;* Thomas More, chancelier d'Angleterre, avait dans son *Utopie* fait une violente satire de la société réelle ; Harrington légiférait pour l'*Océana*, Fénelon pour *Salente*, Diderot ou Morelly avaient rédigé le *Code de la nature ;* Saint-Simon avait organisé le *Régime industriel* des plus aimants, des plus intelligents, des plus forts ; Fourier le *Phalanstère* et Louis Blanc l'atelier social. Mais la Révolution du 24 février fut si subite que toutes les utopies se présentèrent tout d'un coup comme imminentes en leur réalisation et que les possédants prirent peur.

Le temps presse, une révolution a besoin d'être saisie. Il dépend de nous de fonder la République en quelques années d'ardeur et de fraternité, ou au prix d'un siècle d'anarchie. Tout ce que je vous ai dit est possible, futur, et, s'il plaît à Dieu, imminent. Songez que je ne rêve ni la communauté idéale[1], ni l'entier dévouement ; mais je concilie la liberté avec l'égalité, l'indépendance des personnes avec la puissance de la République, et la propriété

---

[1]. L'auteur a nettement séparé son socialisme garantiste du communisme autoritaire. Cf. chap. VIII, p. 198, note 1. Il reproche à ce dernier de ne pas tenir compte de l'écart entre l'état de paix idéale et l'état de guerre donné par l'expérience. « Il y a une distinction à faire entre le socialisme optimiste et utopiste dont les tentatives d'application sont d'avance invalidées par les conditions psychologiques, morales et matérielles de l'homme, et le socialisme garantiste ou de justice, qui serait de nature à s'introduire par des lois dans les relations économiques, sans supposer rien de contraire aux données de l'expérience. Cette distinction dépend de celle que nous établissons entre l'état de paix et l'état de guerre. Le premier est une vue apriorique des relations humaines, au cas où la raison les régirait sans partage ; le second un ordre empirique, plein de contradictions, dans lequel la pure morale est sans autorité. Le droit qui tient lieu de la pure morale est essentiellement fondé sur le besoin de défense de chaque individu contre chacun, et contre tous collectivement, et sur celui de la société organisée et conventionnelle, contre tous, pris individuellement. Au fond tout socialisme utopique est basé sur la possibilité supposée d'un état de choses où ce double droit de défense n'aurait point, ou n'aurait que peu à s'exercer ; et cette hypothèse implique une donnée de la nature humaine autre que celle dont témoigne l'expérience universelle. » (*Philosophie analytique de l'histoire*, t. IV, p. 625.)

XII. DES MOYENS IMMÉDIATS DU SALUT DU PEUPLE

avec le salut public[1]. Si je vous parais sacrifier plus qu'il ne faut à l'unité, c'est que nous sortons d'une ère d'isolement pour l'homme et d'impuissance pour l'État ; c'est aussi que l'idée d'unité, par l'effet d'une habitude invétérée, vous rappelle le tyran, tandis qu'elle me représente le Peuple. Ayez donc bon courage ! Le temps s'approche où, comme l'esclavage et comme le servage, le prolétariat doit disparaître[2]. Nous fonderons la Sparte chrétienne,

---

1. C'est éviter aussi le cercle vicieux reproché aux deux philosophes socialistes dont l'inspiration fut la plus haute au début du xix° siècle. « Saint-Simon tombait dans un cercle vicieux manifeste, encore que commun dans les écoles socialistes, en supposant l'autorité capable par elle-même d'instituer la société parfaite et d'en assurer le règne, — quoique l'autorité ne puisse être exercée que par des hommes généralement semblables aux autres hommes par leurs idées, leurs vertus, leurs erreurs et leurs vices, — ou en supposant les institutions douées en elles-mêmes d'un pouvoir de rendre justes et bons les hommes dont leur établissement et leur durée dépend nécessairement. Et Fourier calculait arbitrairement, d'après les lois numériques de son invention, les rapports harmoniques ou désharmoniques de l'ordre naturel des passions et des choses. Tous deux croyaient que le caractère humain, tel que nous le connaissons, constitué par les naissances et par l'histoire, offre une matière susceptible d'organisation pour le règne de la justice et de la paix. » (*Le Personnalisme*, p. 67. (Cf. *Notice*, p. 28-29.)

2. Il n'est au pouvoir d'aucun État d'introduire un changement rapide et volontaire des mœurs touchant le régime du travail et de la propriété. Les religions ont entrepris de faire de ces révolutions profondes, comme le serait l'acceptation pratique d'un droit du travail au revenu net et des droits égaux de toutes les sortes de travail. « Or le bouddhisme qui tendait à l'abolition des castes a été exterminé des contrées

la Jérusalem chrétienne, cette République vraie où l'esprit de la Grèce et la force d'Israël s'uniront au cœur de la France, et dont le Christ, s'il reparaissait ici-bas, ne dédaignerait pas de se dire citoyen.

où elles régnaient, et où il était né, et ne s'est répandu que dans les pays voisins ; et le christianisme qui tendait à l'abolition de l'esclavage en attribuant à tous les hommes une même nature morale ne l'a point aboli, mais a consenti de tout temps à le pratiquer. Là où l'esclavage a disparu graduellement, c'est que la ruine et la conquête ont apporté peu à peu des mœurs nouvelles où n'entrait que le servage. Là où le servage a cédé au progrès des temps, il s'est retiré devant le développement du travail libre et finalement a succombé sous les efforts de la raison dans des sociétés arrivées à se suffire sans lui. » (*Science de la Morale*, II, p. 181.)

DÉCLARATION
DES DROITS ET DES DEVOIRS DE L'HOMME ET DU CITOYEN

I
DU BUT DE L'HOMME ET DE LA SOCIÉTÉ

1. Le but de l'Homme est la perfection de sa nature.
2. La perfection est morale, intellectuelle et physique.
3. La perfection est identique au bonheur (c'est-à-dire qu'un homme ne saurait se perfectionner sans devenir aussi plus heureux, ni tendre au bonheur plein et durable qu'autant qu'il s'approche de sa perfection).
4. La perfection est sociale ; elle se réalise progressivement dans la Société et par l'action mutuelle de ses membres.
5. L'ensemble des hommes composant la Société, s'ils tendent à la perfection, se proposent ce but de se rendre tous meilleurs et plus heureux les uns les autres.
6. La solidarité dans le bien comme dans le mal est une loi de l'Humanité : il n'est donné à aucun homme de se sauver ou de se perdre seul ; aucun homme n'est assez bon, ni assez intelligent, ni heureux, tandis que d'autres hommes souffrent.

7. Dans toute Société qui a conscience d'elle-même, toute loi morale est en même temps une loi politique, dans ce sens que le devoir de l'Homme est aussi le devoir des hommes, et doit être accompli par les forces dont tous les hommes disposent.

II

DU DEVOIR

8. Le devoir est une condition du perfectionnement de l'Homme, et par suite de la Société.

9. Le devoir de l'Homme est tout acte auquel il se sent obligé par la conscience ou par le cœur.

10. Il y a deux degrés dans le devoir : devoir de justice, devoir de fraternité. La justice est l'ancienne loi ; la fraternité est la loi nouvelle.

11. La justice part de la fraternité, mais la fraternité surpasse la justice et l'accomplit.

12. La justice, en général, est une certaine réciprocité des membres de la Société : l'homme juste est celui qui base ses actes et ses jugements sur des règles générales, sans considération aucune de positions ni de personnes. La justice, en son application sociale, est la règle mutuelle de vie que les hommes reconnaissent, soit explicitement, soit implicitement, comme un pacte qui les lie.

13. La fraternité est un partage volontaire des biens et des maux, tant de l'âme que du corps entre les hommes. La justice réalise progressivement la fraternité, selon que les hommes améliorent le pacte social et toutes les lois qui en découlent.

14. La Société parfaite, au point de vue moral, est

celle où la parfaite fraternité régnerait sans contrainte pour personne.

15. La Société parfaite est une Société idéale; c'est-à-dire que l'idée que nous avons d'une telle société nous montre le chemin de notre perfectionnement, sans nous donner aussitôt la puissance ou la vertu d'atteindre la perfection, qui est notre dernier but.

III

DU DROIT

16. Le droit est le pouvoir moral de celui envers qui il y a obligation par devoir, sur celui ou sur ceux à qui cette obligation est ou doit être reconnue, ou sur les choses qui les touchent.

17. Le droit ainsi fondé sur le devoir en général, résulte aussi, et plus particulièrement, de toute convention expresse ou tacite qui a lieu entre les hommes.

18. Les droits naturels sont ceux des pouvoirs que l'homme tient de sa nature, et auxquels on ne doit point supposer qu'il renonce volontairement en consentant à vivre en société et à se soumettre à des lois.

19. Tout contrat entre des hommes par lequel certains d'entre eux renonceraient à des droits naturels, soit pour eux-mêmes, soit surtout pour leurs descendants qui naîtraient ainsi privés de ces droits, est un privilège extorqué par la force ou par la ruse sur la faiblesse ou sur l'ignorance. Un tel contrat est nul de lui-même et ne doit jamais être invoqué.

20. Le droit qui résulte d'une convention expresse est un droit positif. Le progrès des lois consiste à faire passer dans les droits positifs, et tous les droits natu-

rels de l'Homme, et tous les droits virtuels que l'esprit de l'Humanité met successivement en évidence.

21. Toute Société qui tend à sa perfection et à la perfection de tous ses membres, doit donc :

1° Reconnaître positivement tous les droits naturels de l'Homme et sanctionner les contrats, dont la légitimité s'établit dans la conscience du Peuple : c'est là pratiquer la justice ;

2° Ranger de même au nombre des droits positifs reconnus à tout homme, les bienfaits que tout homme attend de ses semblables en tant que ceux-ci sont appelés à remplir envers lui le devoir de fraternité.

3° Poursuivre l'abolition des faux droits qui consacrent l'exploitation de l'homme par l'homme.

IV

DE LA RÉPUBLIQUE

22. La République est un état social dans lequel les hommes assemblés dirigent leurs propres destinées, sans jamais se donner de maîtres, en acceptant la justice pour règle et la fraternité pour fin.

23. Le Peuple est l'ensemble des citoyens, des femmes et des mineurs composant la République.

24. Le Peuple est souverain : il détermine sa loi.

25. Les hommes âgés de plus de vingt ans sont les délégués naturels de tous les membres de la République pour la détermination de la loi.

26. Le citoyen est un homme qui vit dans une République et qui y exerce sa part de souveraineté.

27. La loi est l'expression de la volonté générale conforme à la justice et inspirée par la fraternité.

28. La souveraineté est le commandement absolu.

29. La souveraineté suppose l'unanimité, et le Peuple n'est vraiment souverain que lorsqu'il est un.

30. Toutefois la loi des majorités sert de règle dans la République, aussi longtemps que la minorité ne puise pas dans le sentiment du devoir le droit de se soustraire à l'oppression du nombre.

31. Les majorités injustes ne sont que des majorités apparentes. Le Peuple, instruit et mieux inspiré, les fait disparaître aussitôt que le courage a révélé la vérité par la victoire.

32. Le premier devoir d'un bon citoyen est d'obéir à la loi, quoiqu'elle puisse n'être que l'ouvrage d'une majorité factice, tant qu'une impérieuse conscience et son accord avec un grand nombre de citoyens éclairés et dévoués ne lui confèrent pas le droit d'insurrection.

33. Le droit d'insurrection ne peut être exercé légitimement qu'après l'épuisement des moyens pacifiques de faire prévaloir la vérité, la justice et la fraternité.

V

DES DROITS ET DES DEVOIRS DES CITOYENS

34. Tous les droits du citoyen se ramènent à la liberté ou à l'égalité.

35. Les droits du genre de la liberté sont nécessairement limités en chaque citoyen par les droits de tous les autres citoyens.

36. L'égalité est limitée par l'exercice de la liberté.

37. La liberté et l'égalité qui, prises séparément, consacreraient ou l'indépendance individuelle, absolue négation de toute Société, ou le complet assujettisse-

ment à l'État, sont unies et conciliées par la fraternité.

38. La devise de la République est : *Liberté, Égalité, Fraternité.*

39. Les devoirs du citoyen sont corrélatifs à ses droits, ils consistent : 1° dans le respect de la liberté et de l'égalité, c'est-à-dire dans l'observation de la justice ; 2° dans la pratique de la fraternité ; 3° dans le service de la République.

40. La loi détermine la mesure dans laquelle est privé de ses droits le citoyen qui manque à ses devoirs.

VI

DE LA LIBERTÉ

41. Les principaux droits attachés à la liberté du citoyen sont : la liberté de conscience, la liberté de la personne, la liberté de la parole et de la presse, la liberté d'association, la liberté du culte, enfin la propriété.

42. La liberté de conscience est la seule liberté qui soit absolue : nul ne peut être incriminé pour ses croyances.

43. La liberté de la personne est entière et ne saurait être aliénée ; toutefois, un citoyen peut être privé de cette liberté dans les cas prévus par la loi et dans les formes qu'elle prescrit.

44. La liberté de la personne et celle de la presse ne doivent jamais être soumises à des mesures préventives ou restrictives quelconques. Mais un citoyen peut être incriminé s'il a fait de son droit un usage contraire à la morale ou à la paix sociale, hors les cas de légitime insurrection.

45. La liberté de s'assembler et de s'associer est régie par des lois analogues. Seulement la Société doit veiller à ce que les associations qui se forment dans son sein pour le travail industriel, agricole ou commercial, ne se constituent pas en violation du principe de fraternité, et ne puissent devenir des États dans l'État.

46. Dans aucun cas la qualité de membre d'une association particulière, religieuse, politique ou industrielle, ne saurait dispenser de l'accomplissement de ses devoirs de citoyen aucun habitant de la République.

47. Les cultes religieux sont libres ; la loi n'en peut salarier aucun ; mais elle peut interdire ceux qui renfermeraient un outrage à la morale commune.

VII

DE LA PROPRIÉTÉ

48. La propriété est le fruit du travail de l'homme, et notamment ce fruit capitalisé par l'épargne au moyen de l'échange et du signe monétaire.

49. Tout citoyen jouit librement de sa propriété et en dispose dans les limites que la loi détermine.

50. Le droit de donner, le droit de tester et l'hérédité en ligne directe sont reconnus, sauf les droits de mutation que la République peut se réserver.

51. L'appropriation de la terre est admise comme une extension naturelle de la propriété dans l'état actuel des sociétés humaines.

52. Toutefois le régime du fermage, du salaire et de l'usure sous l'empire duquel a lieu maintenant l'exploitation de la propriété, doit être aboli graduellement par l'application des principes d'égalité et de fraternité.

53. La propriété immobilière est limitée par le droit d'expropriation pour cause d'utilité publique, droit que la République peut exercer moyennant une juste et préalable indemnité.

VIII

DE LA LIBERTÉ DU TRAVAIL

54. La liberté du travail ou de l'industrie est le droit de l'homme à produire à son gré la richesse en transformant une matière première acquise légitimement, ou en extrayant cette matière sans nuire aux droits d'autrui.

55. Nul ne peut être assujetti, si ce n'est en vertu d'une peine et dans les cas prévus par la loi, à un travail qui ne serait pas de son choix.

56. Dans la République tout homme doit produire : les travaux productifs sont de trois ordres, moraux, intellectuels et physiques.

57. La liberté du travail est limitée dans la République :

1° Par l'intérêt du producteur à s'associer d'autres producteurs et à combiner ses efforts individuels avec ceux des autres membres de l'association dont il fait partie ; 2° par le droit de la République à entreprendre ou à diriger certains travaux d'intérêt commun tels que ceux qui concernent la circulation ; 3° par les avis de la République faisant connaître périodiquement d'une manière approximative les offres, les demandes et les débouchés de chaque industrie.

58. La liberté du travail ne doit être limitée qu'indirectement par les moyens énumérés ci-dessus.

59. La liberté du travail entraîne pour le producteur un droit de fixer à son produit la valeur d'échange qu'il juge convenable.

60. Ce droit est exercé soit par un producteur isolé, soit par une association de producteurs.

61. Ce droit est limité : 1° par la concurrence des producteurs ; 2° par une entente amiable entre les diverses associations de producteurs qui, se composant toutes également de consommateurs, sont intéressées à modérer leurs bénéfices respectifs à charge de réciprocité ; 3° par l'intervention de la République qui dispose d'assez de ressources pour susciter au besoin des concurrents aux producteurs qui exagéreraient leurs exigences.

62. La République, reconnaissant la liberté du travail, s'interdit l'accaparement direct ou indirect des diverses branches de la production en général, et toute assimilation des producteurs aux fonctionnaires publics.

IX

DU COMMERCE

63. La liberté du travail n'entraîne pas nécessairement celle du commerce.

64. Le commerce ou administration générale de l'échange peut être successivement retiré des mains des individus et concentré, sous la direction de la République, moyennant une juste indemnité ou un emploi équivalent mis à la disposition des commerçants actuels.

65. Cette transformation du commerce est une conséquence de la vraie morale sociale, une suite du principe de fraternité, parce que dans l'état actuel des choses l'agent intermédiaire du producteur et du consomma-

teur est dans une lutte incessante avec l'un et avec l'autre, et que toute guerre d'intérêt tend à démoraliser l'homme en abaissant ses sentiments et lui inculquant l'habitude du mensonge et de tous les genres de fraude.

66. Cette transformation est exigée par l'intérêt commun : 1° à cause de la simplification des rouages qui en serait la suite, et conséquemment de l'accroissement des forces productives de la société ; 2° à cause des garanties que le consommateur est en droit d'exiger du vendeur relativement à la quantité des choses vendues ou à la modération des bénéfices de vente, garanties que la République présente seule à un degré suffisant ; 3° à cause des mêmes garanties exigées par le producteur qui voit ses débouchés diminuer en raison de l'exploitation que le vendeur fait peser sur le consommateur.

67. La République commerçante doit créer des dépôts, grands et petits, à la portée de tous les consommateurs, entretenir la circulation et ne grever les produits par delà les valeurs fixées par les producteurs eux-mêmes que dans la mesure nécessaire au prélèvement de ses frais.

68. Toutefois, l'impôt sur la production pourrait affecter la forme d'une commission ou droit de vente.

69. Le monopole des échanges entre les mains de la République ne doit pas être un résultat de l'interdiction formelle du commerce libre, mais bien d'une concurrence que la République ferait à ce commerce.

X

DE L'ÉGALITÉ

70. L'égalité naturelle des hommes consiste en ce que nul ne tient de sa naissance ou de ses facultés un

pouvoir durable et certain de posséder la terre ou de commander ses semblables.

71. L'égalité, sous l'empire de la loi, consiste en ce que les uns n'ont pas le devoir de l'obéissance ni les autres le droit de la domination, mais que tous gouvernent et sont gouvernés, que tous sont appelés au développement de leurs facultés morales, intellectuelles et physiques, et, par suite, destinés à toutes les fonctions civiles, économiques ou politiques, sans autre distinction que celle de leurs vertus ou de leurs talents.

72. L'égalité des conditions, dans les limites où elle est compatible avec la liberté, doit être la suite, et d'une égalité véritable devant la loi, et des progrès de la fraternité dans la République.

XI

DE LA FRATERNITÉ

73. La vertu de la morale républicaine, morale qui n'est autre que la forme sociale de la morale chrétienne, dépend essentiellement de ce que la République se reconnaît obligée par le devoir de fraternité; tandis que ce devoir, abandonné jadis à l'initiative individuelle, ou ne s'accomplissait point, ou s'accomplissait sans efficacité ni portée suffisantes.

74. La République, au nom de la fraternité, reconnaît à tout citoyen : 1° le droit à travailler et à subsister par son travail; 2° le droit à recevoir l'éducation sociale et, en outre, l'instruction au degré nécessaire pour l'éclosion de ses aptitudes.

75. La République, au nom de la fraternité, s'engage à procurer, par tous les moyens en son pouvoir, la for-

mation des associations de travailleurs, ainsi que la division de la propriété territoriale actuellement entre les mains des oisifs, afin d'arriver à l'abolition du salariat.

76. La République s'engage à organiser un vaste système de crédit à la portée de tous les travailleurs ou des associations de travailleurs, ainsi qu'un système général et mutuel d'assurances contre toutes les éventualités de pertes partielles dans toutes les branches du travail national.

77. La République s'engage à poursuivre, par toutes les voies légitimes, l'abolition de l'exploitation de l'homme par l'homme dans toutes ses formes, et notamment l'extinction des droits antérieurement reconnus au capital sur le travail.

78. La République remplacera les garanties de vie ou de liberté, que les droits du capital assuraient à un petit nombre de citoyens, par une équitable répartition de la propriété entre tous ses membres, et par un ensemble d'institutions protectrices des faibles, des enfants et des vieillards.

XII

DU SERVICE ENVERS LA RÉPUBLIQUE

79. Les citoyens sont tenus à un service triple envers la République : le service politique, le service militaire et le service de l'impôt.

80. Le service politique consiste dans la participation du citoyen aux actes et aux décisions que la justice ou la fraternité commandent à la République. Le plus important de ces actes est celui par lequel le citoyen consent, comme électeur ou comme élu du peuple, à

tous les sacrifices que le salut public lui commande à lui ou aux siens.

81. Le service militaire est exigé de tous les citoyens indistinctement. La loi détermine la durée et le mode de ce service, ainsi que l'âge auquel il est exigible, et le coordonne avec les nécessités de l'enseignement tant général que professionnel, et avec les besoins de la production nationale.

82. L'impôt se compose de deux parties : l'une prélevée directement sur tous les produits, soit au moyen de l'escompte national, soit comme droit d'assurance, de circulation ou d'échange, et quelquefois de monopole ; l'autre, pour autant que la première ne suffit point dans l'état actuel de la société, prélevée directement sur tous les citoyens, et progressivement, d'après leurs revenus.

83. L'impôt unique, frappé sur tous les produits indistinctement et dans la proportion de leurs valeurs, est le plus conforme aux principes et celui auquel la République doit tendre, en faisant régner l'égalité et la fraternité.

84. L'impôt progressif sur les revenus n'a lieu que sous le régime du privilège du capital, et doit être considéré comme l'un des moyens destinés à atténuer les effets de ce privilège et à préparer sa disparition totale.

XIII

DES PEINES

85. Toute peine infligée dans la République doit avoir pour but, outre la défense de l'ordre social et républicain, l'amélioration du coupable.

86. La peine de mort est abolie comme contraire aux droits et aux devoirs de l'homme et incompatible avec la faiblesse des jugements humains.

87. Un enseignement spécial doit être créé pour les condamnés.

88. La réhabilitation est admise sous les conditions fixées par la loi.

XIV

DE L'ENSEIGNEMENT

89. L'éducation des enfants appartient en partie à la famille, en partie à la République.

90. L'enseignement civique de la République est obligatoire. La loi détermine l'âge où commence cette obligation et l'âge où elle finit.

91. L'enseignement de la République n'embrasse aucun dogme religieux positif et n'en exclut aucun.

XV

DES DEVOIRS DE LA RÉPUBLIQUE ENVERS L'ÉTRANGER

92. La République pratique la justice et la fraternité envers les nations étrangères; mais elle se considère comme particulièrement liée à celles qui ont pris le gouvernement d'elles-mêmes.

93. Elle reconnaît que les peuples sont solidaires, et quiconque opprime l'un d'eux est, à ses yeux, l'ennemi de tous les autres.

94. Elle se donne pour mission de travailler à l'anéantissement de toutes les exploitations et de toutes les tyrannies et au progrès des peuples libres sur la surface de la terre.

TABLE DES MATIÈRES

	Pages
Notice sur Charles Renouvier et le Manuel Républicain. .	1
Avant-propos de l'auteur pour la seconde édition.	51
Préface de l'auteur.	56
Chapitre I. — Fin morale de l'homme	103
— II. — Fin morale de la Société.	117
— III. — De la République et de l'autorité dans une république.	120
— IV. — Devoirs de l'homme et du citoyen.	129
— V. — Droits de l'homme et du citoyen.	139
— VI. — De la liberté.	145
— VII. — De la sûreté et de la propriété.	161
— VIII. — De la liberté de l'industrie.	189
— IX. — De l'égalité et de la fraternité	202
— X. — Devoirs et Droits de la République.	220
— XI. — Du passé de la France.	223
Appendice I.	240
Appendice II	243
— XII. — Des moyens immédiats du salut du Peuple et de l'établissement de la Fraternité. . .	248
Déclaration des Droits et des Devoirs de l'homme et du citoyen.	301

BIBLIOTHEQUE NATIONALE
Désinfection 1984
N° 7979

www.ingramcontent.com/pod-product-compliance
Lightning Source LLC
Chambersburg PA
CBHW060419170426

43199CB00013B/2202